HABITAR LA ESCUELA SECUNDARIA DESPUÉS DE LA PANDEMIA

HABITAR LA ESCUELA SECUNDARIA DESPUÉS DE LA PANDEMIA

Voces y experiencias de estudiantes, docentes y equipos directivos del AMBA

Pablo Nahuel di Napoli
Andrea Iglesias
(dirección)

teseo

Habitar la escuela secundaria después de la pandemia: voces y experiencias de estudiantes, docentes y equipos directivos del AMBA / Pablo Nahuel di Napoli... [et al.]; Dirección Pablo Nahuel di Napoli; Andrea Iglesias. - 1a ed. - Ciudad Autónoma de Buenos Aires: Teseo, 2025. 270 p.; 20 x 13 cm.
ISBN 978-987-723-489-3
1. Educación Secundaria. 2. Pandemias. 3. Escuelas. I. di Napoli, Pablo Nahuel. II. di Napoli, Pablo Nahuel, dir. III. Iglesias, Andrea, dir.
CDD 373.02

Buenos Aires, Argentina
info@editorialteseo.com | **www.editorialteseo.com**
Hecho el depósito que previene la ley 11.723

DOI: 10.55778/ts877234893

Imagen de tapa: Volodymyr Hryshchenko en Unsplash

EBOOK

TeseoPress Design (www.teseopress.com)

Índice

Introducción: ¿y ahora qué?

Lo que la pandemia nos dejó: repensar la forma de habitar la escuela secundaria en la actualidad

Andrea Iglesias y Pablo Nahuel di Napoli

Presentando(nos)

Sabemos que la pandemia por COVID-19 impactó de manera significativa en la experiencia escolar de docentes, estudiantes y equipos directivos[1] de las escuelas secundarias argentinas. Este impacto se observó tanto en lo que refiere a la organización institucional y de las rutinas escolares, a la socialización y sociabilidad de las y los jóvenes[2], y al vínculo pedagógico entre docentes y estudiantes, como en la vinculación y la mediación de las tecnologías digitales dentro y fuera del aula.

1 En esta obra utilizamos un lenguaje no sexista, optando por expresiones más inclusivas como "equipo directivo", "personal docente", "estudiante", entre otras. Evitamos utilizar la X y el arroba para que puedan acceder a su lectura las personas con dificultades visuales. Tratamos de reducir al mínimo las expresiones binarias. Sin embargo, este lenguaje binario no fue modificado cuando se trata de expresiones textuales de las personas entrevistadas.

2 En este libro utilizaremos los términos "adolescencia" y "juventud" como sinónimos. Entendemos que cada uno de los términos proviene de diferentes campos disciplinarios y tradiciones teóricas, pero que en sí representan un proceso vital similar. Concebimos a la adolescencia y la juventud como una condición y una forma de vivenciar personal y socialmente un periodo de la vida que no tiene una fecha de inicio o de cierre preestablecida. No se trata de una etapa evolutiva de vida con características universales, aunque somos conscientes de que está atravesada por marcadores biológicos, sociales y culturales que se amalgaman y resignifican históricamente.

Si esto ya fue dicho, ¿por qué seguir indagando en las huellas que nos dejó? ¿Por qué volver a pensar(nos) en esa experiencia que atravesó la escuela y nosotros mismos como actores que la habitamos a diario? Porque, a cinco años de la pandemia, entendemos que analizar lo que nos ocurrió es un paso fundamental para repensar los desafíos actuales de la escuela secundaria, el vínculo pedagógico, la sociabilidad estudiantil, la convivencia escolar, y las características que asume el trabajo docente. Por este motivo, consideramos central analizar las condiciones de excepcionalidad de la pandemia y las huellas que dejó como hito que trajo nuevas preguntas a la vez que reabrió viejos interrogantes sobre la función social de la escuela secundaria y sus desafíos futuros.

Siguiendo ese objetivo, guían esta obra una serie de preocupaciones que venimos compartiendo desde la conformación de nuestro equipo de investigación en el año 2019. La pandemia trajo asociados problemas para el campo de la investigación en el marco del aislamiento, lo que implicó desarrollar otras estrategias para seguir avanzando con nuestros debates e indagaciones ante la imposibilidad de realizar trabajo de campo en las escuelas de forma presencial. En una investigación previa, en pleno desarrollo de la pandemia durante 2020[3], analizamos las vivencias sobre el trabajo virtual de los y las docentes de la escuela

3 Dicha investigación fue financiada a través de dos proyectos: Proyecto PICT-2018-01636 "Conflicto, violencia y convivencia en las escuelas secundarias del Área Metropolitana de Buenos Aires. Un análisis de sus vinculaciones con las formas de sociabilidad juvenil que construyen las y los estudiantes". Res. 2019-401-APN-DANPCYT#ANPCYT. Director: Pablo Nahuel di Napoli. Sede: Instituto de Investigaciones en Ciencias de la Educación, Facultad de Filosofía y Letras, UBA. Periodo: 12/06/2020 – 12/06/22. Proyecto FILOCyT FC-1918 "Conflictividad y estrategias de convivencia en escuelas secundarias de la Ciudad Autónoma de Buenos Aires. Un análisis sobre sus vinculaciones con las situaciones de enseñanza y aprendizaje en el espacio áulico desde la sociología de la educación". Res. CD 1570/19. Director/a: Pablo Nahuel di Napoli y Andrea Iglesias. Sede: Instituto de Investigaciones en Ciencias de la Educación, Facultad de Filosofía y Letras, UBA. Periodo: 01/06/2019 – 31/12/2023.

secundaria (Iglesias, Alterman y Giovanardi, 2022) a través de la reconstrucción de narrativas, así como las experiencias que atravesaron estudiantes de siete provincias argentinas durante la virtualidad a través de una encuesta autoadministrada (di Napoli, Goglino y Bardin, 2022). Los hallazgos de aquella indagación dieron lugar a las siguientes preguntas-problema del proyecto de investigación que dio origen a este libro:

- ¿Cómo se reconfiguraron las formas de sociabilidad estudiantil de las y los jóvenes de escuelas secundarias del AMBA a partir de la pandemia de COVID-19?
- ¿Cómo se reconfiguraron la relación pedagógica y los vínculos entre jóvenes y adultos en las escuelas en el marco de un proceso de distanciamiento generacional?
- ¿Cuáles son los conflictos y problemas de convivencia que experimentan las y los estudiantes y cómo los afrontan las escuelas a partir del regreso a la presencialidad? ¿Qué tensiones o conflictos se generan en el aula con la intensificación de las tecnologías digitales en la pospandemia?
- ¿Qué impactos tuvo la pandemia en el trabajo docente y la gestión de los equipos directivos?

Este libro es el resultado de una investigación desarrollada por el equipo de Jóvenes y Escuela Secundaria del Instituto de Investigaciones en Ciencias de la Educación (IICE) de la Facultad de Filosofía y Letras (FFyL) de la Universidad de Buenos Aires (UBA)[4]. Allí buscamos indagar las percepciones de docentes, estudiantes y equipos directivos respecto a sus vivencias durante la pandemia por COVID-19 y el posterior regreso a la presencialidad en escuelas secundarias del Área Metropolitana de Buenos Aires (AMBA). El

---

[4] Nos referimos al equipo Jóvenes y Escuela Secundaria (www.instagram.com/jovenesyescuela) del Instituto de Investigaciones en Ciencias de la Educación (iice.institutos.filo.uba.ar) de la Facultad de Filosofía y Letras de la Universidad de Buenos Aires.

trabajo de campo se realizó durante el segundo semestre del año 2022 en el marco del financiamiento de dos proyectos de investigación[5].

Destacamos que todo el libro fue pensado, diseñado y llevado adelante de manera colectiva por el equipo durante tres años y medio de arduo trabajo. Esto incluyó la complejidad de desarrollar conjuntamente las distintas etapas de su armado desde los interrogantes iniciales, la elaboración de los instrumentos de recolección de los datos, el desarrollo del trabajo de campo, la sistematización de los documentos primarios, la codificación y el análisis de los datos (que llevó un año de trabajo dado su volumen), las decisiones sobre las temáticas por abordar en cada capítulo junto a la confección del índice del libro, así como la tarea de un año completo de escritura y lecturas cruzadas dentro del equipo para la posterior reescritura de cada capítulo. En síntesis, lo que queremos expresar al público lector es que todo el diseño y el contenido de este libro fue pensado con la firme convicción de que el conocimiento que se construye colectivamente siempre es más valioso y potente y podrá aportar desde una mirada más amplia al campo de conocimiento en educación.

Nuestro equipo se caracteriza por una composición heterogénea e interdisciplinaria con estudiantes, docentes, investigadores e investigadoras que provienen de distintos campos de formación: ciencias de la educación, sociología, psicología, historia, filosofía, ciencias jurídicas y ciencias de la comunicación. Este libro empezó, mate y charla mediante,

---

5 Los proyectos financiados fueron los siguientes: PICT 2020-02626, "Convivencia y sociabilidad juvenil en las escuelas secundarias del Área Metropolitana de Buenos Aires. Un análisis de la experiencia escolar a partir de la pandemia", dirigido por el Dr. Pablo Nahuel di Napoli. RESOL-2022-3-APN-DANPIDTYI#ANPIDTYI. UBACYT 2023 (código: 20020220400042BA) "Tensiones y desafíos de la formación y el trabajo docente: la incorporación de las tecnologías digitales en las escuelas secundarias de la Ciudad Autónoma de Buenos Aires", dirigido por la Dra. Andrea Iglesias. RESCS-2023-1384-E-UBA-REC.

con una idea y un sueño de hacer una producción que fuera realmente la síntesis de un trabajo colectivo y sostenido en el tiempo. Ese es el resultado que hoy tienen en sus manos. Serán ustedes ahora quienes juzguen si llegamos a buen puerto.

Las temporalidades de la pandemia

A modo de volver a traer(nos) a la memoria qué (nos) ocurrió en las escuelas secundarias del AMBA, estructuramos la pandemia por COVID-19 en *cuatro momentos*. En un *primer momento*, tras haberse declarado la pandemia por la Organización Mundial de la Salud (OMS), la Argentina el 19 de marzo de 2020 publicó en el boletín oficial el Decreto n.º 297/2020 denominado Aislamiento Social, Preventivo y Obligatorio (APSO), que estableció la emergencia sanitaria en todo el territorio nacional durante quince días. Entre las medidas tomadas, se encontraba el cese de las actividades presenciales en todas las instituciones educativas a excepción de las personas afectadas a la atención de comedores escolares. Tras agravarse la situación sanitaria, se decidió extender dicho período por cuatro semanas, situación que se prolongó conforme fue evolucionando la circulación del virus.

Con el advenimiento de la pandemia, mediante la Resolución n.º 106 del Consejo Federal de Educación (CFE), el 15 de marzo de 2020 el Ministerio de Educación Nacional creó el programa Seguimos Educando, con el objetivo de propiciar las condiciones para la *continuidad pedagógica* durante el ASPO. En el marco de dicho programa, se realizaron acciones como la curaduría y producción de recursos educativos virtuales destinados a plataformas oficiales y redes sociodigitales, la distribución de material impreso, contemplando a las comunidades educativas sin acceso a internet, el reparto de recursos didácticos y la producción de contenido educativo para programas de televisión y para materiales de acompañamiento destinado a familias y docentes (di Napoli, Goglino y Bardin, 2022). Esta propuesta propició un espacio de encuentro con el saber y buscó recuperar la inversión en dotación tecnológica de años anteriores[6] sistematizando los recursos portales educativos como Encuentro, Educ.ar, y generando nuevos contenidos en diversos formatos y lenguajes para acompañar la educación desde los hogares (Sáez e Iglesias, 2020). Los resultados de esa primera etapa fueron relevados en la Evaluación Nacional del Proceso de Continuidad Pedagógica[7] (Res. 363/20), desarrollada por la Secretaría de Evaluación e Información Educativa del Ministerio de Educación de la Nación.

El CFE también creó el programa Acompañar: Puentes de Igualdad, mediante la Resolución n.º 369/20 del 25 de agosto de 2020, que tuvo entre sus objetivos promover y facilitar sostenimiento, reanudación y revinculación de trayectorias escolares y educativas cuya interrupción o intermitencia ha sido potenciada por la pandemia y el aumento de los contextos de vulnerabilidad social del estudiantado. Creemos importante recordar que particularmente la escuela secundaria argentina afronta, a partir de la sanción de la Ley de Educación Nacional n.º 26.206 (año 2006),

---

6 Nos referimos al Programa Conectar Igualdad (Decreto n.º 459/10), el Plan Nacional de Inclusión Digital Educativa (PNIDE) (Res. CFE 244/15), y el Plan Nacional de Educación Obligatoria y Formación Permanente (Res. CFE 188/12). Esta reactivación se puso en marcha desde el Ministerio de Educación de la Nación a través del Plan Conectividad Juana Manso, de alcance federal, que en el año 2021 atendió diversos elementos de la brecha digital (acceso, uso y apropiación de las tecnologías por los estudiantes y docentes). Se propone retomar la entrega de *netbooks*, avanzar en la conectividad en las escuelas estatales y el desarrollo de una plataforma digital de contenidos junto a un sistema operativo de libre acceso creado por el Estado Nacional (Huayra).

7 Para conocer los resultados del tablero con datos y los cuestionarios pueden acceder a www.argentina.gob.ar/educacion/evaluacion-e-informacion-educativa/evaluacion-nacional-del-proceso-de-continuidad-pedagogica (consulta 30.6.25).

diversos desafíos en relación con la obligatoriedad del nivel (Southwell, 2020). El derecho a la educación, construido social e históricamente, se constituye como un derecho fundamental garantizado por el Estado (Puiggrós, 2019).

El grado de estructuración de la continuidad pedagógica varió según la jurisdicción en función de los recursos, los soportes y la trayectoria de las políticas de virtualización con las que contaban previamente. Di Piero y Chiappino (2020) observaron que las comunicaciones y orientaciones de los gobiernos provinciales con el tiempo viraron desde indicaciones hacia las familias sobre los hábitos y las rutinas de estudio hacia la preocupación por el acompañamiento, las orientaciones pedagógico-evaluativas y la motivación y el apoyo hacia los docentes, producto del desgaste que implicó su trabajo en dicho contexto. Asimismo, en nuestro trabajo de campo, identificamos cómo este proceso de continuidad pedagógica implicó distintas y desiguales adaptaciones institucionales, de forma sostenida o intermitente, con mayores o menores recursos, con diversas situaciones del personal docente, que, ante la emergencia sanitaria y frente a la incertidumbre, sostuvieron la escolaridad de los y las estudiantes. Precisamente de esta heterogeneidad nos ocuparemos en el capítulo 1 y también se encontrará reflejada en los distintos capítulos de este libro.

En un *segundo momento*, ya transcurrido prácticamente el año escolar bajo la modalidad de la virtualidad forzada[8], el 7 de noviembre de 2020 (Decreto n.º 875/20), se estableció por primera vez en el AMBA el Distanciamiento

---

8 Con esta expresión nos referimos a la modalidad que asumieron las clases escolares ante la pérdida de la materialidad de los edificios escolares por la emergencia sanitaria y frente el imperativo de la "continuidad pedagógica". Nos diferenciamos así de aquellas posturas que en el debate público plantearon la modalidad presencial como la única posible. Sostenemos que lo que cerraron fueron los edificios escolares, las escuelas no cerraron, se mantuvieron virtualmente, con distintas modalidades y formas con base en las posibilidades en cada caso (de forma sincrónica, asincrónica, con diferente disposición tecnológica del personal y del estudiantado), forzadas por la situación de excepcionalidad (di Napoli *et al.*, 2021).

Social, Preventivo y Obligatorio (DISPO), ya vigente de modo intermitente en otras localidades del país desde el 7 de junio, que habilitaba la circulación ajustada a reglas de conducta generales para las personas que habitaban en las zonas cuyas condiciones epidemiológicas y sanitarias lo permitían. Las escuelas aprovecharon para generar algunos pocos encuentros de revinculación pedagógica presencial entre los diferentes actores de la comunidad educativa, principalmente entre los cursos de primer y último año. Allí primó la socialización y sociabilidad por sobre el proceso de enseñanza y aprendizaje. Asimismo, el comienzo de este periodo coincidió con el receso escolar y la temporada estival, en que se produjo un aumento de casos por COVID-19. En este contexto, las personas jóvenes fueron objeto de estigmatización pública como casi únicas responsables del aumento de contagios por no respetar los protocolos sociales y sanitarios establecidos.

Con el comienzo del ciclo escolar de 2021, se inauguró la denominada "presencialidad cuidada", basada principalmente en el dispositivo pedagógico de "burbujas"[9], el cual será abordado con particular profundidad en el capítulo 4. Previamente, para su implementación, el Consejo Federal de Educación (CFE) ya había aprobado el "Marco de análisis y evaluación de riesgo para el desarrollo de actividades presenciales y revinculación en escuelas en el contexto de la pandemia" (Resolución CFE n.º 364/2020, 2 de julio de 2020).

---

9 Se trató de un dispositivo que varió según las posibilidades de cada escuela, cuya característica principal fue la organización de los cursos en subgrupos reducidos de estudiantes en espacios con ventilación cruzada, mediante un sistema de rotación de días y horarios para evitar la aglomeración de personas en un mismo espacio físico. En algunos casos implicó también propuestas híbridas para una misma clase –un grupo presencial y un grupo conectado a la clase de forma virtual sincrónica–, y en otros el docente debía repetir la clase para dos grupos distintos. También proponía turnos para el uso de los espacios compartidos como comedores, patios, y horarios escalonados de ingreso a la escuela, y con medidas de aislamiento de toda la burbuja en caso de contacto estrecho con casos de COVID confirmados.

A los pocos días del inicio del nuevo año lectivo, comenzó a elevarse el número de contagios de lo que luego fue catalogado como la segunda ola de la pandemia en Argentina. En este marco, empezó a desplegarse una disputa política entre las jurisdicciones de CABA y PBA respecto a las medidas y el momento para regresar a las aulas presenciales minimizando el riesgo epidemiológico. Mientras que en la CABA se insistía en volver lo antes posible, la gestión educativa de la PBA fue tomando medidas más paulatinas. Veamos un poco mejor de qué se trató cada una.

En CABA, el Ministerio de Educación desarrolló planes de contingencia en función de las características, necesidades y posibilidades de cada institución y se dispuso una selección de aquellos contenidos curriculares que resultaban prioritarios para la enseñanza. En esta jurisdicción, el retorno progresivo de la presencialidad comenzó en febrero de 2021, a través de la iniciativa denominada "Primero la escuela". Es importante mencionar que en la CABA al inicio de la pandemia se encontraba en implementación la Secundaria del Futuro[10]. Tal como analizamos en investigaciones previas (Iglesias y Ponce, 2023), esta reforma tomó impulso justamente a partir del contexto de la pandemia, particularmente en lo referente a definir contenidos priorizados sobre el diseño curricular, la intensificación de las tecnologías digitales en el marco de la virtualidad y del uso de plataformas digitales para la comunicación con las familias y entre los distintos actores de la comunidad educativa, así

---

10 Nos referimos a una iniciativa del Gobierno de la Ciudad de Buenos Aires que comienza por un conjunto de escuelas piloto en el año 2018 y es puesta en práctica a partir del año 2019. Consiste en la profundización progresiva de la NES (Nueva Escuela Secundaria) con nuevas prácticas en torno al trabajo colaborativo e interdisciplinario entre docentes, el acompañamiento a las trayectorias a través de la "promoción acompañada", "período de intensificación de aprendizaje" (PIA), la obligatoriedad de realización de las actividades de aproximación al mundo del trabajo y a los estudios superiores (ACAP), entre otras. Para más información véase: https://buenosaires.gob.ar/educacion/secundaria-del-futuro [consulta 30.6.25].

como el uso de diversas estrategias de evaluación como las rúbricas.

En PBA, se tejieron diferentes estrategias, considerando la diversidad, complejidad y extensión del territorio de la provincia (Southwell, 2023). Mencionemos particularmente lo que refiere al conurbano bonaerense, donde se encuentran las escuelas de nuestra investigación. Al igual que en CABA, aquí también se optó por contenidos priorizados y el acompañamiento de las trayectorias estudiantiles, y primaron las plataformas y las tecnologías digitales para la comunicación con las familias. Subrayemos el Programa para la Intensificación de la Enseñanza +ATR (Res n.º 2905/21)[11], desarrollado en el marco del Programa Nacional Volvé a la Escuela aprobado por el CFE (Res. n.º 404/21)[12]. ATR estuvo vigente desde septiembre de 2021 hasta julio de 2022 con el objetivo de fortalecer las trayectorias estudiantiles, profundizar los aprendizajes y revincular a los y las estudiantes que se habían distanciado de la escuela durante la primera etapa de la pandemia (por razones diversas como las sanitarias, las dificultades laborales de las familias y la brecha digital), a través del despliegue de distintas estrategias digitales (con contenidos en multiplataformas), analógicas (como la entrega de cuadernillos en papel), y también un fuerte dispositivo territorial que llegó a los hogares para volver a conectar a los y las estudiantes con sus escuelas y docentes. Di Leo y Sustas (2023) muestran que este programa fue ampliamente valorado por el estudiantado: de poco más de 4000 jóvenes encuestados/as, 70 % dijo que tuvo bastante o mucha utilidad; y dicho porcentaje aumenta entre estudiantes con rezago escolar (76 %), de nivel socioeconómico bajo (73 %).

11 Para mayor información véase https://atr.abc.gob.ar/ [consulta 30.6.25].

12 Para más información, pueden consultar la sistematización de experiencias realizada en el documento "Escuelas que reciben y alojan" (2022), disponible en: http://www.bnm.me.gov.ar/giga1/documentos/EL008132.pdf

En un *tercer momento,* durante el año 2022, los distintos niveles educativos volvieron a la denominada "presencialidad plena", buscando que la totalidad de sus estudiantes regresaran a las aulas de forma presencial y completa. Esto también implicó abandonar paulatinamente la multiplicidad de dispositivos de excepcionalidad que coexistieron en las diversas etapas mencionadas. Sin embargo, como veremos a lo largo de los distintos capítulos, ya nada volvió a ser "como antes" en las escuelas secundarias. Particularmente en CABA, el regreso a la presencialidad se propuso sin burbujas ni aislamiento por contacto estrecho de COVID-19. En consonancia con las modificaciones que se venían implementando con la Secundaria del Futuro, también se incorporaron modificaciones en el Régimen Académico (RES n.º 970-22)[13]. Como analizaremos a lo largo del libro, esta modificación de la normativa implicó un cambio importante en la tarea de enseñar y en la organización escolar al regreso a la presencialidad plena, en el medio de un contexto de mucha incertidumbre y adaptación de toda la comunidad educativa tras dos años de pandemia y cambios de dispositivos, y en el que comenzaban a sentirse las consecuencias del encierro vivido en todos los actores de la comunidad educativa (di Napoli y Silva, 2024; Iglesias y Ponce, 2024).

En contrapartida, para el caso de PBA, la actualización del Régimen Académico (RES n.º 1650/24)[14] recién se aprobó en junio del 2024, como primer paso de una modificación integral de la Escuela Secundaria en la Provincia que comenzó a implementarse en 2025. A inicio de 2022,

---

13 El nuevo Régimen Académico posee componentes tales como la organización en cuatrimestres, informes bimestrales, reemplazo de las notas numéricas por conceptuales, la incorporación del PIA (Periodo de Intensificación del Aprendizaje), Aprendizaje por Proyectos y la implementación de diferentes plataformas digitales, entre otros elementos. Para mayor información véase https://buenosaires.gob.ar/regimen-academico-de-las-escuelas-secundarias/resolucion-97022-del-regimen-academico (consulta 30.6.24).

14 Para mayor información véase https://continuemosestudiando.abc.gob.ar/es-mas-secundaria (consulta 30.6.24).

los y las estudiantes volvieron paulatinamente a las escuelas, aunque sosteniendo las medidas de distanciamiento, a diferencia de la CABA, y a mediados de 2022, ya con presencialidad plena, finalizó la sexta etapa del Programa de +ATR focalizada en la recuperación de los aprendizajes discontinuados, así como la incorporación de talleres de articulación en los años de pasaje de nivel educativo ante la complejidad que implicó la pandemia para el sostenimiento de la trayectoria estudiantil.

Como *cuarto y último momento*, y según lo anunció la Organización Mundial de la Salud (OMS) en mayo del año 2023, la pandemia COVID-19 llegó a su fin. Sin embargo, su paso dejó fuertes huellas en la sociedad y también en las experiencias escolares que todavía hoy subsisten. Las aulas volvieron a los ritmos previos a la pandemia, y cada jurisdicción fue realizando distintas adaptaciones de la normativa de la escuela secundaria entre el 2023 y el 2025; muchas de las modificaciones que se incorporaron durante la pandemia llegaron para quedarse, entre ellas: los contenidos priorizados, los dispositivos de acompañamiento a las trayectorias estudiantiles cada vez más personalizadas, la intensificación en el uso de los dispositivos digitales en las aulas y la plataformización, incluyendo la comunicación entre los actores del ecosistema educativo y con las familias. De este modo, consideramos central el análisis de estas experiencias para poder comprender el camino que transitamos actualmente en las escuelas. De ello precisamente trata este libro.

Metodología

Acorde al objetivo general de la investigación, se optó por una estrategia metodológica cualitativa (Vasilachis de Gialdino, 2006). El trabajo de campo se realizó durante el segundo semestre del año 2022 (julio-diciembre), en seis escuelas secundarias del Área Metropolitana de Buenos Aires (ver tabla 1). Para la selección se tuvieron en cuenta los siguientes criterios de diversificación: tipo de gestión, antigüedad y sector social predominante del estudiantado. Los indicadores utilizados para caracterizar cualitativamente el sector social fueron los siguientes: valor de la cuota, porcentaje de subsidio o aportes a la cooperadora (si existía), máximo nivel educativo de los familiares del hogar y percepción del equipo directivo sobre su público escolar.

De las seis escuelas analizadas, cuatro corresponden a la CABA (dos de gestión estatal y dos de gestión privada) y dos al conurbano bonaerense (una de gestión estatal y otra de gestión privada). En nuestro equipo remarcamos la relevancia de trabajar con escuelas con diferentes improntas institucionales con el fin de encontrar una mayor diversidad en las experiencias escolares de los actores que integran sus comunidades educativas.

Tabla 1. Descripción del perfil de las escuelas

Características / escuelas	Escuela 1	Escuela 2	Escuela 3	Escuela 4	Escuela 5	Escuela 6
Tipo de gestión	Estatal	Privada (s/sub.)	Estatal	Estatal	Privada (sub. 50 %)	Privada (sub. 80 %)
Tipo de jornada	Completa	Completa	Simple	Simple	Simple[15]	Simple
Jurisdicción	CABA	CABA	PBA	CABA	PBA	CABA
Secciones	12	6	6	33	36	20
Promedio de estudiantes por curso	20	25	18	24	31	40
Cursos seleccionados	Cuartos	Cuarto y quinto	Quinto y sexto	Cuartos	Quintos	Cuartos
Familiares con N. Sup. completo	52 %	84 %	38 %	13 %	70 %	61 %
Sector social	Medio	Alto	Bajo	Bajo	Medio-alto	Medio

Fuente: elaboración propia.

En cada una de las instituciones, se implementaron diversos instrumentos de recolección de datos, con los cuales se conformó el siguiente corpus empírico:

- Relevamiento de documentos institucionales referidos a acuerdos de convivencia, actas de los Consejos de Convivencia, sanciones disciplinarias y proyectos institucionales.
- Seis registros, uno por institución, con observaciones de la dinámica escolar (clases, aulas, pasillos, patio, comedor/kiosco/buffet, entradas y salidas y alrededores del edificio escolar, sala de profesores, reuniones, Consejos de Convivencia y Jornadas ESI).

15 Si bien el colegio oficialmente figura con jornada simple, los cursos del ciclo superior tenían tres veces por semana actividades obligatorias a contraturno de 3 horas.

- 23 grupos focales con estudiantes de los últimos dos años del nivel.
- Cuatro grupos focales con docentes (en dos escuelas no pudieron realizarse).
- 28 entrevistas semiestructuradas con estudiantes.
- 35 entrevistas semiestructuradas con docentes.
- 20 entrevistas en profundidad con miembros del equipo de conducción ampliado[16].
- 12 sociogramas (uno por cada curso).
- 243 encuestas a estudiantes.

Los instrumentos de recolección de datos fueron construidos grupalmente durante la primera mitad de 2022. Cada uno, a excepción del sociograma, fue probado con diferentes actores de la comunidad educativa y reajustado en función de las necesidades del proyecto. Luego de seleccionar las instituciones y establecer contacto con sus autoridades, pactamos un cronograma de trabajo dentro de las escuelas y firmamos un consentimiento informado institucional con cada una de ellas. Dentro del equipo nos dividimos en seis subgrupos de tres integrantes liderados por las y los investigadores formados para asistir periódicamente a las escuelas, al menos dos veces por semana.

Las primeras actividades consistieron en observar la dinámica general de la escuela, los usos de los espacios comunes y las clases de los cursos de los dos últimos años del nivel. Nuestro primer propósito era familiarizarnos poco a poco con la vida cotidiana de la institución y que los miembros de la comunidad nos fueran conociendo. Estas actividades continuaron durante toda nuestra estadía en las escuelas. La decisión de elegir cursos de los últimos dos años escolares respondió principalmente a que sus estudiantes podían dar cuenta de experiencias escolares antes y

16 Remitimos aquí a la propia denominación de las escuelas, dado que consideran conjuntamente el trabajo del equipo directivo, coordinaciones de estudio, ciclo o tutorías, y el equipo de orientación escolar.

después de la pandemia dentro del mismo nivel educativo, como también durante ella.

Luego se procedió a tomar en cada curso el sociograma y la encuesta. El primer instrumento nos permitió conocer la red de relaciones o la estructura relacional del curso con vistas a la conformación de los grupos que participarían en las entrevistas grupales. Nuestro propósito era evitar que los grupos focales fueran monopolizados por varios integrantes de un mismo grupo de pertenencia. Por su parte, la encuesta nos brindó datos sociodemográficos y de la trayectoria escolar de cada estudiante, así como también ciertas percepciones sobre su sociabilidad y cómo fue el regreso a la presencialidad.

Si bien inicialmente estaba previsto comenzar con las entrevistas semiestructuradas, decidimos realizar primero los grupos focales para indagar sobre la construcción colectiva de sentidos respecto de sus experiencias escolares durante el regreso a la presencialidad plena. Posteriormente, en las entrevistas semiestructuradas con estudiantes, buscamos profundizar en algunos sentidos y sentimientos subjetivos de su experiencia.

En todos los casos, para interactuar con las y los estudiantes, se solicitó la expresa autorización de sus familiares a cargo por escrito. La participación de las y los jóvenes fue enteramente voluntaria, siempre y cuando contaran con su respectiva autorización.

El mismo procedimiento seguimos con las entrevistas y los grupos focales realizados a las y los docentes. Cada uno firmó un consentimiento informado donde se detallaban los objetivos y el propósito de la investigación. Las entrevistas con docentes se realizaron en forma alternada con las de los estudiantes en función de sus disponibilidades horarias. Se dejaron para el final los grupos focales en donde buscamos que ampliasen, reflexionasen y debatiesen sobre ciertas cuestiones y temas que habían surgido en las entrevistas.

Por último, las entrevistas a diferentes integrantes de los equipos de conducción ampliados se llevaron a cabo a lo largo del semestre sin una guía de pautas preliminar, se trató de una conversación abierta y en profundidad sobre diferentes tópicos, algunos emergentes, que nosotros fuimos identificando en las escuelas.

Resaltemos que, acorde a nuestra perspectiva metodológica alejada de una lógica extractivista de datos, una vez finalizado el trabajo de campo, realizamos un encuentro de retroalimentación en cada una de las instituciones con sus respectivas autoridades donde les entregamos un informe con análisis preliminares de lo observado durante nuestra estadía.

La sistematización del corpus empírico se llevó a cabo a través de la construcción de una unidad hermenéutica colectiva con el soporte del programa Atlas.ti donde se incluyeron los grupos focales, las entrevistas semiestructuradas y los registros de campo. Las encuestas y los sociogramas fueron procesados a través de planillas de cálculo.

La codificación se realizó también de forma colectiva en tres momentos, fruto de los intercambios que mantuvimos en los encuentros mensuales del equipo a lo largo de 2023. El primero consistió en la elaboración de una grilla de categorías *a priori* asociadas con los objetivos de la investigación, las dimensiones de los instrumentos de recolección de datos y las notas de campo e impresiones de las y los investigadores que participaron en el trabajo de campo en las escuelas. Aunque con núcleos comunes, se construyeron grillas diferenciadas para cada actor educativo (estudiantes, docentes, equipo de conducción ampliado). En un segundo momento, se sumaron categorías emergentes producto de la relectura del material empírico realizada a partir del primer momento. El tercero se desarrolló en subgrupos en función de la escritura de los diversos capítulos de este libro y consistió en una codificación de tipo axial y selectivo con categorías de mayor inferencia conceptual. En todo este proceso, se siguieron los lineamientos del análisis temático (Fereday y Muir-Cochrane, 2006) triangulando los distintos instrumentos de recolección de datos disponibles.

A los fines de los resguardos éticos de la investigación[17], los datos de las escuelas fueron anonimizados, por lo que las identificaremos en adelante por número, de la 1 a la 6, respetando en cada capítulo de este libro la nomenclatura de la investigación más amplia referida anteriormente. También se resguardó la identidad de las personas que fueron entrevistadas utilizando nombres de fantasía.

Cómo está organizado este libro[18]

El libro cuenta con cinco capítulos que desarrollan los principales hallazgos del campo de la investigación. El capítulo 1, "Hacia un mapeo institucional: presentando las escuelas que formaron parte de nuestra investigación", por Andrea Iglesias y Florencia Maria, tiene como objetivo caracterizar las instituciones escolares pertenecientes a la muestra de nuestra investigación. Esta descripción pretende situar al público lector en la realidad y cotidianidad de las escuelas desde sus particularidades y aspectos en común. Su contenido resulta central para comprender el desarrollo y el análisis que se despliega en los capítulos subsiguientes.

---

17 Siguiendo los lineamientos fijados por la Resolución n.º 2857 del Consejo Nacional de Investigaciones Científicas y Técnicas (CONICET, 2006), durante el desarrollo de la investigación, se tomaron los resguardos éticos de rigor para preservar el anonimato, la identidad y la integridad moral, social, psicológica y cultural de los sujetos que participaron en las entrevistas, de manera informada y voluntaria, asegurando también la confidencialidad de sus respuestas. Las familias y las autoridades de las escuelas firmaron un documento de consentimientos informados, que contenía brevemente el marco institucional, los objetivos principales de la investigación, el carácter voluntario de la participación y las condiciones de anonimato y confidencialidad en el manejo de los datos recogidos. En la elaboración de este libro, se tomaron los resguardos necesarios para preservar la identidad de los sujetos y las instituciones que participaron de la investigación, reemplazando los nombres propios por pseudónimos, y las instituciones, con números.

18 Hacemos una mención especial para Victoria Galas y Josefina Vallejos, quienes colaboraron en la revisión final del manuscrito completo.

Los capítulos 2 y 3 abordan cuestiones referidas a las transformaciones de la subjetividad y la sociabilidad de las y los jóvenes estudiantes durante la pandemia y a partir del regreso a la presencialidad plena en las escuelas. El capítulo 2, "'La parte de 2020, olvidada. ¡No sé cómo cambié!'. Transformaciones subjetivas de las y los jóvenes estudiantes", está escrito por Pablo Nahuel di Napoli, Adriana Goglino y Victoria Galas. Allí indagan las vivencias singulares, heterogéneas y ambivalentes de las y los jóvenes al regresar presencialmente a sus escuelas. El capítulo 3, "'Que el colegio sea una excusa para estar en el día con las personas que quiero'. Un análisis de la reconfiguración de la sociabilidad estudiantil", escrito por Pablo Nahuel di Napoli, analiza las transformaciones en las relaciones de amistad y los vínculos entre compañeras y compañeros durante la pandemia y el desafío que implicó volver a convivir presencialmente en las escuelas.

Los capítulos 4 y 5 abordan la experiencia de docentes y equipos directivos durante las distintas etapas de la gestión de la pandemia. El capítulo 4, de Gisela Cánovas Herrera y Cintia Osorio, se denomina "Burbujas explotadas. Equipos directivos y docentes en la vuelta a la presencialidad en la escuela secundaria en el AMBA". Las autoras se proponen analizar allí el modo en que se implementó el modelo de burbujas en el AMBA, los problemas que surgieron y su impacto en la labor de equipos directivos y docentes, recuperando el entrecruzamiento de las dinámicas institucionales, pedagógicas y sociales, con la intención de identificar emergentes que revelen transformaciones sociales más profundas. El capítulo 5, "Gobernar la escuela secundaria, habitar el regreso: desafíos y estrategias de los equipos institucionales en la vuelta a la presencialidad", por Verónica Silva y Natalia Levy, aborda los conflictos y las problemáticas más relevantes para los equipos directivos, de orientación escolar y de tutores y tutoras durante el regreso a la presencialidad, así como las estrategias e intervenciones que desplegaron, en un contexto de profunda desigualdad y segmentación del sistema educativo que se profundizó tras el paso de la pandemia.

El libro concluye con un epílogo, escrito por Pablo Nahuel di Napoli y Andrea Iglesias, donde realizamos una lectura transversal de los resultados de la investigación con el objetivo de proponer herramientas analíticas para afrontar desafíos actuales de la escuela secundaria luego de haber atravesado la pandemia por COVID-19. La bibliografía utilizada a lo largo de los capítulos decidimos colocarla al final del libro dado que se trata de una obra monolítica. Cerramos con una sección con la semblanza de sus autoras y autores, con el objetivo de que el público lector pueda recorrer sus trayectorias y vincularlas con los resultados en cada capítulo.

Sobre el sentido que quisimos imprimirle a esta obra

Para ir cerrando y dar comienzo a la lectura de los capítulos, deseamos aclarar que este libro no hubiera sido posible sin la tarea incansable de todo nuestro equipo de investigación, que, en tiempos complejos y de mucha incertidumbre al regreso a la presencialidad, se dispuso igualmente a realizar el trabajo de campo. Luego vino el tiempo de ordenar, procesar, sistematizar y analizar el corpus empírico construido. Para quienes desconocen la "cocina de la investigación", se trata de un trabajo arduo, a conciencia, respetuoso y fiel a quienes prestaron su tiempo y su voz. Como mencionamos al inicio, este libro no es una compilación de trabajos diversos con diferentes objetivos y corpus empíricos, sino el resultado de un trabajo colectivo de pensar juntos y juntas desde las preguntas iniciales hasta la revisión del manuscrito final. Esperamos que el recorrido por sus páginas pueda mostrarle al público lector el trabajo realizado, y puedan hallar aquí algunas respuestas de lo ocurrido durante la pandemia y luego de ella, así como sus repercusiones en las escuelas hoy. Las y los invitamos a disfrutar de sus páginas, así como nosotros y nosotras disfrutamos de pensarlas, escribirlas, discutirlas, reescribirlas para finalmente publicarlas.

Queremos agradecer fundamentalmente a las instituciones que nos abrieron sus puertas en un momento complejo como fue volver a la presencialidad plena luego de haber atravesado un acontecimiento sumamente excepcional. Nuestra gratitud hacia docentes, equipos directivos y estudiantes que nos abrieron las puertas de sus aulas y nos permitieron conocer sus experiencias. También agradecemos al Fondo para la Investigación Científica y Tecnológica (FONCYT), cuyo financiamiento permitió realizar un amplio trabajo de campo en las escuelas y dar a conocer los resultados en esta obra, cosas que hoy no podemos continuar haciendo dado que el organismo se encuentra paralizado y completamente desfinanciado por el gobierno actual. Finalmente, este libro es también un reconocimiento al estudiantado y sus familias, a docentes y equipos directivos por el trabajo realizado para sostener la tarea ante el cierre de los edificios escolares frente a una pandemia global que nos sorprendió, pero donde la escuela continuó abierta y demostró, una vez más, que sigue siendo ese lugar de lo común donde todos y todas reafirmamos nuestra voluntad y nuestras ganas de seguir estando y aportando desde esa trinchera a una sociedad más justa, más igualitaria, más libre, más democrática, más respetuosa, y, sobre todo, hoy más que nunca, en la que podamos habitar todas y todos.

1

Hacia un mapeo institucional

Presentando las escuelas que formaron parte de nuestra investigación

Andrea Iglesias y Florencia Maria

Introducción

Este capítulo busca describir las principales características de las instituciones que formaron parte del trabajo de campo realizado por el equipo de investigación Jóvenes y Escuela Secundaria (IICE, FFyL, UBA). Nuestra propuesta es ofrecer al público lector una guía sobre los puntos en común y las particularidades de cada una de las escuelas que, luego, recuperaremos en los análisis de cada capítulo. En este sentido, esperamos que remitan a estas páginas cada vez que lo necesiten a lo largo del libro.

Tal como se explicitó en la introducción, desde un enfoque cualitativo (Vasilachis de Gialdino, 2006), nuestra investigación buscó indagar las percepciones de docentes, estudiantes y equipos directivos ampliados[1] respecto a sus vivencias durante la pandemia por COVID-19 y en el

1 Remitimos aquí a la propia denominación de las escuelas, dado que en su mayoría estas consideran conjuntamente el trabajo del equipo directivo, coordinaciones de estudio, ciclo o tutorías, y del equipo de orientación escolar.

posterior regreso a la presencialidad en seis escuelas del AMBA (de gestión estatal y privada).

A lo largo del trabajo de campo, elaboramos fichas institucionales de cada una de las escuelas con información recabada a partir de documentos proporcionados por las propias instituciones y mediante diversos instrumentos de recolección de datos como notas de campo, sociogramas, encuestas, entrevistas, grupos focales y observaciones.

Para la descripción de las escuelas, buscamos unificar criterios e identificar similitudes y diferencias en cada caso. Asimismo, deseamos aclarar que los datos de las instituciones y los nombres de quienes fueron entrevistados y entrevistadas se modificaron para resguardar la confidencialidad. Por tal motivo, en adelante identificaremos a las escuelas con números.

Siguiendo a Lidia Fernández (1994), en los establecimientos escolares, se pone en juego un conjunto de normas y significados en interrelación con sujetos y contextos concretos, lo cual da como resultado una dinámica, un estilo y una cultura institucional determinados. Cierto clima, modalidad de enseñar y aprender, ciertos modos de usar el espacio, de resolver los problemas, las formas en que se organiza y funciona en la cotidianeidad, sus metas y objetivos, y los modos de relacionarse constituyen un "sello" o una "marca" institucional que da lugar a una identidad propia. La denominada "cultura institucional" conlleva distintos niveles de complejidad que involucran un lenguaje, una representación, modos de resolución de conflictos, manejos del tiempo, el espacio y los recursos propios que distinguen a cada institución.

Teniendo en cuenta estos elementos, organizamos la descripción de nuestras escuelas del siguiente modo. En primer lugar, mencionamos las *características institucionales* que hacen al perfil de cada escuela: ubicación geográfica, características edilicias, tipo de espacios comunes y sus usos, piso tecnológico, antigüedad, tipo de gestión, si cuenta o no con subsidio estatal, tipo de jornada. En segundo lugar, describimos la *propuesta educativa:* ideario de la escuela, proyectos institucionales y salidas/viajes escolares, normas y reglamentos propios de la institución, si cuenta con un consejo de convivencia o con centro de estudiantes, comisiones de delegados y delegadas, entre otros ámbitos relacionados. En tercer lugar, abordamos el *perfil de la comunidad educativa*: modalidad y orientaciones, cantidad de cursos o secciones, tamaño y perfil de la matrícula estudiantil, equipos directivos ampliados incluyendo al EOE (organización, cantidad, tipos de cargo, rotación, antigüedad, formación), personal docente (tipos de cargo, rotación, antigüedad, carga horaria, formación, espacios comunes de reuniones o formación), equipo de preceptores o tutores (según corresponda al tipo de gestión de cada escuela), estudiantes (perfil socioeconómico, procedencia, trayectoria), familias y comunidad educativa en sentido amplio (perfil socioeconómico, nivel de formación, relación con la escuela, relación familia-escuela, tipo de comunicación). En cuarto y último lugar, describimos lo que dimos en llamar el *clima institucional,* incluyendo las percepciones del estudiantado, del equipo docente y del equipo directivo sobre sus respectivas instituciones.

Por último, cabe aclarar que los datos de rotación de la matrícula estudiantil y el nivel educativo de las familias, así como las valoraciones de las y los estudiantes sobre la escuela, están tomados de las encuestas realizadas en los dos cursos con los que trabajamos en cada escuela.

Escuela 1

Características institucionales

Esta escuela secundaria está ubicada en la Comuna 15 de la Ciudad Autónoma de Buenos Aires (en adelante CABA), fue fundada hace dos décadas y es de gestión estatal. La jornada es doble, y predomina una población de sector socioeconómico medio que reside, en su mayoría, en la zona o en barrios cercanos.

Como bachillerato, ofrece dos orientaciones: en Artes Visuales, con certificación jurisdiccional en Artes Combinadas, y en Comunicación, con certificación jurisdiccional en Cultura y Sociedad.

Se trata de un edificio de cuatro pisos, y una de sus características más destacadas es la impronta artística, reflejada en la intervención del estudiantado en sus paredes, desde carteles y dibujos hasta amplios murales. Así, cuentan con aulas orientadas a talleres como teatro y música; y otras acondicionadas con computadoras y aparatos tecnológicos donde funciona una radio.

Además de disponer de dos aulas digitales en las que hay computadoras, una pantalla inteligente y un pizarrón, que se instalaron en el aula de primer año en 2022, por la implementación de la Secundaria del Futuro[2], el acceso a dispositivos digitales también está habilitado en espacios como la biblioteca y la dirección. La directora asegura que el objetivo es que todas las aulas sean digitales, de manera que el curso que inició en primer año con esta reforma continúe al año siguiente con una nueva aula digital hasta cubrir todos los cursos. A su vez, disponen de varios carros con *notebooks* para desplazar entre las aulas, las cuales fueron utilizadas durante la pandemia para proveer el acceso a computadoras en aquellos hogares que no disponían de ninguna. La conexión a wifi tiene buen funcionamiento en todo el edificio.

---

2 Secundaria del Futuro es una iniciativa del Gobierno de la Ciudad de Buenos Aires iniciada en escuelas piloto en el año 2018 y puesta en práctica a partir del año 2019. Consiste en la profundización progresiva de la NES (Nueva Escuela Secundaria) con nuevas prácticas en torno al acompañamiento a las trayectorias a través de la "promoción acompañada", el "período de intensificación de aprendizaje" (PIA), la obligatoriedad de realización de las actividades de aproximación al mundo del trabajo y a los estudios superiores (ACAP), entre otras. Para más información véase https://buenosaires.gob.ar/educacion/secundaria-del-futuro (consulta 11.6.25).

En la planta baja, se encuentra el patio de recreación, que, como cada uno de los pisos de la escuela, cuenta con redes de protección. Durante el trabajo de campo, hemos registrado que el ruido en este sector afecta al interior de las aulas de modo constante durante el horario de clases. Por otro lado, el comedor es otro espacio común que cuenta con mesas y microondas para uso de los y las estudiantes.

Propuesta educativa

La trayectoria del estudiantado en la escuela está fuertemente vinculada con la vivencia de lo artístico en comunidad. Esta es una decisión institucional que menciona el equipo directivo junto con la considerable cantidad de estudiantes que provienen de familias de profesionales o artistas. Es decir, observamos un ideario que privilegia el arte como forma de construir vínculos fraternos entre los distintos miembros de la institución.

Por otro lado, es notoria la preocupación y presencia del alumnado en asuntos institucionales, en especial desde la conformación del Centro de Estudiantes y la implementación del Acuerdo Institucional de Convivencia (AIC) en 2018. A su vez, funcionan otros espacios de representación de los distintos actores de la comunidad, como el consejo de convivencia (en el que se incluye a las familias) o el consejo de aula. Sus participantes, al igual que cada delegada y delegado de curso, se eligen por votación. Desde esta perspectiva, y considerando la búsqueda por construir en comunidad, se pueden observar valoraciones positivas por distintos actores en torno a la apertura al diálogo y la posibilidad de generar espacios de intercambio democrático. Así se menciona en el AIC, que hace referencia tanto a los derechos como a las obligaciones de toda la comunidad educativa y resalta la necesidad de establecer democráticamente las normas.

Otro punto relevante con respecto a la gestión de la escuela es la marcada presencia de las familias que forman parte de la cooperadora y que se involucran en distintas actividades de la agenda escolar realizando colectas y aportes dinerarios en cuestiones de infraestructura escolar. Desde allí, los eventos en comunidad adquieren mucha relevancia en la vida institucional. Festejos de fechas patrias y la muestra anual de artes están entre lo más mencionado por el estudiantado, el equipo directivo y el cuerpo docente. Resulta destacable que, en el contexto de cuarentena, se hayan sostenido dichos eventos de forma virtual.

Perfil de la comunidad educativa

La escuela cuenta con aproximadamente 240 estudiantes, divididos en dos cursos por año, y 120 docentes. El equipo de conducción está conformado por una directora, presente en ambos turnos, y un vicedirector que cumple su rol durante el turno tarde. La primera se encuentra en el cargo desde el año 2017, además de formar parte del cuerpo docente desde la inauguración de la escuela. El vicedirector cuenta con la misma antigüedad y comenzó a desempeñar su cargo en el año 2021. Ambos sostienen una postura colegiada con el cuerpo docente y llevan sus reclamos e inquietudes a las autoridades jurisdiccionales (por ejemplo, frente a las reformas curriculares, los cambios de planes, el alcance del título, etc.). Además, cada área disciplinar dispone de un coordinador o una coordinadora.

El Departamento de Orientación Escolar (DOE), al momento de realizarse el trabajo de campo, estaba a cargo desde 2019 de una asesora pedagógica con 20 años de antigüedad en la docencia. En el año 2020, se sumó al DOE una psicopedagoga con 24 años de antigüedad en la docencia y que trabajaba en tres colegios simultáneamente en el mismo rol.

Por otro lado, se observa un equipo de preceptores y preceptoras que trabajan en conjunto con las y los docentes y estudiantes y reciben reconocimiento por parte de ellos. Se identifican integrantes históricos e históricas y otros/as que rotan. En ello, se destaca la cantidad de licencias, dificultad que interfirió en la tarea de entrevista o recolección de información.

Tratándose de una escuela de reciente conformación, es marcada la presencia de docentes llamados "históricos o históricas" que, además de destacarse por una amplia trayectoria en el sistema educativo y con mucha carga horaria en la escuela, son reconocidos por su compromiso en el proyecto escuela ya que pertenecen a la institución desde su inauguración. En este sentido, se conforma una comunidad de "docentes comprometidos y comprometidas", con un perfil orientado hacia las disciplinas artísticas. Se hace mención de la presencia mayoritaria de docentes jóvenes, graduados y graduadas de la Universidad de Buenos Aires o de la propia escuela.

No obstante, al equipo directivo le preocupa la rotación de docentes, que se acentuó posteriormente a la pandemia. La directora afirma que uno de los factores que condicionan la selección del perfil deseado es el cambio en las incumbencias de los títulos docentes y el ingreso por acto público desde la plataforma virtual del Gobierno de la Ciudad[3] sin posibilidad de conocer quién asume las horas por parte de la institución. En los casos de materias específicas de las orientaciones, se encuentran con docentes que ingresan sin una formación específica en artes, aunque con un título habilitante para dictar la materia. Este escenario concluye en docentes que abandonan las horas, y, por lo tanto, el recambio se vuelve más frecuente.

Respecto del estudiantado identificamos que la matrícula tiene baja rotación. De los dos cursos de cuarto año seleccionados para el trabajo de campo, 86 % había ingresado en primer año, y el 14 % lo había hecho desde la pandemia

---

3 En CABA, el trámite para las postulaciones a cargos docentes se realiza de forma 100% virtual a través de la plataforma web del Gobierno de la Ciudad de Buenos Aires, en calidad de Acto Público. Para más información véase: https://buenosaires.gob.ar/educacion/docentes/actos-publicos-e-informacion-de-las-juntas [consulta 11.6.25].

a partir de 2020. Sin embargo, es común que se realicen pases de tercero a cuarto año, donde aumenta la carga horaria de materias específicas de la orientación. Aunque la mayoría elige la institución por el plan de estudios con orientación artística, el equipo directivo y distintos actores de la comunidad enfatizan que, desde que la inscripción en CABA es *online*[4], llegan perfiles de estudiantes que desconocen la impronta artística de la escuela y que optan por ella debido a que la jornada completa es funcional a la dinámica familiar, más allá del interés artístico de sus hijas o hijos. De este modo, habría dos perfiles de estudiantes, que se dividen entre quienes eligen la escuela por su orientación artística y quienes lo hacen por el tipo de jornada. Por consiguiente, a pesar del mencionado perfil artístico que predomina en el estudiantado y sus familias, tanto el equipo directivo como el DOE reconocen que en los últimos años cambió el perfil de la escuela.

Respecto del capital escolar familiar, identificamos que el 52 % cuenta con estudios de nivel superior completos. En función de los datos recién mencionados y de las percepciones de los diferentes actores de la comunidad educativa con los que hablamos, caracterizamos a esta escuela como de nivel socioeconómico medio.

Clima institucional

La doble jornada y la orientación artística son factores que se mencionan con frecuencia cuando se indaga sobre la representación del clima de la escuela que tiene el estudiantado. Manifiestan que la escuela es como "una segunda casa" por el tiempo que pasan allí y la comodidad con la que

---

4 El trámite de inscripción para escuelas de gestión estatal del Gobierno de la Ciudad de Buenos Aires se realiza de modo virtual a través del sistema web del Ministerio de Educación. Las escuelas se designan de modo aleatorio, luego de iniciado el trámite de pre-inscripción. Para más información véase: https://buenosaires.gob.ar/educacion/estudiantes/inscripcionescolar [consulta 11.6.25].

la transitan. No obstante, otra de las consecuencias con respecto a la jornada completa es el agotamiento que refieren a menudo por permanecer entre ocho y nueve horas diarias en la escuela. Podemos advertir que las menciones de cada estudiante sobre las horas que implica la jornada son recurrentes en las entrevistas y varían entre sentir comodidad, pertenencia o agotamiento. De todas formas, es manifiesto el buen clima entre estudiantes, su bienestar y comodidad a pesar del agotamiento, y su compromiso con la impronta institucional.

A su vez, estos factores (la doble jornada y la orientación artística) son características que influyen en las familias y estudiantes que optan por la escuela. En las entrevistas suelen aparecer comentarios sobre las diferencias que las y los estudiantes encuentran entre sus pares que no demuestran interés por la orientación artística y, a su vez, advierten el aumento de esta situación en los últimos años.

Por su parte, el cuerpo docente demuestra su compromiso con el ideario institucional, y la relación entre sus miembros es buena. Refieren buen clima de trabajo e intercambio. A su vez, el encuadre de la tarea pospandemia y los desacuerdos con estudiantes son causa de un marcado cansancio.

La directora hace el mismo comentario respecto a lo costoso que fue retomar el trabajo a partir del contexto de aislamiento social. Demuestra impronta para seguir reforzando el nivel académico y se entusiasma por el equipamiento en las aulas de primer año que, según ella, tuvo un impacto positivo en el plantel docente y promete seguir con estas reformas hasta cubrir todos los cursos. Destaca el compromiso del estudiantado y los docentes con la institución.

Escuela 2

Características institucionales

La escuela es de gestión privada y sin subsidio estatal, el edificio se encuentra en la Comuna 14 de CABA y fue fundada a mediados del siglo pasado. Se destaca por su modalidad bilingüe. A diferencia de las otras escuelas del barrio con la misma modalidad, la institución es laica. El bachiller es en Ciencias Sociales y Humanidades con jornada extendida. La escuela recibe en su mayoría a estudiantes de un sector económico alto.

La oferta educativa de la institución abarca los tres niveles educativos obligatorios y funciona en dos edificios distintos. El nivel primario y el nivel secundario comparten un edificio amplio de cinco pisos. Por su parte, el nivel inicial se encuentra en un edificio contiguo, ubicado a pocos metros del colegio, y se conecta con los niveles primario y secundario a través de un patio en la planta baja. Este patio, sin embargo, presenta dimensiones reducidas, y durante los recreos es predominantemente utilizado por las y los estudiantes de primaria, quienes se involucran en diversas actividades lúdicas. Como consecuencia, el espacio es poco transitado por el estudiantado del nivel secundario. La escuela también cuenta con un comedor amplio, utilizado en horarios de almuerzo y recreación.

El nivel secundario funciona en los últimos tres pisos del edificio, en cada nivel se distribuyen las aulas, y queda un espacio muy reducido al estilo de un *hall* en el que se encuentra un escritorio donde suele estar el equipo de preceptores y preceptoras y un *dispenser.* Es, aunque pequeño, el único espacio donde pueden encontrarse estudiantes de diferentes cursos.

Las actividades deportivas se realizan por fuera de la escuela en un campo de deportes, ubicado por fuera de CABA, espacio en el que se realizan también actividades de recreación y de encuentro entre los diferentes niveles educativos y las familias.

Respecto al piso tecnológico de la escuela, además de contar con un gabinete de computación, todas las aulas tienen computadora y proyector con conexión wifi estable. Además, tienen ventiladores y, algunas, aire acondicionado (las y los estudiantes manifestaban un fuerte reclamo hacia las autoridades porque esta situación es dispar entre las aulas).

Propuesta educativa

Cabe destacar que tanto el estudiantado como directivos y docentes de mayor antigüedad se reconocen en un ambiente familiar por ser "una escuela chica". Tanto personas adultas como jóvenes destacan que son llamadas por su nombre, a diferencia de los colegios grandes, en donde predomina el anonimato. En esta línea, se advierte que la interacción entre los distintos actores de la institución es cercana, predominando un trato de cercanía y confianza, por lo que se describen como "una familia". La escuela basa su prestigio y reconocimiento en los más de 50 años de antigüedad, en su formación bilingüe, tanto en inglés como en francés, en la preparación de exámenes internacionales de idiomas, en los viajes internacionales de estudio y en la fuerte impronta que tiene para el colegio la actividad deportiva. De hecho, a fin de año, se celebra un torneo de diferentes deportes que constituye todo un evento para el colegio y en el que participa todo el estudiantado. El equipo de conducción define a la escuela como académicamente exigente, característica que el estudiantado no destaca de manera predominante.

Respecto de los espacios de participación estudiantil, el colegio no cuenta con consejos de convivencia. Sí hay delegados y delegadas por curso que se reúnen una vez al mes con directivos y que solicitan cambios en el uniforme, poder retirarse cuando el docente falta, o, por ejemplo, que la escuela brinde charlas de educación financiera. Esta última demanda fue escuchada por el cuerpo directivo y se llevó adelante invitando a referentes de algunas empresas que se acercaron a hablar al colegio. Cabe destacar que no cuentan con centro de estudiantes.

Perfil de la comunidad educativa

El colegio posee una sola división por año, se calcula un promedio de 24 estudiantes por curso y un total de 147 en todo el nivel. La cantidad de docentes ronda en un aproximado de 30. Cabe destacar que después de la pandemia, el primer año de secundaria aumentó de manera abrupta su matrícula, y llegó a tener 40 estudiantes.

El equipo de conducción está conformado por el rector, la directora académica, el director de estudios y el secretario. El primero ingresó a la escuela en el año 2019 como director de estudios y al año siguiente pasó a su cargo actual. Por otra parte, el equipo de orientación escolar se conforma por una psicóloga con dos años de antigüedad, además de las y los tutores asignados para cada curso. El equipo de preceptoría se constituye con tres integrantes que trabajan con todos los cursos.

La baja rotación en la matrícula es signo de la continuidad en la trayectoria del estudiantado a lo largo de los años, ya que la mayor parte ingresó a la escuela en el nivel inicial. Según el rector, varias familias están conformadas por exestudiantes.

Entre las reflexiones del cuerpo docente sobre las y los estudiantes de esta escuela, se acentúa la distancia que encuentran con otras realidades sociales, lo cual permite señalar un perfil generalizado de estudiantes que en su mayoría cuentan con ciertas facilidades desde lo económico y de su posterior desarrollo universitario y laboral. Se menciona un porcentaje menor de estudiantes con becas a quienes se incluye en los eventos, como los viajes internacionales con la ayuda de las familias.

El estudiantado reside en zonas cercanas a la escuela y en su mayoría pertenece a familias de alto poder adquisitivo, familiares de diplomáticos o personas que se desempeñan en el ámbito privado y empresarial. El 84 % de los familiares de los cursos de cuarto y quinto año analizados cuenta con estudios superiores completos.

Clima institucional

La representación del estudiantado es positiva. Se puede advertir un fuerte sentido de pertenencia ya que la mayoría asiste a la misma escuela desde nivel inicial, lo cual también impacta favorablemente en los vínculos entre pares. En sus valoraciones sobre la escuela, aparece con frecuencia la sensación de un ambiente familiar, en especial por la baja cantidad de estudiantes y la estructura chica del edificio.

El rector afirma que hay buen clima, que se trabaja bien y que, en general, la mirada sobre las y los estudiantes es que son "buenos chicos". Señala también que la estructura "chica" permite un trato familiar entre docentes y estudiantes, quienes también registran esto en sus entrevistas y lo valoran frecuentemente.

En cuanto al plantel docente, refieren preocupación por el perfil predominante de estudiantes que no muestran interés en causas sociales. En ocasiones, señalan que la falta de empatía y "la noción de lo público" se traducen en un desafío para la propuesta de enseñanza. Sin embargo, se encuentran docentes motivados por la distancia del alumnado respecto a otras realidades y lo utilizan como punto de partida para incentivar la reflexión y el debate en clase.

Escuela 3

Características institucionales

Ubicada en el partido de Vicente López de la provincia de Buenos Aires (en adelante PBA). De gestión estatal, es una escuela secundaria que terminó de conformarse en 2018 cuando egresó la primera cohorte que cursó los seis años en la institución. La jornada es simple, y el bachiller es de orientación artística especializada en música.

Con base en las percepciones de los actores de la comunidad educativa y los datos que recolectamos durante el trabajo de campo, identificamos a la población estudiantil como perteneciente en su mayoría a un sector socioeconómico bajo.

El nivel secundario funciona en la parte trasera de un edificio que anteriormente pertenecía a una escuela primaria con tres años de EGB[5] y donde antiguamente había un jardín de infantes. Como solo disponen de tres aulas, el ciclo orientado funciona por la mañana, y el ciclo básico, por la tarde. Comparten la misma entrada con el nivel primario, así como también la cocina, un salón de usos múltiples (que se utiliza para las clases de educación física, música y actos escolares), y el patio (que separa ambas escuelas). Durante el regreso a clases protocolizado, el SUM fue subdividido en tres aulas para poder organizar las burbujas. También cuenta con una biblioteca que está ubicada en un aula sin ventana al exterior que comparte con la preceptoría y el equipo de orientación escolar. Al momento de la investigación, la escuela contaba con una solicitud hecha al gobierno

---

5 Nos referimos a la Educación General Básica. Actualmente, no está vigente, a partir de la sanción de la Ley de Educación Nacional (2006). Comprendía nueve años de estudio, que se desarrollaban normalmente entre los seis y los catorce años de edad. Luego de la reforma, la escuela debe adecuarse a los seis años obligatorios de secundaria. En 2018 inició su sexto año la primera camada de egresados, lo que consolidó los años correspondientes al nuevo plan.

provincial para tener un edificio propio. En 2022, luego de una consulta a la comunidad educativa, se eligió un nombre para la escuela.

No obstante las dificultades que advierten las autoridades y estudiantes, como el no funcionamiento del wifi o la falta de gas en las aulas, la directora menciona que tienen un aula con aire acondicionado (cuarto año) y cuentan con computadoras para que las y los estudiantes utilicen. Por otro lado, disponen de una cocina donde se preparan las viandas para varias y varios estudiantes (un sándwich y una fruta).

Propuesta educativa

El cuerpo docente se identifica con ser una "escuela en crecimiento" que comenzó a tener una marcada impronta por tener una matrícula de casi 10 % de estudiantes con inclusión, con acompañamiento del EOE y Docentes de Apoyo a la Inclusión (DAI) en el marco de una PPI (Propuesta Pedagógica de Inclusión). En las entrevistas, la directora reconoce una institución que por su pequeña estructura se puede permitir un trato familiar con el estudiantado, conociendo la realidad de las familias y priorizando el acompañamiento y la contención por encima de la formación académica. Asegura que la pequeña dimensión de la escuela y su baja matrícula resultan ser ventajas para impulsar la inclusión y la cercanía con las realidades de las juventudes que acompañan. En este sentido, promulga que se organicen salidas didácticas con frecuencia, lo cual se destaca en los cursos observados en el trabajo de campo.

La escuela cuenta con acuerdos institucionales de convivencia que no han sido actualizados en los últimos años. El centro de estudiantes y el consejo de convivencia aún se encuentran en la etapa de conformación. El equipo directivo y EOE dicen haber incentivado que entre en vigencia el centro de estudiantes adecuándose a los pasos reglamentarios que deben cumplirse. Sin embargo, se menciona la falta de apropiación del estudiantado en dichas cuestiones. Por su parte, las y los estudiantes manifiestan no tener en claro si tienen representantes en el curso o incluso desconocen su función.

Perfil de la comunidad educativa

La matrícula es de alrededor de 112 estudiantes, organizados en seis secciones. El equipo docente está integrado por aproximadamente 52 personas.

El equipo de conducción de la escuela asiste doble turno (para cubrir la cursada de ambos ciclos) y se compone de una directora y una secretaria. En el momento en el que se desarrolló el trabajo en el campo, hubo un cambio en la dirección de la escuela. La anterior directora comenzó su período de beneficio jubilatorio y tenía una antigüedad de siete años en el cargo.

El EOE comenzó a funcionar a finales del año 2021. Se compone de una profesional pedagógica, psicopedagoga, y una orientadora social, antropóloga, que se encontraba haciendo una suplencia del titular, un trabajador social. Durante el año siguiente a la conformación del equipo, hubo rotaciones por diversas cuestiones, entre las ya mencionadas, por concursos ganados por otros docentes o suplencias que vencerían en el año entrante. Las y los integrantes asisten los cinco días de la semana, alternando entre turno mañana y tarde.

La preceptoría distribuye los cursos en tres responsables. Uno tiene a su cargo quinto y sexto; otra tiene a su cargo cuarto; y la tercera preceptora tiene a su cargo primero, segundo y tercero en el turno tarde.

Además de una profesora con una amplia trayectoria en la escuela que dicta clases en todos los años, solo tres profesores tienen entre 10 y 20 años de antigüedad en la escuela. A su vez, en general el cuerpo docente entrevistado tenía pocas horas, uno o dos módulos en uno o dos cursos.

La variación de la matrícula es alta a raíz de la diversidad en las trayectorias del estudiantado. Hay un alto porcentaje que se encuentra recursando o que ha repetido uno o dos años. El quinto año se conforma a partir de una alta rotación, varios no se conocen de años previos. En el caso de sexto año, pocos estudiantes pertenecen a la escuela desde primer año (uno solo desde la primaria), y la mitad ha repetido al menos un año.

En la escuela se implementó el programa provincial Más ATR[6] (a cargo de una docente de la escuela y otro externo). Las y los estudiantes que entrevistamos en general no acudieron a este espacio, por más que desde la institución les insistieran en esto, incluso involucrando a sus familias. El espacio también sirvió como clases de apoyo durante el cursado de las materias del año 2022.

Por último, se observa que la matrícula es de la zona. Reciben una población de estudiantes que (en especial de sexto año) trabajan, tienen hijos, son mayores de edad o se encuentran frente a situaciones de vulnerabilidad, como conflictos intrafamiliares. Se calcula que un 38 % de las familias ha completado estudios de nivel superior.

---

6 Nos referimos al Programa para la Intensificación de la Enseñanza, a cargo de la Dirección General de Cultura y Educación del Gobierno de la Provincia de Buenos Aires, puesto en práctica en el año 2021 en el marco de la readaptación a la presencialidad luego del contexto de Aislamiento Social Preventivo Obligatorio (ASPO) durante la pandemia de COVID-19. Entre sus objetivos se propone establecer el vínculo pedagógico sostenido entre las y los estudiantes que han discontinuado o disminuido su contacto con los establecimientos educativos a través de la incorporación de acompañantes de trayectorias educativas, de la articulación de un dispositivo de visitas domiciliarias, acompañamiento y acciones de revinculación con la escolaridad obligatoria (Resolución n.º 1280/22, Subsecretaría de Educación, con el cual se tramita la prórroga del Programa para la Intensificación de la Enseñanza + ATR, 30 de junio de 2022).

Clima institucional

La antigua directora valora el trabajo de inclusión que realizan en la escuela, afirma que es un factor que las familias le reconocen y que termina siendo un aspecto decisivo en algunos casos. Por otro lado, se observa la llegada de la nueva directora con dificultades para entablar una buena relación de trabajo con el plantel docente.

El estudiantado aprecia que se trate de una escuela "acogedora" y "poco estricta". En su mayoría son valoraciones que varían entre la comodidad y el cariño teniendo en cuenta el marco de acompañamiento respecto de las estrategias e iniciativas de inclusión que menciona la directora. Sin embargo, también se han registrado otros comentarios del tipo de que la escuela es "un pasatiempo". En este sentido, un factor como la alta rotación en la matrícula resulta relevante frente a la ausencia del sentido de pertenencia, la adhesión con el ideario institucional y su reconocimiento.

En las entrevistas a docentes, se hacen menciones sobre el poco vínculo entre estudiantes, señalan que los cursos son tranquilos y callados. Asimismo, manifiestan preocupación por el poco interés de parte del alumnado frente a la posibilidad de continuar sus estudios. Lo relacionan específicamente a las situaciones personales que priorizan atender, como fue descrito en el apartado anterior.

Por otro lado, la ubicación de la escuela (detrás de un edificio) suele manifestarse con descontento. El alumnado se refiere a ella aludiendo a la cercanía con otra escuela técnica que se encuentra a dos cuadras y se destaca con mayor facilidad en el barrio. En este caso, el hecho de encontrarse sobre una calle "cortada" y detrás de un edificio suele ser motivo de identificar la llegada como "un laberinto".

Escuela 4

Características institucionales

El edificio al que pertenece esta escuela se ubica en la Comuna 6 de CABA. Esta escuela, cercana a los sesenta años de antigüedad, es de gestión estatal y ofrece un Bachiller con orientación en Ciencias Naturales y otro en Turismo. Su jornada es simple y funciona en el turno tarde. La población que recibe pertenece a sectores socioeconómicos bajos.

Comparte edificio con otra escuela casi centenaria que posee los niveles inicial, primario, secundario y terciario. Es decir, coexisten ambas instituciones. La correspondiente al trabajo de nuestra investigación funciona solo en el turno tarde.

Ante la falta de espacio propio para el desarrollo de las actividades de la escuela, en cada ala de planta baja y primer piso se distribuyen diferentes aulas, que son rectangulares y de espacio reducido. Con bancos y sillas que denotan el deterioro de varios años de uso, se las observa descuidadas y sucias. Los techos tienen fisuras y humedad, las aberturas de las ventanas están oxidadas, las cortinas están sucias y rotas, y el piso de madera, muy percudido. Los pizarrones son verdes con tizas. En algunas de las aulas, hay ventiladores. Por último, las paredes suelen estar grafiteadas por el alumnado.

En varias ocasiones, docentes y equipo directivo refieren que las aulas utilizadas por la otra escuela (aulas adaptadas en el marco de la implementación de la Secundaria del Futuro) están en mejor estado que las que corresponden a las aulas observadas durante el trabajo.

En cuanto a su piso tecnológico, el cuerpo docente tiene a disposición seis computadoras que pueden ser utilizadas en las clases, además de una sala de computación donde se encuentran más dispositivos. Cabe aclarar que el estudiantado no dispone de acceso a computadoras y que el personal de preceptoría tampoco cuenta con este elemento como herramienta de trabajo. Con respecto al wifi, se menciona que no funciona con frecuencia.

Sus espacios comunes se distribuyen entre el *hall* de entrada, el patio, el salón de actos y la sala de profesores. También hay un pequeño espacio donde, en general, se mantienen entrevistas o reuniones como las del consejo de convivencia. El despacho de las autoridades está ubicado al lado del ingreso a la escuela. El DOE está ubicado en un pasillo alejado y más próximo a las aulas de la otra escuela con la que comparte el edificio.

Propuesta educativa

Diferentes miembros de la institución identifican que tradicionalmente se trata de una "escuela de repetidores", recibiendo estudiantes que provienen de la institución con la que comparten el edificio o de escuelas cercanas.

Sin embargo, se hace notar a partir de lo comentado por la asesora pedagógica que, en los últimos años, la implementación de la inscripción *online* ha modificado esta representación tradicional. Se suma otro signo de la diversidad en las trayectorias con el porcentaje de abandono llegando a los últimos años del secundario. Frente a esto se desarrollan distintos programas nacionales y jurisdiccionales de ayuda como Becas Estudiantiles del Gobierno Nacional, el Programa Becas Inclusión Escolar (PBIE), o el Programa de Retención Escolar de estudiantes padres y madres embarazadas de las escuelas medias y técnicas. Por último, en el marco de acompañamiento a quienes no han finalizado sus estudios, la escuela ofrece un proyecto destinado a la terminalidad de las y los estudiantes que adeudan asignaturas del último año.

Cabe destacar, en línea con la necesidad de implementar estrategias para la inclusión y permanencia en el sistema educativo, que el señalamiento explícito en los acuerdos de convivencia de la escuela es "generar condiciones institucionales para la retención y finalización de estudios secundarios". Simultáneamente, se identifican estudiantes que mencionan desconocerlo o no registrarlo con claridad.

En cuanto a la organización estudiantil, cada curso conforma una comisión con un/a delegado/a y un/a subdelegado/a, además del centro de estudiantes. Este último no tiene un rol activo ni funciona con regularidad. No sin contradicciones, hay expresiones por parte de las autoridades que manifiestan el deseo de fomentar la participación del centro e impulsar a quienes quieren desarrollarlo año a año incentivando a que haya elecciones.

Resulta relevante señalar que, a partir del movimiento de las tomas de colegios[7], hubo reuniones de delegados y pasaron integrantes del centro de estudiantes por los cursos para consultar si querían tomar la escuela. Mencionaron que, en caso de estar a favor, deberían poner su nombre y apellido en un papel que se entregaría a las autoridades y deberían hacerse cargo de los gastos de roturas. La rectora planteó que, si se lograse la toma, iba a suspender algunas salidas y un encuentro de fin de año que estaba programado. Todo el curso menos un estudiante estuvo en contra de realizar la toma en la escuela. En este sentido, se observan ambas posturas, una apertura y un freno desde las intenciones del equipo directivo sobre la participación estudiantil en asuntos que atañen al centro de estudiantes.

Por otro lado, se distinguen las salidas didácticas realizadas en el marco de las Actividades de Aproximación al Mundo del Trabajo (ACAP)[8]. Entre ellas, visitas a hoteles

---

7 Si bien varias escuelas secundarias de CABA se venían manifestando contra el proyecto Secundaria del Futuro a través de tomas de las instituciones, en este caso particular, el reclamo se dirigía a la baja calidad de los alimentos recibidos de parte del Gobierno de la Ciudad, la calidad de las ACAP, y daños en la infraestructura del edificio, principalmente.

8 Nos referimos a las Actividades de Acercamiento al Mundo Laboral y los Estudios Superiores (ACAP). Son experiencias pedagógicas de carácter obligatorio previstas en el Diseño Curricular Jurisdiccional, destinadas a acercar a los estudiantes de quinto año de escuelas secundarias de gestión estatal y privada al mundo laboral y a la formación superior. Para más información, véase bde-ueicee.bue.edu.ar/documentos/711-sobre-las-actividades-

para la orientación en Turismo, además de otras actividades destinadas al Espacio de Definición Institucional[9].

Perfil de la comunidad educativa

Cuenta con un plantel de 200 docentes aproximadamente, de los cuales 80 poseen cargos titulares. Con respecto a la cantidad de estudiantes, se calcula un estimado de 800. En el ciclo básico, son siete divisiones, y en el orientado, seis.

El equipo directivo se compone de una rectora y un vicerrector. Se muestran enfocados en el clima escolar, enfrentando las problemáticas entre estudiantes o situaciones personales que requieren intervenciones. El vicerrector reconoce la dificultad para abarcar todos los conflictos y responder ante ellos. Ambos privilegian los Acuerdos Institucionales de Convivencia, asegurando que se cumplan sus normas. Cabe señalar que el vicerrector no continuó en la institución al año siguiente porque tomó el mismo cargo en otra escuela de un barrio aledaño.

El DOE está compuesto por la asesora pedagógica, que asiste todos los días, y una psicóloga que asiste tres veces por semana, incorporada al equipo de orientación durante el período en el que se realiza el trabajo en el campo. Ambas mencionan que la sobrecarga de su rol es muy fuerte debido a que son dos personas para todo el estudiantado, y que a su vez hay muchas situaciones emocionales particulares que deben atender.

En la escuela se identifica como una problemática el alto recambio docente. Si bien hay docentes con muchos años de antigüedad, también hay muchas y muchos que ingresaron

---

de-aproximacion-al-mundo-laboral-y-los-estudios-superiores-acap (consulta 11.6.25).

9 Espacio de Definición Institucional (EDI). Instancia contemplada dentro del diseño curricular de CABA que tiene por objetivo permitir que las escuelas aumenten su autonomía en la definición y el desarrollo de su oferta curricular en función de la identidad y el proyecto educativo propio.

en el último tiempo. Por lo general, las y los docentes más antiguos tienen una carga horaria mayor en la institución, mientras que el resto del plantel suele tener algunas horas allí, y el resto de las horas en otras instituciones.

Tanto autoridades como los propios estudiantes mencionaron también una preocupación por la asistencia docente, ya que suele ser muy común que distintos docentes estén ausentes en horas de clase. Incluso hay cursos que durante todo un año no tuvieron docente asignado para algunas materias debido a que el docente titular estaba de licencia. El equipo de preceptoría se estructura con una persona responsable cada dos cursos. Si bien sus principales tareas son administrativas y pedagógicas con relación al cumplimiento de la normativa, es recurrente la mención acerca del seguimiento que realizan sobre las situaciones personales que atraviesan las y los estudiantes. Tienen un rol muy activo en la escuela, a su vez, trabajando los climas grupales de las divisiones.

Como se mencionó anteriormente, según la asesora, tradicionalmente se trata de una "escuela de repetidores", lo cual ayuda a identificar los tipos de trayectorias del estudiantado. Incluso hay estudiantes que mencionan que muchos comenzaron su recorrido en una escuela cercana, o en la del turno mañana que se brinda en el mismo edificio, y luego continuaron en esta. Sin embargo, comenta que, con la inscripción *online*, en los últimos años se modificó esta tradición y ya no es así. A su vez, existe un alto porcentaje de estudiantes que abandonan los estudios llegando a los últimos años, al punto de reducir los cursos a una división.

Se trata de una población de sectores socioeconómicos bajos, pertenecientes a barrios populares cercanos a la zona. Se observan muchos casos de vulneración de derechos, violencia y situaciones psicológicas o psiquiátricas complejas. El vicerrector señala que varias familias de estudiantes se encuentran en situación carcelaria. Cabe destacar que el 13 % de las familias ha completado estudios en el nivel superior.

Clima institucional

La representación general del estudiantado sobre la escuela es neutra o negativa. En esta línea, los comentarios sobre la institución demuestran descontento y acotada participación en las decisiones respecto a la escuela, a excepción del grupo de representantes estudiantiles antes mencionado. Sumado a esto, las y los estudiantes manifiestan desinterés por las intervenciones de la escuela, refiriendo que, en muchas ocasiones, no resultan relevantes o significativas para resolver o enfrentar conflictos o situaciones que les preocupan. En las entrevistas, expresan conformidad y disfrute respecto a la asistencia a la escuela, aunque destacan que esta percepción depende en gran medida del curso, del personal docente a cargo y de la materia correspondiente.

El cuerpo docente manifiesta una sensación general de desorden respecto a su tarea cotidiana en el aula. La desorganización institucional, según lo comentado en las entrevistas, les dificulta el trabajo. A su vez, hay docentes más involucrados en establecer un buen clima durante las clases (lo cual es valorado y reconocido por las y los estudiantes), aunque no es una actitud común en todo el plantel. El plantel de tutores manifiesta, sumado a lo anterior, desmotivación y desorientación para cumplir su tarea. En general, comentan que el rol de tutoría en el ciclo orientado fue asignado por parte de la conducción escolar, privilegiando la disponibilidad de horas extraclase que tuviera cada docente en su cargo y no el perfil profesional. Entre docentes suele haber un buen vínculo laboral.

Las situaciones de conflicto entre estudiantes preocupan particularmente al equipo directivo, que atiende situaciones que, según el vicerrector, devienen de una realidad cultural y social en la que la escuela puede poner a disposición todas sus herramientas pedagógicas para acompañar, pero, advierte, no son suficientes. Así, son frecuentes los casos de peleas fuera de la escuela, amenazas entre estudiantes, uso de elementos punzantes, entre otras situaciones que desafían al equipo directivo y, al mismo tiempo, dificultan la intervención institucional.

Escuela 5

Características institucionales

La escuela está ubicada en el partido de Vicente López, provincia de Buenos Aires. Hablamos de una institución inaugurada en la década de 1930, de tipo confesional y de gestión privada con subvención estatal del 50 %. Se integran dos modalidades dentro de la escuela. Una escuela secundaria técnica y una escuela secundaria común. La primera ofrece tres orientaciones: Química, Electrónica y Electromecánica. La segunda (en la que se realiza nuestra investigación), cuatro orientaciones: Economía, Ciencias Sociales, Ciencias Naturales y Artes Visuales. La jornada es simple con extensión para educación física. El perfil socioeconómico del estudiantado es medio-alto.

Tiene un amplio predio de varias manzanas. Los ciclos básicos de ambas modalidades comparten espacio, mientras que cada ciclo orientado se ubica en alas separadas. De este modo, el ciclo básico del bachiller está separado del orientado. Cada uno tiene su propio patio y a las y los estudiantes no se les permite estar en el que no les corresponde.

Las aulas son amplias, están bien conservadas y permiten una buena circulación de aire. En general, cuentan con estufa y ventiladores y varias disponen de un televisor al lado del pizarrón o en la pared opuesta trasera. También disponen de computadoras de uso compartido para estudiantes.

Las aulas correspondientes a primer año incorporaron bancos triangulares, que se pueden unir para formar hexágonos ya que están pensados para fomentar el trabajo en grupos. Además, tienen *lockers* (que deben abonarse si desean utilizarlos) compartidos entre estudiantes de los primeros años. Por su parte, el ciclo superior no los utiliza.

El patio del ciclo orientado es amplio, más grande que cada uno de los que tiene el ciclo básico. Tiene dos canchas pequeñas con sus respectivos arcos. También hay una zona verde, con pasto y árboles, al lado de un espacio con mesas y bancos. Por otro lado, el ciclo básico durante el recreo dispone de un pasillo amplio entre la salida del edificio principal y el *buffet*. Su patio está dividido en dos partes por ese pasillo. Del lado izquierdo, tienen una superficie para estar que corresponde a la capilla. Del lado derecho, luego del *buffet*, hay dos canchas de cemento de fútbol, básquet y *handball*. Las oficinas de preceptoría están distribuidas en todos los pisos y en los cuatro costados del edificio. En general cada dos o cuatro aulas hay una.

Además de las canchas mencionadas, en el sector del campo de deportes, hay dos canchas de fútbol/*hockey* de 11 y un gimnasio cubierto con dos canchas de vóley, fútbol y básquet.

Resulta destacable su estética visual uniforme. No encontramos pintadas, afiches ni grafitis en las paredes. Salvo un mural que recorre todas las galerías, bocetado por un docente y que refleja el ideario institucional.

Propuesta educativa

El ideario institucional se encuentra atravesado por su modelo confesional, que involucra valores evangélicos en la enseñanza y sus propósitos. Además, es destacable la impronta deportiva tanto en la estructura de la escuela destinada a esta área, como en los encuentros competitivos realizados durante el año. Por otra parte, la institución ofrece un Profesorado en Educación Física.

Cuentan con un equipo de convivencia y cuerpo de delegados y delegadas. El primero se trata de un grupo conformado por cinco docentes de distintas áreas. Además de las horas de su materia en particular, tienen horas frente al curso destinadas a trabajar la convivencia escolar. Una de sus funciones destacadas es decidir sobre las sanciones a estudiantes. Para contribuir a la imparcialidad, y dependiendo de cada caso, se abstienen aquellos miembros del equipo que sean docentes de estudiantes implicados e implicadas en el asunto que tratar. Se reúnen una vez por semana y no participan estudiantes ni familias.

Con respecto al cuerpo de delegados y delegadas, cada curso elige dos a principio de año. Conforman un grupo dividido por representantes del ciclo básico y otro del ciclo orientado, presididos por algún miembro que eligen por medio de una votación. La presidencia de cada grupo debe corresponder a estudiantes del último año de cada ciclo. Su actividad destacada es el plenario que realizan una vez por mes, coordinado por algún miembro del equipo de convivencia. Funciona un plenario en cada ciclo (básico y orientado) con un/a representante que luego se reúne con el equipo directivo si la situación lo amerita. Allí se ponen en común diferentes tipos de demandas, como, por ejemplo, tomar mate o hacer una capacitación sobre violencia de género.

Por último, en la comunidad educativa, se aprecian las diversas propuestas de participación en proyectos como olimpíadas (matemática, física, química, robótica, etc.), o ferias de ciencias, artes y deportes a nivel municipal, provincial y nacional. Sin omitir mencionar los programas de intercambio con viajes al exterior.

Perfil de la comunidad educativa

La matrícula estudiantil asciende a aproximadamente 1120 personas. El plantel docente, entre ambos secundarios (Bachiller y Técnica), se estima en alrededor de 225 integrantes.

Cada secundaria tiene su propia directora. En el caso de la secundaria común, en la que se realiza el trabajo de campo, también hay un vicedirector.

El Equipo de Orientación Escolar está compuesto por seis personas, incluyendo al coordinador. Cuentan con un espacio mensual donde se reúnen con las y los docentes tutores, y en él se comunican con el vicedirector. El equipo se distribuye ambos turnos en ambas escuelas (secundario común y secundario técnico).

El cuerpo docente se constituye con perfiles de bastante antigüedad y poca rotación. En general las autoridades buscan convocar a egresados del colegio. Ya sea entre preceptores y preceptoras, docentes o miembros de los equipos de conducción, se evidencia una diferenciación entre quienes son o no egresados. Suelen tener una alta carga horaria dentro de la escuela dado que dan clases en diferentes divisiones. A su vez, cabe destacar que cada área disciplinar tiene una coordinación.

El plantel de preceptoría está conformado por un total de 35 personas, en su mayoría jóvenes. Cada una de ellas tiene a su cargo dos cursos. También hay preceptores y preceptoras que asisten en el contraturno para los cursos que asisten a la jornada extendida, ya sea a la mañana o a la tarde. Hay un espacio para su formación en el cual se reúnen una vez por mes, coordinado por el equipo de convivencia.

Hay baja rotación de la matrícula. En primer año reciben estudiantes de otras escuelas. Esto se observa en cursos donde predominan estudiantes que vienen de la primaria y otros que están compuestos en su mayoría por estudiantes que se inician en la escuela. El vicedirector refiere que en los últimos años están tratando de cambiar esta lógica, organizando las divisiones de manera que el estudiantado se componga de porcentajes equivalentes entre quienes ingresaron en primer año y quienes asisten desde el nivel primario.

En los últimos años, han recibido estudiantes de otros colegios secundarios bilingües de la zona de mayor poder adquisitivo. Se trata de estudiantes que cambian porque no les gusta el colegio anterior o porque las familias no pueden sostenerlo económicamente. En su mayoría, el estudiantado proviene del barrio en el que se encuentra la escuela, una zona residencial con casas bajas, o de la zona norte de la localidad. Se calcula que un 70 % de las familias ha completado estudios en nivel superior.

Clima institucional

La mayoría del estudiantado califica de manera positiva su representación de la escuela. Se registra un sentido de pertenencia acentuado, en especial con sus valoraciones a partir de los años transcurridos en la misma institución (desde nivel inicial). Con frecuencia aprecian la gran estructura del edificio y las posibilidades de comodidad que brinda, como el campo de deportes y los espacios verdes, ya que facilitan la socialización y les genera seguridad. Son recurrentes los comentarios sobre el entretenimiento y la diversión durante su jornada escolar.

El equipo docente, en general, habla bien de la escuela. Sin embargo, manifiesta a menudo haber sentido bastante sobreexigencia con las diferentes tareas que le pedían desde el equipo de conducción. El regreso a la presencialidad lo califica de "caótico".

La directora muestra interés en acompañar y conocer la realidad del alumnado, se adecúa a los cambios que estos manifiestan con una mirada abierta. Al mismo tiempo, se preocupa por cuidar el uso de los espacios compartidos según le corresponde a cada estudiante.

Escuela 6

Características institucionales

La escuela se encuentra en la Comuna 5 de la CABA y fue inaugurada hace más de 120 años. Es confesional, y su gestión es privada con subvención estatal del 80 %. Los cursos se distribuyen en tres orientaciones: Ciencias Sociales, Ciencias Naturales e Informática (con una división cada una, salvo la última, que tiene dos). La jornada es simple, y, en el horario de contraturno, se ofrecen talleres optativos para estudiantes, como un taller de inglés para preparar exámenes internacionales, de manera gratuita. A su vez, en este horario se desarrollan las clases de Educación Física. La población que recibe pertenece a un sector socioeconómico medio.

Se trata de un nivel secundario que se distribuye en dos edificios, compartiendo el espacio destinado para el ciclo básico junto con el nivel primario e inicial en el primer edificio, mientras que el ciclo orientado dispone de un segundo edificio que fue construido a tal fin. A su vez, cuentan con nivel terciario en otro edificio continuo, aunque interconectado con los dos anteriores. En todos los espacios de clase hay ventiladores, y cabe destacar el reclamo del estudiantado para tener aire acondicionado en las aulas. Por otro lado, disponen de conexión a wifi y acceso a computadoras, y cada aula además cuenta con un cañón para proyectar en el escritorio. Ambos edificios del nivel medio cuentan con un gabinete de informática.

Además del piso tecnológico descripto, la institución cuenta con laboratorios de Ciencias Naturales; una biblioteca; aulas específicas para actividades grupales destinadas al uso específico del nivel secundario; un salón de actos; SUM compartido con otros niveles; y una capilla. Los espacios disponibles para el uso común varían entre un espacio arbolado con patios y galerías techadas, sumado a dos canchas, una pileta mediana y un bar.

Propuesta educativa

Se trata de una escuela confesional que destaca los valores evangélicos en su proyecto educativo, y trabaja en la importancia de establecer vínculos de confianza en la comunidad entre el cuerpo docente y estudiantes. Desde allí, se acentúa la dimensión social de la escuela, privilegiando las actividades fuera del aula y los espacios extracurriculares que alientan a pertenecer a la institución más allá de la forma escolar.

En esta línea, se desarrollan eventos anuales y campamentos para cada curso, que significan oportunidades de encuentro y reconocimiento muy valoradas por distintos miembros de la comunidad educativa, con especial énfasis en quienes integran el estudiantado. Conjuntamente, se ofrece la participación en otras experiencias de carácter optativo, distinguidas por ser actividades solidarias como colectas de alimentos o fiestas para familias. Estos espacios suelen estar coordinados por exestudiantes, una característica que resulta notable ya que la institución trasciende el sentido comunitario en el formato escuela y logra abrir las puertas a su población, incluso habiendo finalizado el secundario.

Por otro lado, se distingue una fuerte impronta del equipo directivo sobre el sentido que imparten al proyecto institucional. Este aspecto se puede ver representado en los signos de elaboración unilateral que presentan los acuerdos institucionales de convivencia que adjudican su autoría a las autoridades y el equipo docente, aunque sus reelaboraciones anuales son tratadas únicamente por un "equipo de conducción ampliado", integrado por directivos y miembros del equipo de orientación escolar. Al inicio de este, lo primero que se expone son los valores éticos. Se dirige exclusivamente al estudiantado, y predominan medidas de tipo disciplinario, las cuales incluyen la suspensión, el cambio de curso y el condicionamiento o no otorgamiento de la vacante para el siguiente año. Entre las y los estudiantes, en las entrevistas realizadas, se registra el desconocimiento de los acuerdos y su funcionamiento. No obstante, al inicio de cada año, cada estudiante, junto con sus familias, debe entregar firmado el documento en el cuaderno de comunicaciones.

En términos de la representación del estudiantado, actualmente no cuentan con un centro de estudiantes. Se identifica que no conocen la posibilidad de su creación, aunque un grupo de años anteriores intentó organizarlo sin éxito. Por otro lado, cada curso vota su representante y una persona "responsable ESI". Este último es un rol creado en una de las Jornadas de Educación Sexual Integral del año 2022. Quienes lo ejercen tienen encuentros con el equipo de conducción con el fin de seguir formando el espacio.

Perfil de la comunidad educativa

La planta docente del nivel secundario se conforma con, aproximadamente, 100 docentes. A su vez, el total de estudiantes de toda la escuela ronda los 2400, de los cuales aproximadamente 800 pertenecen al nivel secundario, divididos en cuatro divisiones por año.

El equipo directivo se compone de un rector y dos directoras de estudios, cada una correspondiente al ciclo inicial y orientado. El primero asumió su cargo en 2021, aunque su antigüedad en la escuela es de nueve años anterior. Fue docente tutor y director de estudios. A su vez, es exalumno del secundario, al igual que la directora de estudios de ciclo inicial. Se encuentra en su cargo desde el 2015. Aproximadamente tiene 20 años de antigüedad como docente y en la misma escuela. Con respecto a la directora del ciclo orientado, su antigüedad en el colegio data de 1997, misma cantidad de antigüedad en la docencia en general, y se encuentra ejerciendo su cargo desde 2012.

El DOE está compuesto por una psicopedagoga que se encuentra en su cargo desde 1999, y como docente desde 1991, y el coordinador de tutoría, que se encuentra en su función desde el año 2021. Hay aproximadamente diez tutores y tutoras, que asisten la jornada completa dedicándose a tareas administrativas y pedagógicas. Además, tienen una hora cátedra en la que se encuentran con sus cursos y dictan clases de tutoría. Por otro lado, coordinan campamentos, entre otros eventos. Se observa que trabajan en equipo, son reconocidos por docentes y estudiantes y el equipo directivo.

Al momento de realizar la investigación, en los cursos observados, trabajan dos tutoras; una de ellas es psicóloga y pertenece a la institución desde el año 2020; la otra inició sus tareas durante el período en el que se realizó el trabajo de campo. Se identifica el trabajo en equipo entre el cuerpo directivo, quienes coordinan las áreas disciplinarias y el equipo de tutoría.

En el cuerpo docente, se destacan las y los docentes "históricos e históricas", que tienen una amplia trayectoria en la escuela y son reconocidos por su compromiso. Aunque en las entrevistas con el equipo directivo señalaron que hoy se "trabaja a reglamento" y se involucran menos con las causas y los proyectos del colegio. A su vez, hay una preocupación (manifestada por todos los directivos en las entrevistas) por la alta rotación de docentes pospandemia, que no era habitual en el colegio previamente a 2020. Otra preocupación es el acompañamiento a quienes recién se inician en la docencia, una situación nueva para la escuela debido a la cantidad de jubilaciones, ya que solía contar con un plantel docente más antiguo. En 2022 ingresaron 50 docentes, esto implicó una rotación muy alta al regreso a la presencialidad. Desde el equipo directivo, se manifiesta inquietud sobre la formación de las y los docentes jóvenes que ingresan.

La matrícula presenta baja rotación, dado que la mayoría del estudiantado comienza en nivel inicial y permanece hasta completar la educación secundaria. Hay estudiantes que ingresan en primer año por las orientaciones, aunque muy pocos ingresan en años posteriores. Los cambios de orientación detectados se deben por elección o por conflictos con compañeros y compañeras.

El equipo directivo resalta que en los últimos años cambió el perfil de la escuela, antes eran mayormente clase media o clase media alta, y, en los últimos años, aumentaron las becas y los pedidos de las familias por dificultades económicas (que crecieron en pandemia). Mayormente se recibe una población que vive en la zona, de barrios cercanos; de familias de profesionales, de oficios o de sectores medios bajos. Entre estas se identifica que el 61 % ha completado estudios en el nivel superior. Sumado a esto, el equipo refiere su preocupación por el aumento exponencial de entrevistas con familias por temas diversos, muchos reclamos hacia la escuela, situaciones incluso de violencia en las reuniones con las familias. Esto demanda mucho tiempo del equipo directivo y los tutores, y generó un agotamiento.

Clima institucional

Las entrevistas con estudiantes reflejan una valoración positiva de la escuela, que en muchos casos es mencionada como "una segunda casa" debido al tiempo que pasan allí. En este sentido, las actividades extracurriculares y comunitarias son un factor destacado, y esto se refleja en el valor que las y los estudiantes manifiestan sobre estas. También el sentido de pertenencia como consecuencia del tiempo que permanecen en la escuela se hace notar en sus comentarios.

Sin embargo, también expresan a veces molestias, desilusión respecto del nivel académico, quejas hacia docentes o desacuerdos con las autoridades (particularmente con el DOE y con la dirección de estudios).

Por otro lado, el cuerpo docente señala un buen clima y condiciones de trabajo, a pesar de la exigencia y de la cantidad de estudiantes, lo cual coincide con el compromiso que demuestran con la institución y su cultura educativa. No obstante, manifiestan no tener suficientes espacios para realizar intercambios junto con las dificultades que supone encuadrar la tarea en el marco pospandemia. Refieren con frecuencia agotamiento respecto a esta situación.

A modo de cierre

A lo largo de este capítulo, buscamos dar cuenta de las características principales de las instituciones educativas donde se realizó nuestra investigación con el fin de orientar al lector en sus similitudes y diferencias. Esperamos que su lectura ayude a recorrer con mayor claridad el camino propuesto por el equipo de investigación a través de la diversidad de temáticas abordadas en los capítulos de este libro. Su confección fue el resultado de la sistematización que realizaron las autoras a partir de una matriz colectiva que buscó unificar la información recolectada durante todo el trabajo de campo, con el objetivo de visualizar las principales características de cada escuela, pero también en la búsqueda de encontrar patrones, marcar diferencias, señalar particularidades respecto a los objetivos de la investigación. Deseamos agradecer el arduo trabajo de revisión de todo el equipo de investigación para que este capítulo llegara a buen puerto y lograra condensar las características de las escuelas que formaron parte de la muestra. Esperamos entonces que logre su cometido y pueda traducir al público externo la forma en que se sistematizó la información sobre las escuelas seleccionadas para el trabajo de campo.

2

"La parte de 2020, olvidada. ¡No sé cómo cambié!"

Transformaciones subjetivas de las y los jóvenes estudiantes

Pablo Nahuel di Napoli, Adriana Goglino y Victoria Galas

Introducción

A comienzos de 2020, la pandemia emergió como un corte guillotinesco que produjo un quiebre en las dimensiones espaciales, temporales y vinculares del mundo social. Si bien el tiempo no se detuvo, los espacios públicos en su mayoría se clausuraron; entre ellos el escolar, lugar con amplia pregnancia en la vida juvenil de las y los estudiantes de educación secundaria. Las interacciones sociales quedaron relegadas al ámbito privado o a las comunidades virtuales. En algunos casos el fuero íntimo se hizo público a través de transmisiones personales o grupales en vivo. De una forma u otra, la pandemia, con su correspondiente cuarentena, dejó marcas en nuestra subjetividad.

Las políticas públicas para gestionar la pandemia, centradas en acciones sanitarias, estuvieron enfocadas en la población con riesgo de vida, entre quienes se encontraban los grupos etarios mayores o personas con algún tipo de comorbilidad. En contrapartida, las y los jóvenes no fueron eje de atención salvo en su calidad de estudiantes: la preocupación estaba en cómo continuaban su educación. Su condición juvenil y otras necesidades de esta población no fueron prioritarias (Di Piero y Chiappino, 2020; Vommaro, 2022).

A pesar de que algunas investigaciones, tanto a nivel nacional como internacional (Asún *et al.*, 2021; Canet-Juric *et al.*, 2023; UNICEF, 2021), comenzaron a advertir que los grupos etarios más jóvenes eran quienes sufrían en mayor proporción problemas de salud mental, la juventud adquirió protagonismo público como chivo expiatorio de la segunda ola que tuvo lugar durante el verano de 2020-2021. Ellas y ellos eran identificados como culpables de propagar el virus al no respetar los protocolos de aislamiento o distanciamiento social. Al mismo tiempo, se debatía en términos políticos, más que educativos, si se debía o no regresar presencialmente a las escuelas y si las instituciones podían garantizar el funcionamiento de los protocolos sanitarios.

El año 2022 fue el primer ciclo lectivo que volvió a ser completamente presencial ya sin protocolos sanitarios. A partir de diferentes informes que se fueron publicando y de las voces de distintos actores de la comunidad educativa y especialistas[1], ese año los tópicos más tematizados en el discurso público sobre las y los jóvenes giraron en torno a la salud mental y, en menor medida, al desempeño escolar (López y Drivet, 2023).

En el presente capítulo, indagamos sobre las vivencias subjetivas de las y los jóvenes al regresar presencialmente a sus escuelas. Desde ya, sus experiencias durante el periodo de Aislamiento y Distanciamiento Social Preventivo y Obligatorio (ASPO y DISPO) y de Continuidad Pedagógica devienen en una referencia obligada para comprender dicho regreso y las transformaciones subjetivas que vivenciaron. A través de sus voces, mostraremos cómo, frente a

---

1 Dos de los informes longitudinales más referenciados mediáticamente en Argentina sobre jóvenes que asistían a escuelas secundarias fueron los que realizaron Cruz Roja (2022) y UNICEF (2022).

un desafío común como fue la pandemia, las y los estudiantes construyeron experiencias subjetivas singulares, heterogéneas y ambivalentes donde se conjugaron luces y sombras, es decir, momentos de despliegue de su subjetividad y momentos de retraimiento.

El corpus empírico que analizamos en este capítulo está conformado por los grupos focales y las entrevistas en profundidad realizadas a las y los estudiantes de los dos últimos años de las escuelas secundarias que formaron parte de la investigación. De forma complementaria, se retomarán voces de otros actores escolares registrados en las notas de campo[2].

En el primer apartado, examinamos cómo procesaron subjetivamente el tiempo transcurrido durante la pandemia, es decir, cómo vivenciaron el transcurso del tiempo al volver a sus escuelas. En el segundo, nos centramos en las experiencias subjetivas de transformación personal alrededor de cuatro aspectos: aburrimiento, soledad, autoconocimiento y maduración/crecimiento. En el tercer apartado, nos detenemos a analizar algunos temores subjetivos al regresar presencialmente a sus escuelas. Cerramos el capítulo con una reflexión para pensar la escuela de la pospandemia a partir de las huellas subjetivas de las y los jóvenes.

Procesamiento subjetivo de los tiempos de la pandemia

Sabíamos que la pandemia fue un momento disruptivo en la vida de todos los individuos, por eso nos interesaba conocer cómo habían experimentado las y los estudiantes el regreso a la presencialidad y cómo se sentían en sus escuelas. Para eso, era inevitable, y necesario, remitirnos a sus vivencias pandémicas. Sin embargo, nos llamó la atención que, al

---

2 El enfoque metodológico y el corpus empírico de la investigación pueden encontrarlo en el capítulo de la introducción. Asimismo, la descripción pormenorizada de cada una de las escuelas forma parte del capítulo 1.

preguntarles por ese periodo, al comienzo de sus relatos tenían dificultades para recordar cómo había sido o qué habían hecho en ese tiempo:

> *Tadeo: Tengo un tema serio que intenté charlar con un psicólogo y no me sirvió mucho porque, bueno, no pude seguir yendo. No recuerdo nada. Es un año del cual tengo dos o tres recuerdos fugaces que te digo, capaz sí sé más o menos lo que hice, pero después no me acuerdo nada, absolutamente nada. No recordaba. Son diez meses que están borrados. No de forma voluntaria, ¿eh? No me acuerdo. Me acuerdo una que otra cuestión muy puntual, pero muy puntual tipo "tal vez creo que jugué X juego con un compañero" [...]. Pero no me preguntes nada. No me acuerdo ni mi rutina del día a día. No sé qué hacía (E38, estudiante, 6.º, E3).*

> *Aldana: Es como que... Siento que hubo primero, corte, tercero. Entonces es como que ese tercero lo viví desde segundo.*
> *Azul: Claro, fines de tercero. Ni siquiera pudimos vivir tercero.*
> *Aldana: Es como que... Como hay un bache, simplemente lo junto y es como que es segundo.*
> *Azul: No, yo creo que... Que no me siento chica, no me siento de primero. O sea, yo, físicamente ni mentalmente. Eh... [...].*
> *Azul: No sé, no sé. Es imposible de explicar. A nivel maduración de algo, que no sé qué es, me faltó vivir esas dos etapas. Todo tercero normal, todo segundo normal.*
> *Luna: Es como un poco quemar la etapa que no estuviste en segundo. O sea, no es que no te sentís de cuarto, quinto. Es más que nada el quemar la etapa de lo que podría haber sido eso. Y a veces un poco como haberla querido tener.*
> *Azul: Claro, y encima si vos me hacés una pregunta... ¿Pandemia? No me acuerdo nada. No me acuerdo de un día en pandemia. Es como que literalmente se borró un año.*
> *Aldana: Es como un trance.*
> *Azul: Sí.*
> *Luna: Yo me acuerdo que me levantaba e iba al Zoom, nada más. No sé qué hacía después.*
> *Laura: Yo ni siquiera. O sea, era como que te peinabas adelante de la computadora.*
> *Violeta: Yo me quedaba dormida.*
> *Aldana: Como unas vacaciones largas... (GF105, estudiantes, 4.º C, E6).*

El tiempo como elemento estructurante de la gramática escolar (Escolano, 2000; Núñez, 2023) sufrió una inédita suspensión que afectó no solo la vida familiar y cotidiana, sino, fundamentalmente, la vida social de las y los jóvenes. "*Lo viví como un freno*", nos decía un estudiante de la Escuela 2.

La irrupción de la pandemia y las consecuencias que trajo aparejadas supuso un trastocamiento de las temporalidades cotidianas, es decir, una alteración de las estructuras temporales y, por ende, la percepción de dicho tiempo en las subjetividades. Principalmente el periodo donde estuvieron vigentes las políticas sanitarias de Aislamiento Social, Preventivo y Obligatorio (ASPO) aparece como un tiempo "*olvidado*", "*frenado*", "*suprimido*", "*borrado*", "*borroso*", "*mezclado*", "*un blanco*". Estas expresiones hacen referencia a diferentes sensaciones y significados que las y los estudiantes mencionaron sobre cómo vivenciaron ese tiempo. Estudiantes de la Escuela 2 nos decían:

> *Alejo: Al principio, cuando volvimos, en 2022, al principio pensé que no estaba recordando 2020 y después 2021. Pensaba que era como 2019-2022. Sentí eso, digo.*
> *Luana: Lo había pensado decir, pero como que en 2020. 2021 como que volvimos, como que capaz por la mañana, la tarde, así turnando, como que esta parte también la suprimí, cómo que no me acuerdo de ese momento, como que yo me acuerdo de mitad del año pasado cuando ya era normalidad. Y la parte de 2020, olvidada. ¡No sé cómo cambié! [Suena el timbre] (GF10, estudiantes, 5.º, E2).*

Si bien el primer año de la pandemia fue percibido como "*un año que [...] lo borramos de nuestra cabeza*", o que "*ni se cuenta*", como nos decían estudiantes de las Escuelas 2 y 6, no estuvo vacío. Algo había pasado, además del tiempo, algo había cambiado: ellas y ellos mismos. "*¡No sé cómo cambié!*", exclama sorprendida una estudiante antes de que toque el timbre. Cabe preguntarse por qué, qué pasó y, a modo de hipótesis "dubitativa", indagar si dicho cambio fue por la experiencia excepcional de la pandemia, el devenir del tiempo transcurrido (casi dos años) en sus cursos de vida o ambas cuestiones juntas. Desde sus experiencias biográficas, la pandemia aparece como un salto temporal, entre 2019 y 2022, que se percibió, por un lado, como un paréntesis, una pausa temporal o unas "*vacaciones largas*", pero, por otro lado, como una aceleración del tiempo al no haber podido vivir ciertas experiencias. Así lo expresa claramente una estudiante de la Escuela 5:

> *Vanesa: ¡Sí! ¡Pensar que hace un par de años estaba en tercero y el año que viene ya estoy en sexto! ¡¡¡Cómo pasó demasiado rápido!! Es como que estamos llegando al fin y perdimos casi un año entero, bueno, un año casi y medio (GF73, estudiante, 5.º Naturales, E5).*

Las experiencias no vividas o "*salteadas*" a las que hacen referencia tienen que ver con la sociabilidad escolar (viajes de estudio, compartir espacios y momentos de la escuela con sus pares), con ciertos rituales de paso o de sociabilidad propios de la experiencia juvenil (fiestas de 15, salidas nocturnas, entre otras) y con cambios personales (formas de pensar o su corporalidad):

> *Gala: Yo escuchaba a mis hermanos todo el tiempo hablar de su adolescencia y las cosas que hacían en el colegio, era tipo... Qué bajón.*
> *Rosario: Sí, era tipo...*
> *Gala: Claro, tipo mandarte una cagada en el colegio, ratearte alguna clase, como ver... (E20, estudiantes, 4.º, E1).*

> *Úrsula: Y para mí es una pausa enorme, es una etapa de tu vida que no existe, o sea, prácticamente estar encerrado en tu casa solo, es como que yo creo que pasé de tener 12 años a tener 16 de la nada y es como "Bueno, ¿qué pasó en el medio?", como que perdés un montón de eso. Si bien nada... teníamos mucho esto de explorarte, conocerte en el medio, como que mirás para atrás y yo miro para atrás y estoy en 2018-2019, como que tengo dos años ahí borrosos en el medio donde siento que no hice nada, que no sé... Hice la mitad de la secundaria porque estoy en primer año y de la nada estoy por pasar a quinto. Como que siento que eso quizás un adulto no lo vivió tanto (GF13, estudiante, 4.º, E2).*

> *Vanesa: Yo lo que puse fue: "Pérdida de experiencia". [...] perdí un montón de amigos por no verlos constantemente y nada, yo hablaba con gente más grande y me decían "Nooo, porque tercero es el mejor año y cuarto lo mismo, es lo más!", y yo sentada en mi casa, y me daba mucha angustia que no podía hacer nada al respecto, y no es que vivís la secundaria... ¡Es una vez en la vida! Y no poder vivir esa experiencia y eso, yo la viví así (GF73, estudiante, 5.º, E5).*

Diversas investigaciones han analizado el entrelazamiento entre la experiencia escolar y la experiencia juvenil y cómo cada una suele ser una dimensión central de la otra (Dubet y Martuccelli, 1998; Núñez y Litichever, 2015; Paulín y Tomasini, 2014; Weiss, 2012). Esta articulación es más fuerte entre estudiantes de sectores sociales más altos o entre quienes pasan más tiempo en la escuela o jóvenes vinculados al ámbito escolar (Saraví, 2015). En términos analíticos denominaremos "experiencia estudiantil" a la intersección entre la experiencia escolar y juvenil, en cuanto se redefine en términos identitarios (di Napoli, 2017; Kaplan, 2013; Pogliaghi *et al.*, 2015). No se experimenta de la misma forma la condición juvenil siendo estudiante que no siéndolo, así como también la experiencia difiere en función del atravesamiento que tenga la escuela en la propia biografía y en las redes de interdependencia (Reguillo Cruz, 2000). Esto no significa homologar una experiencia a la otra.

Justamente, el paso por la escuela secundaria, "*vivir la secundaria*", como parte de su *ser jóvenes* aparece como una de las mayores pérdidas entre nuestras y nuestros entrevistados de sectores sociales medios y altos. Estar con sus compañeras y compañeros, pasar tiempo con sus amistades en el colegio, "*ratearse alguna clase*" son experiencias juveniles propias de estar en la escuela y que las vivencian como una privación de su juventud, algo que ya no existe y no se podrá recuperar: "*es una vez en la vida*". Más arriba, una estudiante de la Escuela 2 lo planteó como una posible diferencia respecto de cómo vivieron este mismo periodo las personas adultas. Esta sensación llevó a algunas y algunos jóvenes, sobre todo cuando comenzaron a flexibilizarse las medidas de aislamiento en el AMBA, a "*hacer todo de golpe*" porque perdieron un año y "*por las dudas*" frente a la incertidumbre del tiempo venidero, incluso aunque no tuvieran ganas de hacerlo.

Si bien lo abordaremos en profundidad en el capítulo 3, cabe mencionar que la imposibilidad de compartir corporalmente espacios físicos con sus amistades y pares de la escuela fue otro de los perjuicios que mencionaron las y los estudiantes. En otros casos, posibilitó la generación de nuevos vínculos o el reencuentro con amistades de la infancia.

No tener "*un montón de experiencias*" de crecimiento personal propias de su condición juvenil interpretamos que fue percibido, con nostalgia, por las y los jóvenes como una "*maduración de golpe*". Sienten que les faltó "*un medio*", "*ir de a poco*", en síntesis, el proceso:

> *Aldana: Sobremaduramos, pero también nos faltaron como muchos pasos en medio. Entonces por ejemplo un montón de experiencias que normalmente los chicos hacen alrededor de esa edad, nosotros no la tuvimos. Es como salir de golpe, todo de golpe. O sea, relaciones de golpe.*
> *Laura: Es lo que iba a decir. O sea, sentimos que al pasar un año en nuestra casa como que perdimos mucho de lo que se debería de hacer al crecer, y más en esta edad. O sea, nos perdimos todo un año sin salir absolutamente y nada, en tercer año estábamos "No, salgamos", o "Vamos a tal lugar, vamos al otro". Y es como que nos faltó ir de a poco, porque queremos hacer todo de golpe porque perdimos un año.*
> *Luna: Pasó, para mí lo que pasó más que nada es que el primer año era de... veníamos de ir a las matinés, y después en tercero venías de tener la entrada de la fiesta de egresados del otro.*
> *Laura: Fue rarísimo.*
> *Luna: No hubo como un medio. Claro, no hubo un medio, así como... Cambiamos de lo que van los chiquitos, vos de alguna manera, a los grandes (GF105, estudiantes, 4.º C, E6).*

Sin embargo, como desarrollaremos más adelante, para varias y varios estudiantes, este periodo sombrío también fue percibido como luminoso en términos de maduración al disponer de tiempo para la introspección. Una estudiante de la Escuela 1 lo destaca como una diferencia al compararse con jóvenes de su edad en una época prepandémica:

> *Alma: Nosotros mismos cambiamos. Yo creo que también otro aspecto es que nosotros mismos con la pandemia no somos como... O sea, yo creo si agarrás un alumno de cuarto antes de la pandemia y nosotros, o sea, es como una diferencia bastante grande, porque tuvimos esto de la introspección de cada uno, y es como que cambiamos nuestras propias miradas, nuestros propios ideales (E18, estudiante, 4.º, E1).*

El textual de una estudiante que calificó el tiempo de pandemia como "*un trance*" resulta una metáfora fructífera para comprender la experiencia escolar y juvenil de las y los estudiantes de educación secundaria. Se trató de un estado alterado de la vida (no solo de la conciencia) caracterizado por una pérdida temporal de la conexión con la realidad cotidiana hasta ese momento conocida. El trance es una experiencia temporal alterada, incluso no lineal, donde el tiempo (extra)ordinario se dilata o se contrae y los límites del pasado, presente y futuro se difuminan o desaparecen. Algo de esto sucedió cuando el tiempo pandémico les aparece suprimido, borroso, o cuando intentan recordarlo y se les mezclan las temporalidades pre, durante y pospandemia. Un trance tiene sus ritmos y rituales de repetición. El trance encierra en su etimología el "transitar", vivir una experiencia, y por tal deja marcas subjetivas. Especialmente durante la cuarentena más estricta, a muchas y muchos estudiantes, el día, al no poder cambiar de escenarios espaciales, se les volvió un *loop* que alteró la percepción del tiempo hasta el punto de generar una atmósfera de atemporalidad.

En la pandemia, como veremos a continuación, las y los jóvenes experimentaron subjetivamente transformaciones personales y sociales, no solo por el paso del tiempo, sino por la excepcionalidad del acontecimiento y sus consecuencias. Este "paréntesis" que trajo la pandemia, esta pausa obligada también les otorgó un tiempo de reflexión, de suspensión de certezas, de interpelación. Un tiempo que nos remite a la significación del tiempo griego como el *kairós* que permite mirarnos a nosotras y nosotros mismos y reflexionar. Las y los jóvenes que volvieron a sus escuelas no eran las mismas personas. La percepción subjetiva sobre la escuela también cambió, y el pasar tiempo en ella se resignificó.

Reconfiguraciones subjetivas en el transcurrir de la pandemia

"*Te aburres de estar aburrido*"

Al adentrarnos en los relatos de las y los jóvenes, identificamos diferentes momentos en la vida cotidiana en pandemia. Las primeras cuatro semanas luego del 20 de marzo de 2020, cuando se promulgó el decreto de ASPO, eran recordadas con cierta alegría (en un contexto de incertidumbre) dado que implicaba una pausa de la rutina cotidiana que les permitía "parar la pelota". No ir a la escuela y tener tiempo libre se sintió como unas "*vacaciones*" gratificantes. Podían jugar sin parar, evitar levantarse temprano, no hacer tareas, entre otras cosas. En esos primeros días, primó en varias y varios jóvenes una mirada positiva del encierro:

> *Emanuel: Sí, si era poco tiempo era como algo divertido. Yo al principio era como ¡wow!*
> *Tomás: Yo me re alegré cuando empezó la cuarentena (GF33, estudiantes, 4.º, E1).*

> *Ignacio: Por ejemplo, a mí, al principio de la pandemia, que no creí que fuese a ser tan larga, dije "Va a ser un mes, lo disfruto ahora". Viste, "Un mes más de vacaciones", dije, y nos conectamos con los chicos y todo. Y pasaban los días, pasó el mes y dije "Esto se está yendo un poquito de las manos, no está terminando", y ya empezás a notar cómo... Encima era el nuevo, porque justo me cambié de clase en ese trimestre.*
> *E: Ahh, vos eras nuevo, claro.*

Ignacio: Y era como... "No sé qué hacer porque estoy solo", o sea, mis amigos estaban en otro curso, tenía que conocer otras 35 personas que conviví tres días nada más. Y andá a saber cuándo va a terminar esto. O sea, de pasar de ser algo bueno ese primer mes, es decir, "Lo voy a disfrutar, voy a jugar todos los días".
Denise: Empezar julio y tener un [no se entiende lo que dice].
Ignacio: Claro, a ser mitad de año y decir "Esto todavía no termina, y va a seguir" (GF75, estudiantes, 5.º Soc., E5).

A medida que transcurría el tiempo, jugar dejó de ser divertido. Como se refleja en nuestros testimonios, el encierro devino en aburrimiento y monotonía:

Nahuel: Eran días muy... ¿Cómo lo ponemos? Muy parecidos todos, muy aburridos, muy...
A: Monótonos.
Nahuel: Esa es la palabra. Muy monótonos. Todo el tiempo pasaba lo mismo, era muy aburrido. No pasaba absolutamente nada. [...]. Yo de los jueguitos no soy muy fanático, de la Play, pero mis compañeros le daban a la Play como locos. Pero era eso, era muy aburrido, pasaba siempre lo mismo. Pero yo en ese momento no me acuerdo de haberlo sufrido tanto. Pero hoy lo miro y digo "No puedo volver a eso, no..." (E2, estudiantes, 4.º, E2).

Cristóbal: Como que hasta por un momento te aburres de jugar, te aburres de estar aburrido.
Ariel: Sí, yo veo que me aburro de estar aburrido, en vez de estudiar digo, tengo que seguir aburrido. No pienso estudiar [Pedro, estudiante, se ríe en voz alta] (GF46, estudiantes, 6.º, E3).

La preponderancia de esta sensación también la notamos en una encuesta previa que realizamos con el equipo de investigación durante 2020 a estudiantes secundarios de distintas provincias[3]. Allí, casi la mitad de las y los jóvenes dijo aburrirse más tiempo que antes de que comenzara la

---

3 Proyecto PICT-2018-01636 "Conflicto, violencia y convivencia en las escuelas secundarias del Área Metropolitana de Buenos Aires. Un análisis de sus vinculaciones con las formas de sociabilidad juvenil que construyen las y los estudiantes".

pandemia. En la misma línea, Szapu, Sulca y Arévalos (2022), a partir de una encuesta realizada en la provincia de Buenos Aires con estudiantes del mismo nivel educativo, identificaron que el principal malestar (entre distintas opciones) fue el aburrimiento, con 60 % de menciones. Como nos decía una estudiante de la Escuela 2, *"hasta ir al supermercado era un programón"*.

La libertad de no tener que ir presencialmente a la escuela mutó en la claustrofobia de la ASPO, que al menos en el AMBA duró formalmente hasta el 7 de noviembre de 2020, cuando se pasó al DISPO. La cuarentena dejó de ser transitoria y entró en un letargo que generó en las y los jóvenes la pregunta sobre "qué hacer con esa pelota". Esto les causó un cúmulo de sensaciones de bienestar y malestar y reflexiones múltiples.

"Una soledad rara. Era feo estar aislado"

Con el paso del tiempo y las sucesivas prórrogas de los decretos de aislamiento y distanciamiento social entre las y los jóvenes, afloró la soledad como estado y sentimiento:

> *Paula: Para mí en la cuarentena lo que más pegó fue la soledad, estar solo. O mismo también, a veces uno no está acostumbrado a estar en la casa con la familia. Entonces era a veces agarrarse... de conocerse entre todos...*
> *Sofía: A las piñas [se ríe].*
> *Paula: Claro, y después terminas mal porque no tienes con quien hablar, con quien... nadie te sostiene, ¿no? (GF45, estudiantes, 5.º, E3).*

> *Nahuel: En su momento no, no era que yo me deprimía o alguna cosa, pero sí lo veo ahora y era una soledad rara. Era feo estar aislado. Cambiaron totalmente los vínculos. Era hacer gimnasia adentro de tu casa (E2, estudiante, 4.º, E2).*

Diversas investigaciones han mostrado que durante la pandemia las y los jóvenes fueron uno de los grupos sociales que más padecieron la soledad[4] (Rodríguez Quiroga *et al.*, 2022; Saraví, 2023). En el caso específico de estudiantes de escuelas secundarias, Szapu, Sulca y Arévalos (2022) encontraron que el 59 % expresó sentirse sola o solo y que dicha sensación apareció cuando "cuando necesitaron distraerse y divertirse" (56 %), "conversar sobre problemas personales" (54 %), y, en menor medida, "cuando precisaron de la mutua colaboración académica" (44 %) (pp. 317-318). Podríamos pensar algún tipo de relación entre el aburrimiento y el sentimiento de soledad. Mientras jugaban y se divertían con sus amistades o familiares, no se sentían solos, o la sensación era menor, pero, cuando la pandemia se extendió en el tiempo y el aburrimiento predominó, hubo una mayor toma de conciencia del aislamiento y el sentimiento de soledad.

La soledad no es una condición o experiencia intrínsecamente positiva o negativa. Se trata de una experiencia subjetiva que va más allá, aunque está mediada por las condiciones objetivas (en términos de espacio o cantidad/calidad de los vínculos). No es lo mismo "estar" sola/o o "sentirse" sola/o. Alguien puede estar sola/o y no sentirse en soledad y puede sentirse de ese modo aunque esté en compañía o en contacto con otras personas. Aquí hacemos una diferenciación entre una dimensión objetiva y otra subjetiva de la soledad. La primera refiere a un estado de inexistencia de compañía y la podríamos cuantificar en

4 Cabe señalar que la problematización de la soledad como fenómeno social e individual no es nuevo, y su estudio se acrecentó con el advenimiento de la modernidad y el proceso de urbanización. Dentro de la sociología, podemos mencionar *El Suicidio* (1897) de Durkheim, *La metrópolis y la vida mental* (1903) de Simmel, y *La muchedumbre solitaria* (1949) de Riesman, entre otros clásicos. La soledad ha sido estudiada principalmente en la vejez, que sería el grupo etario más afectado, recordemos el pequeño libro de Elias *La soledad de los moribundos* (1982). Sin embargo, en los últimos años, han aumentado las investigaciones en la juventud, que aparece también como uno de los grupos más vulnerables (Pinto Lobo, 2020). De hecho, durante la pandemia fueron quienes más se sintieron en soledad, incluso por encima de las personas mayores, entre quienes predominó en mayor medida el temor a la muerte.

términos de vínculos o aislamiento. La segunda responde a un sentimiento producto de una percepción personal.

Zimmermann (1785/1786, citado en De Jong Gierveld, Van Tilburg, y Dykstra, 2006) distinguió dos formas de soledad, a las que calificó como "positiva" y "negativa". La soledad positiva la asoció con situaciones de aislamiento voluntario respecto de las preocupaciones cotidianas y orientada hacia estados de reflexión, meditación o conexión espiritual. La soledad de carácter negativo se vincula con una carencia indeseada de relaciones significativas o contactos personales. La primera forma refiere a una elección consciente y voluntaria de ausentarse o no interactuar con otras personas. Esta modalidad suele asociarse con la privacidad o intimidad, el "estar" sola/o, en algunos casos, puede relacionarse con el aislamiento. La segunda forma refiere a un estado involuntario, no elegido, y a una sensación que es producto de una percepción subjetiva negativa respecto de la calidad o cantidad de relaciones, vínculos o interacciones con otras personas. Esta segunda acepción es la que se ajusta a las definiciones de "soledad" cuando se la aborda como una problemática individual y/o social.

De Jong Gierveld, Van Tilburg, y Dykstra (2006), en línea con la segunda acepción, definen la soledad como "una experiencia subjetiva y negativa, y el resultado de una evaluación cognitiva de la correspondencia entre la cantidad y la calidad de las relaciones existentes y los estándares de relaciones" (p. 468). Por su parte, Weiss (1973, citado en De Jong Gierveld *et al.*, 2006) distingue dos tipos. La soledad emocional ocurre cuando una persona carece de una relación íntima o de un vínculo afectivo profundo (una pareja romántica, un familiar cercano o un/a mejor amigo/a). Este tipo se asocia con la ausencia de un apego significativo y la sensación de vacío emocional. La soledad social refiere a la falta de una red de relaciones sociales más amplia (amigos/as, compañeros/as o conocidos/as) que proporcionen un sentido de pertenencia a un grupo o una comunidad.

El autor vincula esta forma de soledad con la sensación de exclusión o falta de integración.

En los testimonios de las y los estudiantes, encontramos referencias a diferentes tipos de soledad que nosotros asociamos con dos significantes: "malestar" y "aprendizaje"[5]. Si bien la cuarentena fue impuesta y tuvo como objetivo reducir cuantitativamente las interacciones sociales, lo cual afectó la calidad de los vínculos y los estados de ánimo, algunos y algunas estudiantes vivenciaron la soledad de forma agradable, mientras que otras y otros, de modo doloroso. Asimismo, hubo estudiantes que experimentaron sentimientos de soledad agradables y desagradables en función del tiempo transcurrido de la cuarentena. Este último fue el caso de una estudiante de la Escuela 5:

> *Nuria: Si bien estuvo bueno, en un punto estar solo, porque quizás, en la efusividad que tenemos en el día a día, es como tomarte un tiempo para vos, en soledad, y a veces no está espacio para hacerlo, y para compartir más con nuestras familias, que a mí me pasó eso. Compartí mucho con mis papás, que eso no lo hacía durante la vida normal porque no tenés tiempo. Pero me parece que fue un exceso de eso y que... Se nos quitó la libertad en todo sentido de poder salir con gente, o socializar, el poder ver también a nuestras familias (GF75, estudiante, 5.º Soc., E5).*

Como nos comentaba Nuria, de la Escuela 5, si bien al comienzo fue bienvenido "*para la pelota*" tomarse un tiempo "*en soledad*", la prolongación de la cuarentena hizo que esa situación se volviera menos soportable o que generara

---

5 Teniendo en cuenta que entrevistamos estudiantes de los dos últimos años del secundario, también identificamos un tercer significante de "soledad" asociado con el egreso y sus perspectivas de futuro. Terminar la escuela, donde algunas y algunos jóvenes habían pasado casi toda su vida, se presentaba como un momento bisagra en el cual salían de una "*burbuja*", un mundo conocido que compartían con amistades, para estar solas y solos con "*la vida*". Así nos lo expresaba un estudiante varón de la Escuela 6: "*Nosotros venimos siempre al colegio a estar acá, a salir y a estar solo, porque es eso. Estás solo, solo con la vida*" (E, estudiante varón, E6, P81).

malestar. Es decir que el tiempo también es una dimensión que tener en cuenta al abordar la soledad (Montero López Lena y Sánchez Sosa, 2001).

Las políticas sanitarias implementadas impusieron un aislamiento social que para algunas y algunos estudiantes se volvió desconexión, no solo de la institución escolar (como fue el caso de uno de los estudiantes de la Escuela 3 que entrevistamos), sino de sus pares generacionales, lo que propició cierto sentimiento de soledad no voluntario:

> *Ramiro: Me sentí solo. O sea, no tenía a nadie. Literalmente mi apoyo emocional fue un gato (E19, estudiante, 4.º Artes, E1).*

> *Romina: Desde ese momento mi angustia se fue por la borda... El año pasado yo sufrí una depresión terrible [...]. El año pasado mi mamá no entendía por qué lloraba tanto. Hasta veía que no podía dormir y lloraba. Era porque en ese momento me sentía sola (GF46, estudiante, 6.º, E3).*

Cómo analizaremos en el capítulo 3, la sociabilidad juvenil se redujo notablemente y se perdieron o debilitaron los vínculos con sus compañeras y compañeros y amistades. De hecho, como muestran Szapu y otros (2022), cuando más se sintieron solas/os fue al querer divertirse o conversar sobre sus propios problemas. Recién en tercer lugar, apareció la ayuda vinculada a las tareas escolares.

Aquí resulta necesario hacer una diferenciación entre soledad y aislamiento social, que pueden coexistir o no. Siguiendo a Weiss (1973), el segundo refiere a una condición objetiva en la que una persona tiene pocos o ningún contacto social con otras personas. Dicho aislamiento puede ser físico, como el que se estableció en la cuarentena, o social. También puede ser voluntario, como parecería ser el caso de Chelo de la Escuela 6, o involuntario, como lo expresa Gala de la Escuela 1.

> *Chelo: Yo –hablo por mí–, yo realmente justo fui uno de los pocos que, no es que me dejé de hablar con todos por mal... sino que me*

desconecté mucho realmente con todo. Me agarró esa etapa de conocerme a mí mismo, como empezar a reflexionar todo lo que había pasado, digamos, en 2019. Y nada, como que me centré mucho en mí mismo y no me preocupaba, digamos, alrededor lo que... cómo estaba cada uno. Yo estaba con tres, cuatro amigos de toda la vida que no me hablaba hace años, y ahí estuve todo un año que no me di cuenta, y nada, cuando volví empecé a hablar poco a poco con ellos porque obviamente siempre me llevé bien, pero me pasó eso que con mis mejores amigos actuales me había dejado de hablar, pero no por algo, sino porque estuve encerrado... (GF, Estudiante, 4.º, E6).

Gala: A nivel como relaciones en el grupo. me pasaron un montón de cosas como que en las que me vi sola, entonces fue como...
E: ¿Como que tus compañeras no entendieron esta situación, digamos?
Gala: No, se me terminó una... O sea, ahora por suerte ahora es mi amiga, pero en su momento era tipo mi mejor, mejor amiga, como que me dijo "Bueno, chau, quedate sola para siempre" [se ríe], entonces... [...] "Chau" y nada, como distintas relaciones así que tipo, bueno, la personita con la que me estaba hablando también, entonces me vi realmente como muy sola, con muchas cosas y nada, con esto que no podía salir, y mi viejo encima estaba tipo "Gala, cuidate" (E20, estudiante, 4.º Artes, E1).

Algunas y algunos expresaron dificultades para relacionarse con otras/os compañeras/os o se sintieron al margen del grupo escolar. Este sentimiento de soledad, de tipo social, se amalgamó con otro de tipo emocional cuando las y los jóvenes no contaban con un vínculo afectivo profundo dentro de la familia, con alguna amistad íntima o con una pareja.

Por otro lado, varias y varios jóvenes mencionaron que las amistades fueron fundamentales para no sentirse tan solas/os, y quienes tenían un grupo de amistad consolidado pudieron fortalecerlo más aún. Winnicott (1957) nos dice que "la base de la capacidad para estar solo reside en la experiencia de haberlo estado en presencia de otra persona" (p. 39). Parafraseando esta cita, Waserman (2011) afirma que el "adolescente puede gozar de su soledad si ésta se desarrolla en presencia de amigos" (p. 114). Creemos que aquellas y aquellos jóvenes con vínculos de apego más solidados o grupos de pertenencia más cohesionados, más allá de la cantidad y calidad de las interacciones cotidianas, pudieron afrontar el aislamiento sintiéndose menos solos/as o eligiendo estar en soledad.

Las plataformas y redes virtuales fueron fundamentales para sostener esos vínculos. Sin embargo, el mero contacto cibernético con sus pares generacionales no apaciguó necesariamente el sentimiento de soledad en algunas estudiantes, como Gala de la Escuela 1: "*Por más de que esté en contacto con gente en ese momento y haya estado hablando, todo, es como que igual me sentía sola*".

Previamente a la pandemia, existe un debate en el campo científico respecto de la relación entre el uso de las redes sociales e internet y el sentimiento de soledad que, en parte, tal como sostienen Amezaga, López y Sábada (2022), tiene que ver con las formas en que se concibe a la soledad. Si la soledad es abordada desde la cantidad y calidad de vínculos que tiene un individuo y sus capacidades para interactuar presencialmente con otras personas, es decir, desde una concepción más social, las plataformas virtuales podrían ayudar a mitigar el sentimiento de soledad al aumentar la aptitud para establecer interacciones y pertenecer a grupos de referencia. En cambio, si la soledad es entendida en términos de apego emocional, las redes sociales no necesariamente contribuyen a aminorar este sentimiento. Algunas investigaciones psicológicas han demostrado que, a mayor uso de redes sociales, mayor sentimiento de soledad, ya sea en contexto de pandemia (Barros *et al.*, 2020) o no (Pérez y Quiroga-Garza, 2019). Retomando las palabras de Waserman (2011) y teniendo en cuenta que las redes sociodigitales eran el medio preponderante para interactuar con personas por fuera del hogar, podríamos decir que en muchos casos les permitió a las y los jóvenes acompañarse en sus soledades.

Pasar tiempo solas y solos significó aprender a estar con una/o misma/o, situación que algunas personas experimentaron con dolor, y otras, de forma más amena:

Vanesa: También siento que aprendí a estar sola (GF73, estudiante, 5.º Naturales, E5).

Emilce: Estábamos todo el tiempo en contacto con nosotros mismos. O sea, era o te aprendías a conocer o... Era todo el tiempo jugar con tu cabeza, de eras vos y tu cabeza, y bueno, yo creo que a un montón de gente le afectó en ese sentido (GF106, estudiante, 4.º C, E6).

Ignacia: Por ejemplo, en la pandemia a mí como que me ayudó un montón como en conocerme a mí misma y como aprender, [se ríe] como a vivir yo sola más o menos, porque por más que estaba en mi casa con mi familia era como más o menos 24/7 estar yo y no estar como en una sociedad con personas, y sino como aprender a ver cómo vivo yo sola y... No sé, cómo conocerme más. Y siento que eso también ayuda (GF11, estudiante, 4.º, E2).

La soledad se presentó como un desafío por superar, debían aprender a vivir en esa condición, pero también aprender a "*apreciar nuestro tiempo solos*", como nos decía una estudiante de la Escuela 2. Cabe señalar que en esta escuela hubo estudiantes que, durante un tiempo de la cuarentena, vivieron literalmente solas o solos sin ningún familiar en la casa. La escuela recién se enteró de esa situación luego de que regresaron a la presencialidad.

Quienes apreciaron el tiempo solas y solos expresaron una visión más positiva del estar en soledad, la cual va en línea con la concepción planteada por Zimmermann (1784-1785) como estado para la autorreflexión. Como veremos en el siguiente apartado, el aislamiento obligatorio y el sentimiento de soledad abrieron un espacio-tiempo para la reflexión y el autoconocimiento, ya sea voluntario o involuntario, que las y los jóvenes vivenciaron como un aprendizaje y una transformación de sí.

"Mucho tiempo para pensar y conocerme más"

Si bien la pandemia fue un evento disruptivo en el cual las y los jóvenes en términos generales expresaron haber pasado mal, en sus relatos aparece el conocimiento de sí como uno de los aprendizajes de la experiencia de la cuarentena.

> *Ramiro: Siempre digo que la pandemia fue una mierda, pero a la vez buena porque también me ayudó a descubrirme un poco más, porque yo antes tipo nunca me miraba a mí mismo, o sea como... (E19, estudiante, 4.º Artes, E1).*

> *Alma: Es como que... Pasarla mal también me ayudó a conocerme. Capaz ese pasarla mal se extendió mucho [se ríe], pero siento que sí. O sea, si del 2020 saqué algo así: me conocí a mí misma y yo tipo OK. De capaz demasiado, ah [se ríe] (E18, estudiante, 4.º Artes, E1).*

Cabe señalar que fue en la Escuela 1, de gestión estatal y en su mayoría con estudiantes de sectores medios, donde más encontramos reflexiones en torno a que haberla pasado mal durante la pandemia sirvió como un aprendizaje sobre sí mismas/os. Por ejemplo, Matías nos decía: "*Aprendí qué es estar triste, cómo estar triste, eh... detectar cuándo estoy triste*".

El autoconocimiento, dedicar tiempo para reflexionar sobre la propia vida y su persona, fue uno de los pocos aspectos de la pandemia percibidos positivamente, incluso entre quienes la transitaron dolorosamente.

> *Fiorella: Yo, lo más positivo, aprendizajes personales. Personales, por fuera del colegio (GF73, estudiante, 5.º, E5).*

> *Jimena: Para mí lo mejor fue que, al estar tanto tiempo solos, tuviste más lugar para conocerte a vos (E90, estudiante, 4.º, E6).*

Como mencionamos más arriba, el aislamiento social obligatorio y el estar solas y solos les abrió una dimensión espacio-temporal nueva para pensarse a sí mismas/os. Para algunas personas, la soledad se vivió como una imposición, y, ante la escasez de alternativas, "*estabas obligado a conocerte*", como nos decía una estudiante de la Escuela 6. En cambio, otro estudiante de la misma escuela mencionó que decidió desconectarse de sus amistades y le *"agarró esa etapa de conocerme a mí mismo"*. En uno o en otro caso, se trata de un espacio-tiempo nuevo que las y los estudiantes consideraban que antes no tenían. En parte apareció al quedar reducido el ámbito escolar y la sociabilidad juvenil. El acortamiento de la jornada escolar, en especial entre quienes iban doble escolaridad, y el sentir un relajamiento en la exigencia académica (o que podían relajarse), sumado a la cancelación de actividades extracurriculares, abrió un tiempo nuevo o mayor para explorar y aprender cosas ajenas a la escuela.

Hemos notado que quienes dijeron haber dedicado voluntariamente tiempo para la autorreflexión vivenciaron la soledad de un modo más ameno, o, dicho de otro modo, la introspección les ayudó a sobrellevarla. Esto puede ir en línea con un estudio longitudinal realizado sobre la mentalización como factor moderador de los efectos de la soledad sobre la ansiedad, la depresión y las quejas somáticas durante el confinamiento por el COVID-19 en Argentina (Rodríguez Quiroga *et al.*, 2022). Cabe aclarar que las y los investigadores no hablan de autoconocimiento, sino que, desde el campo de la psicología, definen la mentalización como "una capacidad humana que permite percibir e interpretar el comportamiento propio y de los otros, como estados mentales intencionales" (p. 233). En su estudio hallaron una significancia marginal respecto de la mentalización como un factor moderador de los efectos que la soledad tiene sobre la ansiedad, la depresión y las quejas somáticas. Quienes presentaron bajos niveles de mentalización expresaron mayores síntomas al aumentar la soledad, mientras que la soledad tuvo un menor impacto en los síntomas en participantes con altos niveles de mentalización.

Este proceso de introspección tuvo como eje central los gustos personales. Se preguntó qué cosas del pasado les gustaban y qué no, qué les gustaría hacer en el futuro y, sobre todo, se les pidió explorar qué les gustaba en ese momento y cuáles de esos gustos los definían identitariamente. Desde ya estas apreciaciones estaban atravesadas por diferentes temporalidades que se solapan y se imbrican mutuamente:

Tomás: Aproveché parte de... o sea, objetivos personales. Aprendí de las cosas que me interesan a mí por afuera de las clases. Aproveché para tipo, no sé, mirar cosas que me interesaban a mí, de... interesarme en qué estudiar en la facultad (G33, estudiante, 4.º Medios, E1).

E: ¿Qué significaba eso que dijeron? ¿Qué es eso de la introspección?
Carmen: También... [Inaudible] pensar en lo que soy como persona y lo que quería hacer, fue eso más como un ver, ahora que tengo el tiempo para pensar en mí, que igual es lo que hago constantemente porque siempre quiero ver cómo puedo mejorar como persona para ser alguien que yo quiero ser. Y la pandemia lo que me dio es tiempo para qué es lo que quiero ser, qué es lo que quiero hacer, no solo, eh... cómo soy como persona, sino dónde quiero, para dónde quiero dirigir mi vida. Eh... y fue eso, fue también encontrar que... eh... revivir el amor que tenía por la música y enfocarme en eso, que ahora que también lo hago y que lo sigo haciendo desde la pandemia, porque tuve ese tiempo, porque sé que si no tenía el tiempo para aprender las cosas que quería.
Alicia: A mí me pasó de tipo, nada, como estaba con tanto libre, o sea... de verdad me empezaba a cuestionar cosas que yo decía: "Che, ¿qué onda esto?", o lo que decía ahí, bueno, iba pensando y decidiendo justamente también qué quería, cómo quería hacer, qué cosas podía cambiar de mí misma (GF107, estudiantes, 4.º, E6).

Tomás de la Escuela 1 exploró qué cosas le interesan para estudiar en la universidad y Carmen de la Escuela 6 reflexionó hacia dónde quería dirigir su vida redescubriendo gustos del pasado. En sus cavilaciones también se interrogaron a sí mismos o cuestionaron algunos aspectos de sus vidas previamente a la pandemia, tal como nos contaban Alicia y Natalia:

Natalia: Aparte yo creo que... Si no hubiéramos pasado por la pandemia, o sea, no sé cómo hubiera sido, no creo que hubiéramos dejado de ser amigas ni nada por el estilo, pero es como que la pandemia te hizo un cambio en tu persona o te cuestionaste cosas que... Qué sé yo, quizás te las hubieras cuestionado tres años después, ¿no? Qué sé yo. Nada, eso, o sea vos cambiás [...] (GF34, estudiante, 4.º Medios, E1).

Como analizaremos con mayor profundidad en el capítulo 3, este momento de reflexión implicó una reevaluación de los propios vínculos respecto de cómo se sentían con sus grupos de pertenencia, lo cual llevó a algunas y algunos estudiantes a reconfigurar sus redes de sociabilidad:

Nuria: A mí me pasó no tanto de estar en el aula, sino que a mí la pandemia me sirvió mucho como para pensar en mí y decir "Bueno, acá hay un límite con una persona". O sea, "Esto tolero, esto no tolero, esto yo hago o permito que hagan", y como eso. O sea, no sé si decir como un ejemplo en el aula, pero sí con las personas, de decir "Hasta acá, a partir de acá no lo tolero más". Como que antes no ponía eso (GF75, estudiante, 5.º Sociales, E5).

Chelo: Y era estar mucho tiempo solo y que dejaste de convivir y empezás a analizar tu convivencia durante todos esos tiempos.
E: ¿Y a alguien más le pasó?
Rolo: Sí. Yo creo que eso de pensar como que nos pasó a todos, [...] decir "Pero ¿por qué hacía esto el año pasado? ¿Por qué no me juntaba con tal persona, con tal gente?" (GF108, estudiantes, 4.º, E6).

Tener tiempo para hacer cosas por fuera de la antigua rutina habitual les permitió explorar gustos personales que (re)descubrieron justamente por el hecho de disponer de tiempo para volver a experimentarlos.

Simón: O sea, tuvo cosas buenas porque capaz encontraste cosas o actividades que no sabías que te gustaban y te gustaban, que a partir de estar encerrado o estar con vos mismo y empezás a hacer esas cosas nuevas (GF106, estudiante, 4.º, E6).

Hablamos del tiempo más arriba y distinguimos al *kairós* como un tiempo que ofrece posibilidades. Como dice

Walter Kohan (2020): "El rasgo más notable del *kairós* tal vez sea aquella sensación de no dejar pasar la oportunidad, de no perder la ocasión" (p. 20). Muchas y muchos estudiantes percibieron este tiempo como una oportunidad de autoconocimiento y descubrimiento de sí mismos:

> *Katy: Yo lo positivo es que creo que yo por lo menos me pude conectar más conmigo misma y pude como descubrir cosas que no sabía de mí (E90, estudiante, 4.º, E6).*

Este tiempo de autorreflexión, de mirarse para adentro –"*tiempo de introspección*", como lo llamaron algunas y algunos– fue referenciado en todas las escuelas por una gran cantidad de estudiantes; sin embargo, notamos que las y los estudiantes de sectores sociales más bajos son quienes menos menciones hicieron a esta cuestión. La posibilidad de disponer de un tiempo para sí requiere, en primer lugar, de contar con ciertas necesidades básicas satisfechas, vínculos contenientes, así como también espacios y momentos de intimidad o privacidad.

La pandemia atravesó subjetivamente a todas las personas más allá de la edad, el género, el origen étnico o la clase social. Sin embargo, estos marcadores sociales influyeron en cómo pudieron afrontarla en términos objetivos y subjetivamente. Las y los jóvenes en mejores condiciones socioeconómicas gozaron de una mayor moratoria social (Erikson, 2015) para pensarse a sí mismos/as. También fueron las mujeres quienes más mencionaron haber dispuesto tiempo para reflexionar sobre sí mismas como un aspecto positivo de la cuarentena.

Resulta interesante que las y los jóvenes hayan destacado positivamente que la pandemia les permitió hacerse estas preguntas frente al ritmo de la rutina prepandémica que perciben como avasallante. Si bien la pandemia generó primordialmente una ruptura espacial a partir de las políticas sanitarias de aislamiento y reclusión social, también supuso un quiebre temporal, como venimos observando.

Siguiendo la tesis de Rosa (2016) sobre su teoría crítica de la temporalidad en la modernidad tardía, podríamos pensar que la cuarentena generó un oasis de desaceleración social, desde ya no intencional, en las sociedades de aceleración en las que vivimos.

Según el autor, la respuesta del individuo a la aceleración social en la modernidad tardía resulta en una nueva forma de *identidad situacional* en la cual el dinamismo de la identidad moderna, caracterizado por un fuerte sentido de dirección, es reemplazado por una sensación de movimiento frenético y sin rumbo que es, de hecho, una forma de inercia o estado de detención hiperacelerada. Rosa nota en entrevistas narrativas que las personas relatan "sus vidas como unas secuencias de episodios deshilvanados [...] en lugar de generar narraciones de crecimiento, maduración, progreso" (p. 78). Algo de la paradoja que planea Rosa (2016) la encontramos en el relato de Sabrina:

> *Sabrina: [...] a mí me ayudó muchísimo la pandemia a aprender a estar sola y buscar mi identidad, a nivel adolescencia yo siento que trata mucho sobre definir tu persona muy momento a momento, y a mí eso me sirvió muchísimo. Explorar un artista que me gusta, explorar cómo me siento, hablar, a veces tomarme un espacio, dedicar un día a pensar en otra cosa que no sea estar todo el tiempo funcionando, sino como más mis espacios y yo creo que para la edad que tenía crecí un montón ese tiempo sola [...] (GF32, estudiante, 4.º Artes, E1).*

El parate de la pandemia le sirvió para dejar de "*estar todo el tiempo funcionando*" en automático, o "siguiendo la corriente", como dice Rosa (2016, p. 76), y experimentar gustos y reflexionar sobre su vida en pos de buscar una identidad que considera se define momento a momento. Como observamos a lo largo de este capítulo, nuestros y nuestras estudiantes construyeron narrativas de crecimiento y maduración luego de atravesar la pandemia. Cabe preguntarse si esas reflexiones pueden orientar cursos de vida de largo plazo y estrategias intencionales de desaceleración de oposición ideológicas o si el oasis temporal de la pandemia será una desaceleración funcional (en quienes se sientan fortalecidos) para volver a las andanzas de la aceleración social pospandémica. Algunos indicios nos hablan de esta segunda opción, aunque la pandemia ha dejado en las y los jóvenes huellas desacelerativas en términos de problemas de salud mental.

Asimismo, este autocentramiento que aparece con fuerza en sus relatos puede estar anclado en el incremento de los discursos sociales sobre la autoevaluación y el bienestar personal como el que expresó Carmen de la Escuela 6 con su frase "*Siempre quiero ver cómo puedo mejorar como persona para ser alguien que yo quiero ser*", o en el testimonio de Carla de la Escuela 2:

> *Carla: Yo cambié como persona. Yo como que me reenfoqué en mí en la cuarentena, como que empecé a meditar, empecé a ver quién era, a encontrarme [risas vergonzosas]. Yo qué sé, como que ahora me conozco más (GF9, estudiante, 5.º, E2).*

Illouz (2007) sostiene que estamos viviendo un "capitalismo emocional" que nos arroja a las prácticas terapéuticas y las narrativas de la autoayuda impulsándonos a lo que parecería una "obligación" de cuestionarnos quiénes somos y hacia dónde vamos de forma permanente.

"*La pandemia nos maduró mucho*", pero "*algo en el desarrollo se interrumpió*"

Este proceso de autoconocimiento de nuestras y nuestros estudiantes acontece en un momento bisagra tanto a nivel individual como social. La irrupción de la pandemia generó una crisis de sentido existencial. Un virus desconocido que afectaba nuestro cuerpo puso en jaque la vida que conocíamos, nos obligó a crear e implementar políticas para sobrellevarla y propagó incertidumbre sobre el mundo venidero. En este contexto, las y los jóvenes estaban experimentando cambios corporales, producto de la pubertad, un redescubrimiento de su sexualidad, una búsqueda de mayor autonomía de las personas adultas y de sus familias en particular, un mayor apego al grupo de pares y una reconfiguración de la representación sobre el mundo. Se trata de un tiempo de exploración existencial, que no se agota en ninguna franja etaria, donde se redefinen y construyen identidades: quién fui, quién soy o quién quiero ser. Es decir que esta reflexión sobre sí mismo/a, que se produjo en un contexto mundial de incertidumbre, pudo resultar trascendental para construir sus identidades *"a nivel adolescencia"*, como nos decía Sabrina.

Vivimos la pandemia a través de nuestros cuerpos, y la pandemia atravesó nuestros cuerpos. Ante el riesgo de que nuestro cuerpo se infectase, quedó aislado espacialmente, y nuestros movimientos, reducidos. Sin embargo, el tiempo sobre nuestros cuerpos siguió transcurriendo, y eso se hizo patente entre las y los estudiantes secundarios.

La cultura modela los cuerpos, sostienen variados autores. Por mencionar solo algunos, Le Breton (2017) nos dice que "la condición humana es una condición corporal" (p. 5), y Marcel Mauss (1973) reafirma que, en el proceso de socialización, los seres humanos aprenden a usar sus cuerpos. A su vez, Foucault (1976) destaca al cuerpo como "la superficie grabada de los acontecimientos" (p. 54). Nosotros atravesamos la pandemia corporalmente.

El cuerpo subjetivo se proyecta en lo social. Así se juega esa corporeidad, esa piel, esos ropajes que nos cubren, como frontera entre el espacio individual, el espacio subjetivo y el espacio social. La construcción subjetiva de las y los jóvenes se plasma en el marco de un proceso de crecimiento y transformación corporal. La pubertad constituye un proceso de cambio biológico, psíquico y social que atraviesa a las y los adolescentes, sin que las y los defina necesariamente. En este proceso se duela el duelo del cuerpo-niño. Un cuerpo que indefectiblemente se va transformando y va sorprendiéndolos.

Muchas y muchos jóvenes vivieron su proceso de transformación corporal solas y solos en sus casas, o, mejor dicho, sin poder compartirlo, asimilarlo o contrastarlo presencialmente con sus pares. Como la gran mayoría de las y los estudiantes no prendían la cámara durante las clases virtuales, hubo compañeras y compañeros que no vieron durante todo el periodo de continuidad pedagógica. Y en el caso de quienes prendían la cámara o de las videollamadas que hacían entre sí, apenas se veía una fracción del cuerpo desde un cuadrado. Los medios casi exclusivos de visualizar cuerpos o, dicho de modo más drástico, consumir imágenes corporales fueron internet y las redes sociales, donde predominan cuerpos socialmente hegemónicos mediados por sucesivos filtros digitales.

> *E: ¿Qué generan las redes sociales?*
> *Gonzalo: Y nada, uno consumía, consumía, consumía contenido de todas partes, y generalmente lo que te muestran es el ser perfecto, entonces uno se traga eso.*
> *E: ¿En qué redes lo ven más?*
> *Varios: TikTok e Instagram.*
> *Ambar: Sí, me acuerdo que en la pandemia en 2020 había una chica que hacía rutina que, bueno, supuestamente en dos semanas tenías abdominales y cosas así. Y hay un montón de casos de chicas que empezaron con trastornos alimenticios por ella. Porque como prometía un cuerpo que nunca iban a tener, por sus videos. Como que te re obsesionabas. Yo lo hice, no me obsesioné con eso, pero conozco un montón de gente que lo hizo pensando que iban a llegar a algo y como que se re frustraban por no llegar a lo que ella prometía, digamos.*
> *Julia: También te comparás mucho, yo siento. A mí me pasa mucho que voy a jugar hockey a otros clubes y voy a jugar a Champa, que es allá en Pilar, todas rubias, de ojos celestes, es como que te llama la atención. Inconscientemente te comparás. [Esta misma chica contó que en broma sus amigas le decían "negra vendedora de empanadas" porque tenía la tez más oscura] (GF76, estudiantes, 5.º Soc., E5).*

La falta de confrontación de su propia imagen corporal con otros pares, tan importante en la etapa de la adolescencia, y la reducción de posibilidades de hacer actividad física agudizaron la (pre)ocupación por la estética de sus cuerpos. Este trabajo no fue ajeno a los estereotipos de género que impone la cultura, donde en el varón se promueve el desarrollo muscular y en las mujeres se sigue el estereotipo de delgadez y finura física. Estas diferencias de género aparecieron en varias entrevistas. En el caso de las mujeres, proliferaron problemas de alimentación:

> *Gala: Si sos mujer y teniendo un cuerpo indefectiblemente vas a tener problemas alimenticios (E, estudiante, 4.º Artes, E1).*

> *Alma: O sea, es que también en el grupo se dieron varias situaciones entre todas, entonces era tipo... "Che, pero vos sos flaca, ¿por qué estás dejando de comer?" [se ríe] (E18, estudiante, 4.º Artes, E1).*

El encierro y la soledad llevaron a varios varones, pero también mujeres, a la necesidad de hacer ejercicio, de inventarse gimnasios en sus casas y particularmente en sus dormitorios. Tapia (2020) mostró, a través de una encuesta realizada en 2020 a 226 jóvenes del AMBA, que, a diferencia de lo que señalan algunos estudios que identifican altos niveles de sedentarismo en niños/as y jóvenes, en su relevamiento se advirtió una alta proporción de jóvenes que han realizado actividades físicas durante el confinamiento (76 %).

> *Gonzalo: Después de la pandemia, como que hay una obsesión con ir al gimnasio, reventarte el cuerpo, levantar cosas que no podés levantar, y conozco muchísima gente. La mayoría de los pibes ahora van al gimnasio, gente que nunca hizo, y yo creo que es más para que el otro te acepte, o sea, no es algo de crecimiento personal, porque tanta pesa es como que se te termina atrofiando el cuerpo. No es sano [...].*
> *E: ¿Y eso es algo que lo ven más en los varones?*
> *Ambar: Noooo, en las mujeres también.*
> *Gonzalo: En las mujeres pega desde otro lado, yo creo que desde la alimentación, por ahí.*
> *Ambar: Claro, sí.*

> *Gonzalo: Justamente también después de la pandemia empecé a conocer un montón de casos de pibas que tenían trastornos alimenticios. El 90 % de las minas con las que hablaba tenían trastornos alimenticios. O sea, no comían, o, cuando comían, se metían los dedos para vomitar (GF76, estudiantes, 5.º Soc., E5).*

Las y los jóvenes experimentaron la soledad en sus cuerpos. Tanto chicas como chicos tuvieron la necesidad de no perder esa pregnancia de la imagen propia a través de una fuerte preocupación por la apariencia física y la estética corporal que era vivida en términos de una exigencia angustiante por verse como las personas que veían en las redes sociales. Dice Le Breton (2017): "El cuerpo es un indicador social" (p. 8). Se trata de un fenómeno que es previo a la pandemia, pero que se intensificó durante la cuarentena dado que la forma casi exclusiva de ver a otras personas era a través de las pantallas. El consumo de redes sociales aumentó ostensiblemente en el período estudiado. Es interesante el cruce entre el aumento del uso de redes en pandemia y su repercusión en lo que hace a la imagen corporal, analizado en un estudio por un equipo de investigación interdisciplinario sobre salud y nutrición, donde queda claro que la quietud, el aburrimiento, la parálisis asociada al confinamiento trajeron consecuencias subjetivas (Panzitta *et al.*, 2023).

Esta transformación corporal fue parte de un proceso de crecimiento subjetivo que las y los jóvenes vivenciaron como maduración. Dubet y Martuccelli (1998) sostiene que "ningún período de la vida está, como la adolescencia, definido por la influencia de los interrogantes sobre el hecho de 'crecer'. Esta preocupación es constantemente reforzada por las actitudes de los adultos" (p. 197).

Más allá de la relevancia personal que las y los jóvenes les dieron a sus cuerpos, las transformaciones corporales en términos de crecimiento fueron un dato palpable del tiempo transcurrido durante la pandemia. Camilo, de la Escuela 4, nos decía: "*Mi cuerpo creció de todos lados*". Por su parte, Damián de la Escuela 1 enfatizaba que "*estábamos en plena adolescencia y nos estábamos desarrollando nosotros, y fue como un corte*". Podemos destacar la aparición frecuente de cierto desconcierto en cuanto a la velocidad en que se visualizaron los cambios corporales y la sensación de haber "*madurado*" personalmente:

> *Úrsula: Crecimos un montón. Fue mucho, mucha distancia entre tener 13-14 años y tener 16-17. Creo que la relación cambió mucho por eso y por todo lo que nos conocimos en esta situación de vulnerabilidad y exposición, todos, con los profesores (GF, estudiantes, 4.º, E2).*

La edad es el parámetro más común del paso del tiempo. Tres estudiantes de la Escuela 3 nos decían que "*lo que más cambió fue la edad*", y una estudiante de la Escuela 2 aseguraba que "*fue radical*". Para algunas y algunos, la pandemia como "*corte*" fue vivenciada como un crecimiento "*de golpe*".

> *Camilo: Sí, yo creo que la pandemia nos maduró mucho.*
> *Fiorela: Nos hizo madurar más.*
> *E: ¿Qué significa madurar?*
> *Camilo: Pensar. No sé, crecer. Crecer de golpe (E, estudiantes, 4.º, E4).*

> *Mateo: Sí, es parte, yo creo que es parte también del crecimiento. [...]. El crecimiento influye mucho. Nada, siento que la pandemia también es como que hizo que ese crecimiento sea mucho antes, creo yo, al ser un toque más chicos, y como que de algún modo...*
> *Ignacia: Sí, o de repente (GF11, estudiantes, 4.º, E2).*

La noción de ese crecimiento acelerado estaba atravesada por marcadores sociales de un antes y después de estar presencialmente en la escuela. No solo cambiaron sus cuerpos y lucían distintos, sino que se fueron siendo las y los más chicos de la secundaria y volvieron siendo las y los más grandes.

> *Azul: [...] entonces siento que como curso capaz no maduramos porque no nos llegamos a conocer entre todos, pero al mismo tiempo personalmente fue una maduración de golpe y fue encontrarte con la realidad que vas a tener que estar vos solo y vas a tener que convivir con eso. Es algo que creo yo que capaz en la normalidad se empezaría a desarrollar ahora (GF105, estudiante, 4.º C, E6).*

> *Mateo: Sí, de repente tener esa idea de crecimiento de entender de que van a cambiar los vínculos y que los vínculos no van a ser los mismos siempre, algo que tal vez más adelante, por ejemplo, este año nos ponemos a sacar la cuenta recién ahora, pero debido a esto siento que de alguna forma lo hicimos a una hora mucho más temprana (GF11, estudiante, 4.º, E2).*

Parecería que el regreso a la presencialidad reactivó la noción de tiempo e hizo tomar conciencia aceleradamente del paso del tiempo durante la virtualidad. Sin embargo, esta sensación también estuvo atravesada por un sentimiento de inmadurez o de poco crecimiento. Como mencionamos al comienzo de este capítulo, en sus relatos aparecen las pérdidas de ciertos rituales que consideran centrales en su condición de jóvenes y que el encierro les obturó: pasar tiempo en la escuela con sus compañeras y compañeros, salir con sus amistades, tomar alcohol, asistir a las fiestas de 15 años, entre otras cuestiones. Esto fue vivido como un atraso o una pausa en su maduración.

> *Sandra: Yo creo que todas las edades como que se atrasaron, como que eso fue lo que noté, después de la pandemia como que..., no sé, yo pienso en el quinto año de cuando yo tenía 14 y eran chabones que parecían de 30 y nosotros como que parecemos mucho menos. Pero mucho más, no sé si avanzadas a las generaciones de ahora que pasaron por la pandemia, como mi hermano. Yo a la edad de mi hermano había vivido un montón de cosas, que mi hermano no vivió a la misma edad mía, yo viví un montón de cosas. Yo creo que lo que pasó fue que la pandemia atrasó a todo el mundo (GF9, estudiante, 5.º, E2).*

La concepción moderna de adolescencia o juventud está fuertemente asociada con la creación de la escuela (Escolano, 2000). Fize (2012) sostiene que la educación secundaria resultó una verdadera política de juventud al delimitar un grupo de edad y reclutarlo en un espacio específico y separado de otros ámbitos y roles sociales. El ámbito escolar está entrelazado con la condición juvenil y contiene una serie de referencias simbólicas de las cuales se nutren las y los adolescentes en sus percepciones subjetivas como grandes o chicos. El paso de la escuela primaria a la escuela secundaria opera como un corte simbólico o rito de pasaje en la experiencia escolar, personal y social de las y los jóvenes[6].

> *Matías: Aprendiendo a ser un poco más grande con eso. Te curtís un poco.*
> *Emanuel: Sí, la transición entre decir "Bueno, ya estoy en la secundaria, dejé la primaria" te hace algo, no es que... decís bueno un cambio así.*
> *Damián: Claro, aparte entrando a la secundaria conocés a más gente. Y ellos que tuvieron que pasar, por ejemplo, mi hermano, que ahora está en segundo, entró acá a la secundaria.*
> *E: En pandemia.*
> *Damián: En pandemia y fue como, bueno, no conocía a nadie.*
> *E: Y no tuvo viaje de séptimo además, porque fue el 2020 séptimo grado.*
> *Tito: Esta escuela era muy diferente, muy diferente. Como que ahora es mucho más un primario que otra cosa, o sea...*
> *Damián: Bah, había gente antes que parecía que tenía un... 30, 50 años.*
> *Emanuel: Sí, los de quinto año... Cuando nosotros estábamos en primero, parecía que los de quinto tenían 20 años (GF33, estudiantes, 4.º Medios, E1).*

6 En nuestra investigación nos focalizamos en los y las estudiantes de los últimos años, quienes habían ingresado recientemente al nivel cuando irrumpió la pandemia.

Al compararse con estudiantes antes y después de la pandemia, se sienten más pequeños/as que sus antecesores/as y a su vez se ven más maduros/as en comparación con sus sucesores/as. Dubet y Martuccelli (1998) señalan que la experiencia de las y los estudiantes secundarios "está sometida a los cambios de las órdenes de crecimiento en función de las situaciones y los interlocutores [...] [donde] los adultos participan activamente en el mantenimiento de esta sensación" (p. 197). Justamente, el cuerpo docente y los equipos directivos, como podrán leer en próximos capítulos de este libro, coincidían con esta percepción del estudiantado o la alimentaban. Uno de los preceptores de la Escuela 5 nos decía que notaba a sus estudiantes "*inmaduros*": "*Son de sexto, pero se quedaron en cuarto en términos de hábitos de estudio, de actitudes, de madurez*". Asimismo, nos contaba que estaban festejando los cumpleaños de 15 que no habían podido hacer y al mismo tiempo preparando los buzos de egresados. Estos dos rituales característicos de las juventudes con ciertas condiciones socioeconómicas, que no suelen darse en el mismo año escolar, alimentaron la tensión o ambivalencia de sentirse chicos y grandes al finalizar la pandemia.

> *Nuria: Que no sé cómo, o sea, si hubiese vivido lo mismo, sin la pandemia de por medio, no sé si hubiese terminado igual. O sea, como que puede ser que hayamos crecido, que sea solo eso, pero también puede ser que sea las dos cosas (GF75, estudiante, 5.º Sociales, E5).*

Esto les generó una pregunta sobre si crecieron como "*les pasa a todos en plena adolescencia*" independientemente del encierro vivido o si la pausa que generó la pandemia anticipó cambios que se hubieran producido tarde o temprano en un proceso más prolongado. Interrogantes que se repiten y se reforzaron pospandemia: ¿crecieron producto de la pandemia o por el lógico devenir madurativo? Las reflexiones sobre sí mismos/as fueron percibidas por las y los estudiantes como parte de este proceso de crecimiento y maduración.

Procesamiento subjetivo del regreso a la presencialidad

El regreso a la presencialidad no fue fácil para ningún miembro de la comunidad escolar. En el caso de las y los estudiantes, les generó sensaciones y sentimientos contrapuestos. Por un lado, emociones de alegría y felicidad, pero, por otro lado, también afloraron temores. Si bien las primeras prevalecieron sobre las segundas, tal como analizamos en un trabajo previo (di Napoli y Silva, 2023), en este apartado nos centraremos en los miedos que expresaron las y los jóvenes. El crecimiento y la maduración que percibieron durante la pandemia con sus consecuentes cambios corporales y los procesos de autoconocimiento a partir de la soledad que habían experimentado las y los transformaron. Volvían ellas/os mismas/os, pero diferentes, en algún sentido volvían siendo otras/os.

La distancia con sus pares producto del aislamiento y la percepción de sus transformaciones personales les generaron dos interrogantes asociados a la cuestión del reconocimiento: ¿cómo estarían sus compañeras y compañeros?; y ¿cómo serían vistos y vistas por ellos y ellas?

La alteridad y el reconocimiento de esos otros resultan fundamentales en la constitución subjetiva. Varios autores (Todorov, 2008; Wieviorka, 2009) indagan sobre la pregnancia y la necesidad de la mirada del otro que se reedita en la adolescencia por su importancia inaugural del sujeto social. Esos otros nos proveen de las coordenadas necesarias para una sociabilidad potente en la conformación identitaria y de la autoestima.

Coincidimos con Vaccotti Martins (2021) cuando dice que "el lugar que ocupa la demanda por el reconocimiento constituye una dimensión crucial a la hora de pensar en cómo acontecen los procesos de construcción identitaria en las personas jóvenes" (p. 47). Hemos observado, a partir del trabajo de campo realizado por el equipo, que la irrupción de la pandemia con el correlato inédito de la suspensión del contacto con esos otros trastocó ese sentido de reconocimiento y alteridad constitutiva y fue un factor potenciador de ansiedades y miedos, en especial el "*miedo a socializar*", como dijo un estudiante de la Escuela 4 (tema que analizamos en profundidad en el capítulo 3):

> *E: Pensándose ustedes como jóvenes, adolescentes, ¿en qué sienten que les afectó la pandemia?*
> *Sara: Muchos, mucho, muchos temas en la cabeza que después los fui tratando, sobre todo me generó eso, como que estar encerrado, como la inseguridad después de salir. Pero no la inseguridad de tener miedo por otro, sino una inseguridad de tipo personal. Me generó muchísimo eso, y ya ahora como que no soy cerca nada de lo que era antes de la cuarentena. [...]. Es porque mi inseguridad es más que nada en la mirada del otro, en todo lo del otro.*
> *E: Bien. Y a ver, ¿y los demás?*
> *Denise: Yo creo que también...*
> *Gonzalo: A mí me pasó igual que como que de la nada ver gente presencialmente era como que, tipo, te estaban mirando y era como raro. Tipo, pasar de eso como a que te estaban mirando, pero onda, me fui adaptando y ya me acostumbré.*
> *Denise: [...] Era como muchos pensamientos juntos, era "¿Y volvemos a la presencialidad? ¿Volvemos al colegio? ¿Voy a volver a ver a mis amigos?". También a mí por lo menos me cambió mucho físicamente, era como que pasé de estar de una manera a estar de otra (GF75, estudiantes, 5.º Sociales, E5).*

Regresar a la escuela implicó volverse a ver de cuerpo presente sin mediaciones virtuales. Recordemos junto a Simmel (2014) que la mirada desempeña un papel fundamental en la relación epistemológica entre el sujeto y el objeto, así como en la construcción de la subjetividad, es decir, en la dinámica entre el yo y el otro. A través de la mirada, el sujeto intenta comprender al otro como objeto, al mismo tiempo que se expone como un objeto de conocimiento para el otro-sujeto. Algunos y algunas ya se habían visto antes en encuentros por fuera de la escuela, pero, en muchos otros casos, era la primera vez que se veían en más de un año. El impacto visual fue inmediato, y por allí radicaba uno de los temores relacionados con la imagen personal, los cambios en el cuerpo, el crecimiento y, por ende, la temida mirada de los otros, pero también el miedo a no reconocer a sus pares.

> *Emanuel: Y sorprenderme con los cambios.*
> *E: ¿Qué cambios?*
> *Emanuel: Los físicos.*
> *E: ¿Tuyos?*
> *Emanuel: No, de los otros (GF33, estudiantes, 4.º Medios, E1).*

> Agostina: [...] no les viste la cara y por ahí perdieron mucho contacto por la pandemia, [...], y aparte están como más grandes, ¿entendés? Por ejemplo, yo entré y veía como un montón que decía "Cambiaron un montón, tipo radicalmente" *(GF105, estudiante, 4.º, E6).*

Otras y otros estudiantes expresaron temor por no conocer a sus compañeras y compañeros, ya sea porque se cambiaron de escuela durante la pandemia o porque pasaron del ciclo básico al ciclo orientado, momento en el que se reconfiguran los grupos. Así lo expresaron estudiantes de diferentes cursos de la Escuela 5:

> *Vicente: Me generó mucho miedo por un tema de dos años de incertidumbre, dos años de no saber físicamente quiénes eran mis compañeros, porque habíamos cambiado hasta de compañeros, y toda la cuarentena de 2020 fue estricta. No sabía quiénes eran, o sea, los conocía de vista a lo mejor, pero no a todos, y no sabía cómo me iba a llevar con ellos, y eso me generó mucho miedo (GF76, estudiante, 5.º Sociales, E5).*

> *Ailín: A mí me generó una mezcla entre alegría y miedo. Porque la pandemia... Yo quería volver al colegio. No me gustaba estar en mi casa todo el día. A la vez me pasó lo mismo que a ella [señala a T], que me cambié de colegio ese mismo año y me daba miedo empezar en un colegio nuevo, todo desde 0 (GF74, estudiante, 5.º Sociales, E5).*

El temor de no conocer a sus compañeras y compañeros estuvo menos presente en las Escuelas 2 y 6, que contaban con baja rotación de la matrícula, sus estudiantes se conocían de niveles educativos previos, y los cursos no se modificaban en el pasaje de un ciclo a otro.

Este temor que mencionan está asociado a cómo relacionarse con otros en el nuevo contexto de presencialidad. Volver a ver a sus compañeras y compañeros implicaba el desafío de interactuar personalmente. Un estudiante varón de la Escuela 6 nos contaba que, cuando se reencontró con sus amigas y amigos en las mesas de examen de febrero, *"no lo podía creer que no podía ni siquiera sacarles charla..."*. Este desafío generó cierta ansiedad en algunas y algunos estudiantes:

> *Alma: O sea, yo cuando tipo me dijeron que iba a volver presencial al colegio, medio que me asusté, dije tipo "Che, yo no quiero volver" [...]. Al principio no quería, al principio tenía mucho miedo. [...]. O sea, literalmente yo decía tipo "Bueno, ¿qué voy a hacer cuando llegue? ¿Dónde voy a ir? ¿Con quién voy a hablar si tengo que hablar con alguien? [...]". Y yo creo que, al estar tanto tiempo sin hablar con alguien, era como que me costaba, tipo... Caer en la ficha de "Bueno, ¿a quién considero amigo y a quién no?". Porque era tipo... O sea, yo en un 2019, yo te conocí el mismo día y ya para mí eras amigo, ¿entendés? Entonces ahora me replanteaba la idea (E34, estudiante, 4.º, E1).*

> *Catalina: O sea, recién con ellas empecé a hablar muy al final de la pandemia, y yo me aislé un montón, y creo que bueno, quizás esto es algo que preguntes después, pero a mí se me generó como una ansiedad social, como en la pandemia. Me generó mucho miedo volver y sentirme sola, ¿viste? Y no estar acompañada, porque posta, ese tramo lo pasé... por suerte tenía hermanos y familia que estuve mucho ahí con ellos, pero gente fuera de mi familia no estaba relacionada con nadie porque tampoco me vi con mis amigas de la otra escuela, entonces me agarró mucho miedo de estar como... Nada, sentirme sola. Entonces cuando me empezaron así también a invitar a los Zooms que me contaban "Ah, sí", me empezaron a hablar del curso y jugábamos y todo eso, sentí como una felicidad tipo... Y como una tranquilidad, como súper... (GF34, estudiante, 4.º Medios, E1).*

Uno de los preceptores de la Escuela 5 nos contó que los primeros días de 2021 primó el silencio en las aulas, "*había muy poco ida y vuelta*". La directora de la misma escuela tenía la misma percepción, al comienzo las y los estudiantes no interactuaban entre sí presencialmente, lo hacían a través del celular, aunque estuvieran a pocos metros de distancia, incluso los tuvieron que incentivar a que salieran al patio porque se quedaban quietos dentro del aula.

Existía un temor a no saber cómo comunicarse, a no poder relacionarse con sus pares y, por ende, a continuar sintiéndose solas o solos sin estar aislados espacialmente. Eso fue lo que le pasó a Carla de la Escuela 3 luego de experimentar la grata emoción de volver a la escuela:

> *E: ¿Hay alguna sensación o emoción que hayan sentido con mayor frecuencia en el regreso a la presencialidad?*
> *Carla: Emoción, y después soledad. Bueno, al principio me sentí emocionada porque iba a estar con mis compañeros, íbamos a fortalecer un vínculo de amistad, y, cuando no se logró eso, sentí como una soledad terrible (E39, estudiantes, 6.º, E3).*

Si bien, como marcamos al comienzo, el tiempo al principio de la pandemia se sintió como un recreo y el momento de "*no ir a la escuela*" traía cierta felicidad, la permanencia del aislamiento provocó angustias que, lejos de disiparse, se revivieron a la vuelta de la presencialidad, en especial al regreso bajo el protocolo de "burbuja"[7].

El cambio de rutina que ocasionó la suspensión de las clases presenciales y el aislamiento que vivieron en sus casas hicieron que a algunas y algunos estudiantes se les hiciera difícil volver a la escuela y permanecer el mismo tiempo que antes de la pandemia. Sus hogares se presentaban como "*un lugar más seguro*":

---

7 El contexto escolar de burbujas será analizado en profundidad desde la voz de los estudiantes en el capítulo 3 y desde la perspectiva de docentes y cuerpo directivo ampliado en el capítulo 4.

Sabrina: Pero no sé si es tanto con la gente o más con la rutina que por ahí se vuelve pesada y el estar interactuando todo el tiempo con personas te puede saturar. Pero, como tengo una relación que disfruto mucho con mismo nuestro curso, todos tenemos buen vínculo.
Gala: Yo creo que tiene que ver con eso, varias veces lo hablé con amigos de cuando volvemos de la pandemia, como que uno se cansa de ver gente muy rápido. Es como que me quiero ir a mi casa, bueno... Ya está. Llegar un punto de confianza, qué sé yo, bueno, estipuló los espacios de soledad de cada uno. [...].
Rosario: Lo que pasa es que yo me aburro muy rápido de todo, entonces a veces me cansa estar tanto tiempo con la misma gente. Es como que, bueno, me tengo que ir con otra gente porque me cansa diez horas todos los días con la misma persona, pero no por problemas con esas personas (GF32, estudiantes, 4.º Artes, E1).

Carmen: Porque, siendo honesta, yo encontré cierta paz en la pandemia al estar sola y tener tiempo para mí, para enfocarme en mí, en mis pensamientos, en lo que siento [...]. Me dio la tranquilidad de relajarme con el colegio, de no estar siempre estresada, que es algo que siempre tengo por el colegio. Y el volver fue pensar en todo lo que me va a costar a tomar el ritmo, eh... que va a ser más complicado, que... tenía que ver a gente de nuevo y también socializar, porque en cierta parte me acostumbré a estar sola, que era algo que no, como que no era ajeno tampoco para mí, pero fue como volver a acostumbrarme a tener que largar obsesiones y ver gente y volver a vestirme para el colegio. Fue como todo un proceso que me generó ansiedad y también, bueno, el qué dirán, ¿no? (GF107, estudiante, 4.º, E6).

Volver a la rutina de la presencialidad implicó no solo el encuentro con el otro y la ansiedad que ello les generó, sino también cierto cansancio al estar obligados a interactuar con otras personas durante una determinada cantidad de tiempo. Esta sensación la percibimos más en las Escuelas 1 y 2, que volvieron a su jornada completa recién en 2022. El tránsito por la soledad marcó en muchos casos el perfil propio de la vuelta a la presencialidad plena, tanto para quienes la padecieron como para quienes la disfrutaron. A la obligación de tener que interactuar con otros, se suma la imposibilidad de poder desconectarse cuando quisieran o tuvieran la necesidad con un solo clic. En definitiva, lo que se reeditó fue el desafío de volver a convivir de cuerpo presente con todos los cambios sociales y subjetivos que habíamos atravesado durante la pandemia.

Conclusión: las huellas subjetivas de la pandemia en los y las estudiantes

Como mencionamos al comienzo de este capítulo, las y los jóvenes no fueron un grupo social prioritario en las políticas públicas llevadas a cabo para sobrellevar la pandemia. La soledad que vivieron, sintieron y experimentaron no solo fue producto del aislamiento social establecido, sino de la mirada adultocéntrica de las políticas gubernamentales que no tuvieron en cuenta las necesidades propias de la condición juvenil. Solamente se las y los convocó en su faz productiva como estudiantes para continuar pedagógicamente bajo la modalidad virtual. Fueron las escuelas secundarias unas de las principales instituciones estatales que recibieron los malestares y las demandas juveniles, y trataron de canalizarlas como pudieron en un contexto de incertidumbre y colapso sociopedagógico.

La pandemia generó un contexto de incertidumbre social cuando las y los jóvenes se encontraban atravesando un momento vital donde afloran las incertidumbres personales al perderse algunas certidumbres propias de la niñez y se buscan otras nuevas. Este hito devino en un desafío social que fue sobrellevado por las y los estudiantes de modo singular a través de diferentes procesos personales. Las condiciones materiales de las familias no eran iguales, y las instituciones educativas implementaron distintas lógicas para desarrollar la continuidad pedagógica, así como también para el protocolo de burbujas al regresar presencialmente. En estos marcos diferenciales, se plasma el contexto de desigualdad social existente, así como también particularidades personales de cada estudiante. Dado que las escuelas con las que trabajamos son heterogéneas y las y los estudiantes pertenecen a diferentes estratos sociales, no estamos en condiciones de establecer patrones generales sobre las transformaciones subjetivas de las y los jóvenes. Lo que sí vislumbramos fue que las experiencias subjetivas no fueron monolíticas, sino diversas, contingentes, ambivalentes y contratantes. Hubo luces y sombras, y lo que para uno/a era luminoso para el otro/a podía ser lúgubre.

Para las y los jóvenes, la pandemia fue una pausa, un freno, un paréntesis en sus vidas que percibían subjetivamente como un tiempo *"olvidado"*, *"suprimido"*, *"borrado"*, *"borroso"*, *"mezclado"*, *"un blanco"*. Aparece la huella de un "salto temporal" entre 2019 y 2022 que implicó pérdidas de experiencias subjetivas que entendían propias de la adolescencia o la juventud. Una de las experiencias acotadas fue la estudiantil al no poder asistir a los establecimientos escolares. Por eso, lo que más extrañaron las y los estudiantes fue estar en la escuela con sus amistades, y, al regresar presencialmente, manifestaron una gran alegría que, como vimos, no estuvo exenta de temores. Sin embargo, cuando volvieron, ya no estaban en primer o segundo año de la secundaria, sino en cuarto, quinto o sexto, dependiendo de la jurisdicción. Sentían que algo no habían vivido y que no podría recuperarse.

Lo que, por un lado, fue vivido como una pausa o un freno de tiempo de interacción social, por el otro lado, lo experimentaron como un tiempo de transformaciones personales sintetizadas en el significante de "crecimiento" o "maduración". Uno de los principales indicadores del paso del tiempo fueron los cambios de sus cuerpos cuando se reencontraron nuevamente en sus escuelas. Habían crecido, estaban diferentes, y eso generó una serie de temores anclados en la incertidumbre sobre el reconocimiento de las/os otras/os y hacia las/os otras/os.

La transformación no fue solo corporal, sino también de sus formas de ser y de pensar. El malestar que les generó el aislamiento social y el fuerte sentimiento de soledad hicieron mella en varias/os estudiantes cuando volvieron. Sin embargo, ese mismo aislamiento y soledad producto de la pausa social les brindó un tiempo para la reflexividad y para conocerse a sí mismos/as. El cambio en las formas de pensarse que percibieron como parte de haber madurado se dio en el marco de un fuerte proceso de autoconocimiento no necesariamente intencionalmente buscado, sino inducido por el aburrimiento. Al no poderse ver con otras personas (salvo a través de una pantalla), se tuvieron que ver a sí mismos/as. Este proceso fue uno de los pocos aspectos de la pandemia que destacó como positivo gran parte del estudiantado.

Como pudimos ver, el regreso presencial a las escuelas no fue fácil. Las huellas subjetivas que dejó la pandemia en las y los estudiantes fueron notorias. A esto se suman los desafíos que enfrentaron las instituciones educativas para poder retomar la actividad en sus edificios. Hay un claro consenso sobre el deterioro de la salud mental de las y los jóvenes y el aumento exponencial de sus manifestaciones al interior de las escuelas. Asimismo, algunas y algunos estudiantes, a pesar de la felicidad que les generó volver a sus escuelas, expresaron las dificultades que experimentaron para volver a vincularse con sus compañeras y compañeros en el marco de un protocolo sanitario inédito, los temores asociados al volver a convivir y la pérdida del ritmo escolar y el hábito de estudiante.

Hoy las y los estudiantes que entrevistamos egresaron de sus escuelas secundarias y están cursando estudios en el nivel superior, trabajando o capacitándose en alguna actividad. Todavía quedan algunas/os alumnas/os que comenzaron el nivel secundario en la misma pandemia y muchas/os que lo atravesaron durante su escuela primaria. Los relatos de las y los jóvenes que entrevistamos son de suma relevancia para pensar la escuela luego de la pandemia, todavía quedan por llegar muchas/os niñas/os que la vivieron.

El tiempo, escolar y juvenil, es una de las dimensiones por ser repensadas por las escuelas en el marco de sociedades fuertemente aceleradas. La pandemia trastocó el tiempo social y la percepción personal. Su irrupción atravesó a la juventud en un momento vital de construcción identitaria, entre otras cosas respecto a lo que vendría luego de finalizar la escuela secundaria.

La virtualización y el cambio del ritmo escolar, junto con el aislamiento social, no solo representaron para las y los jóvenes una pausa, sino que también les abrieron una dimensión temporal para dedicarse a explorar cuestiones para las que antes no tenían tiempo. Asimismo, el regreso a la presencialidad lo vivenciaron frenéticamente en busca de recuperar el *"tiempo perdido"* tanto escolar como juvenil. Había que aprender los contenidos que no se habían podido enseñar y realizar las fiestas de quince años que no se habían hecho.

Creemos necesario repensar la relación entre temporalidad escolar y biografías juveniles. Hoy muchas y muchos jóvenes dicen no tener tiempo para sí, ¿qué significa? Vale la pena preguntarse de qué tiempos hablan y qué significado tiene la temporalidad escolar en sus vidas en el marco actual de extensión del horario escolar y de cambios en el régimen académico.

3

"Que el colegio sea una excusa para estar en el día con las personas que quiero"

Un análisis de la reconfiguración de la sociabilidad estudiantil

Pablo Nahuel di Napoli

Introducción[1]

Uno de los mayores impactos que tuvo la pandemia fue en la esfera de la sociabilidad. Las políticas sanitarias de aislamiento y distanciamiento social preventivo y obligatorio (ASPO y DISPO) trastocaron los modos de estar juntos de las personas. Las políticas gubernamentales estuvieron atravesadas por la lógica cartesiana de separación entre cuerpo y alma. Con el aislamiento y el distanciamiento social, se privilegió la sanidad corporal evitando el contagio y la circulación del virus por sobre el bienestar emocional que propicia el contacto entre personas. Las medidas estuvieron enfocadas en garantizar el aislamiento social, incluso tratando de atenuar las situaciones de vulnerabilidad social, y en menor medida dirigidas a la salud mental de los individuos.

---

1 Un agradecimiento especial para Josefina Vallejos, estudiante de la carrera de Ciencias de la Educación, quien colaboró en versiones preliminares de este escrito.

Como sostiene Martuccelli (2021), la sociabilidad es una dimensión central para la subjetividad de los individuos, incluso como soporte personal. La pandemia reconfiguró las formas de interacción social limitando el contacto sociocorporal en un mismo espacio y expandiendo la conexión interpersonal a través de dispositivos virtuales. Durante varios meses, en particular en el Área Metropolitana de Buenos Aires (AMBA), se fomentó un modo de relacionarse que buscaba compensar el distanciamiento sociocorporal por la proximidad social virtual. Podemos decir que primó una *sociabilidad conectiva* sobre una *sociabilidad carnal*. Desde ya, se trata de un modo de vincularse que existía previamente a la pandemia, pero que esta profundizó y extendió, de manera que dejó huellas en nuestras subjetividades e interacciones sociales posteriores. Para Martuccelli (2021), "la pandemia ha revelado los límites del 'nuevo' imaginario tecno-experto de la sociabilidad-conectiva: en el fondo, todo bien analizado, las conexiones necesitan parasitar a las interacciones" (p. 12). En este sentido, es necesario señalar que estas formas de interactuar impuestas por un contexto de excepción también fueron resistidas y el encuentro cara a cara (principal foco de transmisión del virus) se constituyó en una expresión de protesta, anclada en variopintas consignas, por distintos grupos de individuos.

El encierro supuso un punto de inflexión en nuestras vidas, y particularmente la clausura edilicia de las instituciones educativas implicó un quiebre en la sociabilidad juvenil de las y los estudiantes de educación secundaria. Como afirman diversas investigaciones, la escuela, además de ser un lugar de transmisión de saberes y de socialización, es un espacio de sociabilidad ampliamente valorado por sus estudiantes (Di Leo, 2011; di Napoli, 2017; Dubet y Martuccelli, 1998; Núñez y Litichever, 2015; Paulín, 2013; Weiss, 2015). Gran parte de su sociabilidad gira en torno al ámbito escolar, y en ese espacio muchas veces suelen construir vínculos que lo trascienden. Por ello, la suspensión de la rutina escolar presencial adquirió una relevancia particular para las y los jóvenes estudiantes, que se encuentran en un momento de su curso de vida en que buscan mayores grados de autonomía de las personas adultas, de ámbitos de socialización como la familia o la escuela, apoyándose sobre el grupo de pares.

No es casualidad que en diversas investigaciones, al preguntarles a estudiantes de educación secundaria qué era lo que más extrañaban de sus escuelas, lo primero o lo más mencionado hayan sido sus amistades o sus compañeras y compañeros (di Napoli *et al.*, 2022; Kaplan, 2021; Ministerio de Educación Argentina y UNICEF, 2021). Asimismo, algunos estudios muestran que el impacto de la pandemia en el bienestar socioemocional de las y los jóvenes estuvo más asociado a la pérdida de sociabilidad que al riesgo de vida o a las dificultades económicas (Asún *et al.*, 2021; Saraví, 2023; Szapu *et al.*, 2022). Por eso, en este capítulo abordaremos la reconfiguración de la sociabilidad estudiantil durante la pandemia y después de ella a partir de 23 grupos focales, 28 entrevistas semiestructuradas y 243 encuestas realizadas a jóvenes de los dos últimos años de educación secundaria en seis escuelas (tres de gestión estatal y tres de gestión privada) del Área Metropolitana de Buenos Aires (AMBA)[2].

Comenzaremos con un breve despliegue conceptual de la categoría de sociabilidad para dar cuenta del entrelazamiento indisociable del mundo escolar y el mundo juvenil en el concepto de *sociabilidad estudiantil*. Luego, haremos una descripción de las redes de amistad del estudiantado de cada una de las escuelas y de las sensaciones que tuvieron sobre el trato con sus pares cuando regresaron a la presencialidad, dado que cada institución presenta características singulares que es necesario tener en cuenta para comprender la

---

2 La descripción completa del trabajo de campo y el corpus empírico de la investigación la pueden encontrar en el capítulo introductorio. Asimismo, en el capítulo 1, realizamos una descripción pormenorizada de cada una de las instituciones con las que trabajamos.

reconfiguración de la sociabilidad estudiantil en contexto y de forma situada. Continuaremos analizando la reflexión que hacen las y los estudiantes sobre el rol de las amistades para afrontar el periodo de cuarentena. Posteriormente, nos centraremos en los cambios y las continuidades de las redes de amistad y cómo se fue reconfigurando su sociabilidad luego de la pandemia. Justamente, como veremos en el anteúltimo apartado, el regreso a las clases presenciales, primero bajo el protocolo de burbujas y luego con el formato tradicional, constituyó un desafío subjetivo para vincularse con otros, así como también emergió una revalorización del estar y pasar tiempo en la escuela. Cerraremos este capítulo recuperando los principales hallazgos sobre la experiencia estudiantil durante la pandemia y después de ella con el fin de pensar la convivencia en las escuelas secundarias en el futuro próximo.

Sociabilidad estudiantil

Empecemos definiendo qué entendemos por sociabilidad. En línea con lo planteado en trabajos anteriores (di Napoli, 2017), definimos la sociabilidad como una dimensión sociológica para analizar formas de estar juntos que son diversas y maleables en función de las redes de interdependencia social y de la densidad y calidad de los vínculos que construyen los individuos en sus interacciones sociales.

Siguiendo a Martuccelli (2007), consideramos que la sociabilidad constituye una dimensión fértil que obliga a orientar la mirada más allá de las estrategias interactivas de los individuos, hacia la calidad de las relaciones en situaciones que son elásticas y maleables. La vida social se asienta en sociabilidades situacionales distintas que deben ser abordadas en su singularidad: "… lo que hace la diferencia entre las situaciones, más allá de las variaciones contextuales, es la naturaleza de la sociabilidad entre los individuos" (p. 163).

Nuestra concepción de sociabilidad no se limita a la "cualidad de ser sociable", el "trato agradable", la "asociación voluntaria" o el "estar juntos porque sí", aunque son componentes importantes de esta dimensión. Asimismo, la sociabilidad no está exenta de tensiones y conflictos de diferente intensidad, pero tiene que haber predisposición para estar con otros.

Muchas veces resulta difícil hacer una división analítica entre sociabilidades escolares y sociabilidades juveniles porque están fuertemente entrelazadas. De hecho, la concepción moderna de adolescencia o juventud está estrechamente relacionada con el nacimiento de la escuela secundaria (Fize, 2012). El sistema educativo es una de las instituciones que contribuye a la delimitación social de grupos de edad diferenciándolos según sus distintos niveles y les atribuye un tiempo y espacio específico separado de otras esferas sociales (Escolano, 2000). Con la masificación escolar de la segunda mitad del siglo XX y el establecimiento de la obligatoriedad de la educación secundaria en los inicios del nuevo siglo, gran parte de las y los jóvenes en edad escolar son estudiantes que dedican una parte de su tiempo vital a cuestiones relacionadas con la escuela. Sin embargo, este nexo entre jóvenes y estudiantes no se delimita a la escuela en sí misma, sus fronteras son porosas y ambivalentes. Dubet y Martuccelli (1998) sostienen que "con la adolescencia se forma un 'sí mismo' no escolar, una subjetividad y una vida colectiva independientes de la escuela, que 'afectan' a la vida escolar misma" (pp. 196-197).

Partimos del supuesto de que el alumnado no pierde su condición de jóvenes cuando están en la escuela, ni dejan de ser estudiantes cuando están fuera de ella. En cuanto estudiantes, buscamos ir más allá de su rol de alumnos y alumnas dando cuenta de su condición de jóvenes. El mundo juvenil penetra el espacio escolar, y la escuela es parte del mundo juvenil. Las experiencias de las y los jóvenes estudiantes y los vínculos que construyen muchas veces están asociados al mundo escolar, pero lo exceden.

En este marco, definimos la categoría de *sociabilidad estudiantil* como un entrelazamiento entre la sociabilidad escolar y la sociabilidad juvenil anclada en tres pilares: el ámbito en el cual se conocen y sobre el cual giran gran parte de sus actividades, la tematización de sus conversaciones y la identificación como estudiantes de una determinada institución. En primer lugar, la escuela es uno de los ámbitos primordiales, desde ya no el único, donde forjan relaciones de diferente intensidad con sus pares y desde donde estructuran espaciotemporalmente sus actividades juveniles. En segundo lugar, sus conversaciones e intereses, ya sea voluntaria o involuntariamente, giran en torno a lo que acontece o no en las escuelas. En tercer lugar, ella les brinda un sustrato común desde donde construyen sus subjetividades y se identifican como estudiantes de nivel secundario.

La sociabilidad estudiantil no es igual en todas las escuelas, no solo por las características y la cultura de cada una de las instituciones, sino también porque está atravesada por marcadores sociales clásicos como el género, el sector social, el origen étnico y el espacio geográfico. La sociabilidad estudiantil no fue igual en ciudades densamente pobladas que en ciudades intermedias o pequeñas. En el AMBA la ASPO se prolongó casi hasta fin de año, mientras que otras ciudades ingresaron al DISPO de forma temprana incluso volviendo antes presencialmente a sus escuelas. En términos de sector social, Saraví (2015) muestra que, mientras que los sectores de mayores recursos económicos y culturales tienen más posibilidades de estructurar sus biografías en cuanto a cuestiones escolares o valoradas por la escuela (doble escolaridad, alta dotación tecnológica, actividades extracurriculares, etc.), los sectores de menores ingresos disponen de un tiempo escolar más acotado dado que en sus biografías existen otras condiciones o necesidades que le compiten: la distancia de la escuela, las tareas hogareñas y de cuidado, la actividad laboral, entre otras. Podríamos mencionar otras diferencias y desigualdades entre géneros y origen étnico que atraviesan las formas de sociabilidad de las y los estudiantes; lo que nos interesa resaltar es la necesidad de tenerlas en cuenta al momento de analizarlas.

Marco institucional de la sociabilidad estudiantil

Cuando nos adentramos en cada una de las instituciones[3], observamos ciertas diferencias en torno a la sociabilidad y las redes de amistad que construyen sus estudiantes. En primer lugar, cabe señalar que las escuelas presentan diferentes grados de rotación de su matrícula, por lo que sus estudiantes cuentan con diferente antigüedad en las instituciones. En la tabla 1, mostramos la antigüedad que tenían en sus escuelas las y los estudiantes de los cursos con los que trabajamos.

Tabla 1. Antigüedad del estudiantado en las instituciones

Año de ingreso	E1	E2	E3	E4	E5	E6
2006-2012	0 %	56 %	6 %	3 %	36 %	75 %
2013-2019	86 %	38 %	44 %	74 %	45 %	25 %
2020-2022	14 %	7 %	50 %	23 %	19 %	0 %

Fuente: elaboración propia.

Los cursos de la Escuela 3 presentan una mayor rotación del plantel estudiantil: 50 % de las y los estudiantes de 5.º y 6.º año ingresaron durante la pandemia o después de ella. Mientras que en la Escuela 1 ese porcentaje se reduce a 14 %, incluso siendo una institución que no posee nivel primario. Las Escuelas 2 y 6 tienen una fuerte estabilidad de su matrícula, y gran parte de sus estudiantes hicieron la primaria allí e, incluso, el nivel inicial[4].

---

3 En el capítulo 1, podrán encontrar una descripción pormenorizada de cada una de las escuelas.

4 Cabe aclarar que la Escuela 5, también de gestión privada, presenta características similares a las de E2 y E6; sin embargo, como uno de los dos cursos asignados tenía casi la mitad de estudiantes de ingreso reciente, nos arroja porcentajes diferentes a los estimados para la totalidad de la institución.

Al preguntarles de dónde eran sus amistades, 9 de cada 10 estudiantes dijo que pertenecían a su misma escuela. Una cuarta parte mencionó tener amigas y amigos en sus barrios de residencia, y otro porcentaje similar dijo que eran del club al cual asistían. Asimismo, casi 1 de cada 10 estudiantes declaró tener amistades en otros colegios, ya sea porque eran "*amigos de amigos*" o porque habían sido compañeras o compañeros en escuelas anteriores. Un porcentaje similar mencionó tener vínculos de amistad por medio de redes sociales e internet.

Tabla 2. Ámbito de permanencia de las amistades según escuela

Pertenencia de amistades	E1	E2	E3	E4	E5	E6	Total
De la escuela	100 %	71 %	75 %	81 %	98 %	99 %	**90 %**
De un club deportivo	0 %	11 %	13 %	26 %	42 %	32 %	**24 %**
Del barrio	21 %	11 %	50 %	52 %	23 %	17 %	**24 %**
De internet, redes o grupos virtuales	17 %	0 %	19 %	6 %	11 %	12 %	**10 %**
De un colegio al que fui/ otras escuelas / amigos de amigos	14 %	9 %	6 %	3 %	13 %	6 %	**9 %**
De otra actividad extracurricular	10 %	0 %	6 %	0 %	2 %	13 %	**6 %**
De la iglesia/ templo o grupo religioso	3 %	4 %	6 %	0 %	2 %	0 %	**2 %**
Otros	0 %	4 %	0 %	0 %	4 %	3 %	**2 %**
No tengo amigos/as	0 %	0 %	19 %	0 %	2 %	0 %	**2 %**
Total	100 %	100 %	100 %	100 %	100 %	100 %	**100 %**

Fuente: elaboración propia.

Una estudiante de la Escuela 1 nos diferenciaba el tipo de amistad que tenía con sus compañeras/os y con sus vecinas/os haciendo foco en dos de los ejes característicos de la sociabilidad estudiantil: el ámbito y tiempo que comparten y los temas de los cuales hablan:

> *Oriana: Los de la escuela son los más cercanos, pero los veo todo el día. Pero ponele, yo soy de San Martín, entonces tipo tengo a mis amigas de San Martín, a mi gente de allá. Este... Que los veo muy poco en relación a lo que veo a mis compañeros de mi colegio. O sea, también son mis amigos, pero por ahí hablo de otras cosas o charlo de otros temas con ellos, es tipo distinta la relación (GF34, estudiante, 4.º año Medios, E1).*

Son las y los estudiantes de las Escuelas 2, 3 y 4 quienes en menor medida dijeron tener amistades de la escuela. En las escuelas de sectores sociales bajos (3 y 4), que son las que presentan mayor rotación de su matrícula, la sociabilidad barrial adquiere mayor predominancia en sus *valencias afectivas*[5]. Mientras que, en las Escuelas 5 y 6 (de gestión privada y confesionales), sobresalen las amistades que forjaron en sus clubes, con mayor énfasis en la Escuela 5, que tiene en su ideario institucional una impronta deportiva. Finalmente, un dato que destacar es que uno de cada cinco estudiantes de la Escuela 3 dijo directamente no tener amigos.

Resulta claro que la escuela es un espacio central para la sociabilidad de las y los jóvenes que asisten a ella, no solo por el tiempo que allí pasan, sino también por las amistades que construyen. Ahora bien, dicha centralidad varía según las características de la institución y el sector social del estudiantado. No es casualidad que las y los estudiantes de las instituciones 3 y 4 son quienes declaran en menor medida amistades en la escuela y en mayor proporción tenerlas dentro del barrio. Esto es coincidente con otras investigaciones que muestran la relevancia que adquiere el barrio en las biografías de jóvenes de sectores populares (Di Leo y Camarotti, 2015; García Bastán y Paulín, 2015; Medan,

---

5 Tomamos este concepto desde Norbert Elias (2008), quien lo define como disposiciones emocionales que conectan a las personas entre sí, creando vínculos de interdependencia social.

2023). Desde ya, puede deberse a diferentes circunstancias, entre las que se encuentran las restricciones económicas para movilizarse a otros espacios y la necesidad de conocerse en el barrio para poder "ser" y "estar" allí. Aquí resaltamos que, ante la rotación entre escuelas, el barrio se vuelve un espacio más estable o duradero para la sociabilidad de estas y estos jóvenes.

Tabla 3. Cantidad de amistades dentro de la escuela según institución

N.° de amistades	E1	E2	E3	E4	E5	E6	Total
1	0 %	2 %	0 %	3 %	0 %	0 %	**1 %**
2	3 %	7 %	25 %	6 %	2 %	3 %	**5 %**
3	0 %	4 %	6 %	10 %	6 %	13 %	**7 %**
4	3 %	0 %	6 %	23 %	4 %	10 %	**7 %**
5	17 %	4 %	0 %	23 %	4 %	6 %	**8 %**
6 o más	76 %	82 %	31 %	35 %	83 %	68 %	**68 %**
Ninguna/o	0 %	0 %	31 %	0 %	2 %	0 %	**2 %**
Total	100 %	100 %	100 %	100 %	100 %	100 %	**100 %**

Fuente: elaboración propia.

Ahora bien, si nos focalizamos en las amistades dentro de la escuela, casi 70 % dijo tener seis o más amigos de la institución. Era esperable que ese porcentaje se redujera a un tercio en las Escuelas 3 (31 %) y 4 (34 %). Como contraste podemos mencionar que, mientras que en la Escuela 3 31 % dijeron no tener ninguna amistad, en la Escuela 1 94 % declaró tener allí cinco o más amistades. Este dato nos puede brindar una aproximación, desde ya no directa, de la sociabilidad estudiantil en cada escuela y el lugar que juegan las amistades escolares en la biografía de sus jóvenes.

En consonancia con los datos que venimos mostrando, no resulta casual que, al solicitarles en la encuesta que completen la frase "Mis compañeras/os del curso me hacen sentir…", las y los estudiantes de las Escuelas 3 y 4 fueran quienes menor porcentaje de sensaciones de bienestar mencionaron (predominan respuestas como "bien", "cómodo/a", "agradable"), y mayores sensaciones ni positivas ni negativas (primó la respuesta "normal", "indiferente" y "parte del grupo"). En el caso de la Escuela 3, la misma proporción de jóvenes expresó sensaciones de bienestar y de malestar al mismo tiempo.

Tabla 4. "Mis compañeros/as del curso me hacen sentir…", según escuela

Sensaciones con sus pares	E1	E2	E3	E4	E5	E6	Total
De bienestar	71,4 %	75,0 %	33,3 %	56,7 %	72,5 %	64,7 %	**64,8 %**
Ni de bienestar ni de malestar	7,1 %	4,5 %	26,7 %	26,7 %	5,9 %	16,2 %	**14,0 %**
De bienestar y malestar	10,7 %	13,6 %	6,7 %	3,3 %	13,7 %	14,7 %	**11,9 %**
De malestar	10,7 %	6,8 %	33,3 %	13,3 %	7,8 %	4,4 %	**9,3 %**

Fuente: elaboración propia.

Nuevamente, las escuelas que presentan una mayor rotación en su matrícula y cuyos estudiantes declaran en menor proporción tener amistades en la escuela son aquellas en las que aparecen menores sensaciones de bienestar respecto de la sociabilidad estudiantil. Aquí resulta necesario hacer una distinción analítica, que profundizaremos en el siguiente apartado, entre la amistad y el compañerismo o, en otras palabras, lo que significa ser amigo o amiga y ser compañera o compañero. Estudiantes de la Escuela 2 nos lo señalan del siguiente modo:

E: ¿Sienten que eso tiene que ver con que se conocieron desde muy chicos?
María: Tenemos como un grupo bastante lindo, porque, por más de que no seamos todos amigos claramente, somos todos compañeros y siento que...

> *Mateo: Por lo menos tenemos una unidad.*
> *María: A cualquiera podés recurrir si te pasa algo heavy.*
> *[...]*
> *Ignacia: Sí, ahora mismo... No sé, yo por lo menos veo otros años y otros lados del colegio y...*
> *Elena: Que no pasa.*
> *Ignacia: Y que no es igual, o ponele que la caretean más, y yo siento que acá como que no es tan así. Como que siento que es un lindo grupo, por más que obviamente no soy tan amiga o lo que sea de tal persona (GF11, estudiantes, 4.º año, E2).*

Cabe señalar que la Escuela 2 presentó la siguiente particularidad contraintuitiva: sus estudiantes tuvieron el menor porcentaje de amistades que provenían de la escuela, pero, a su vez, dentro de ella fueron quienes mayor cantidad de amistades declararon (teniendo en cuenta que es una institución pequeña). Asimismo, hallamos el porcentaje más alto de jóvenes que expresaron sensaciones de bienestar respecto del trato con sus pares. Por el contrario, en la Escuela 3, sus estudiantes mostraron un mayor desapego en la construcción de vínculos dentro de la institución y manifestaron la mayor sensación de malestar hacia sus pares.

Estas dos escuelas, si bien tienen en común su tamaño (una sección por año), mantienen diferencias contrastantes respecto del tipo de gestión, tipo de jornada y sector social de la matrícula estudiantil. Sin embargo, en comparación con el resto de las escuelas, estas características no nos permiten interpretar de modo directo las diferencias que observamos en la sociabilidad estudiantil de cada una. La mayor aproximación la encontramos entre la cantidad de amistades dentro de la escuela y las sensaciones de bienestar con sus pares. En la Escuela 2, que posee una alta estabilidad en la matrícula estudiantil, se observa una red de amistad más numerosa que podría suponer una mayor cohesión en la sociabilidad estudiantil que los lleve a sentirse en mayor proporción mejor tratados y tratadas por sus pares respecto al estudiantado de la Escuela 3. Desde ya que otras cuestiones como la rotación de la matrícula sean aspectos que también estén incidiendo.

En síntesis, consideramos que, para analizar la sociabilidad estudiantil y la calidad de los vínculos que construyen las y los jóvenes entre sí, resulta relevante tener en cuenta características de las instituciones a las que asisten.

Cambios y continuidades en la sociabilidad estudiantil

Hasta aquí tenemos un panorama de la estructuración de la sociabilidad de las y los estudiantes por cada escuela según la antigüedad en la institución, el ámbito de pertenencia de sus amistades, la cantidad que tienen dentro del ámbito escolar y el modo como se sienten tratados por sus pares luego de haber regresado a la presencialidad. Cabe aclarar que, además de cómo se estructuran los vínculos dentro de una institución y de un grupo en particular, es necesario tener en cuenta que se trata de experiencias subjetivas singulares.

El rol de las amistades y la sociabilidad de las y los jóvenes en sí fueron variables según el contexto, los estados de ánimo personales y los momentos de la pandemia. La cuarentena tuvo diferentes temporalidades, y el regreso a la presencialidad supuso una revinculación, un cambio en la calidad de los vínculos entre pares y una reestructuración de las valencias afectivas personales respecto del lugar que ocupan determinadas personas en la vida de las y los estudiantes. Es en este marco en que observamos una reconfiguración de las sociabilidades estudiantiles. Dicho cambio las y los estudiantes no solo lo asocian a la cuarentena y la suspensión de las clases presenciales, sino también al paso del tiempo y su condición de jóvenes en pleno crecimiento. Como veremos a continuación, cada estudiante lo vivenció de un modo singular:

Emilio: Yo creo que estoy mejor ahora, tengo amigos, antes no tenía tantos amigos. Así que bastante.
E: ¿El resto?
Patricio: Yo totalmente al revés. Yo en primer año me hablaba con medio mundo, y pasó la pandemia y corté relación con un montón de gente [...].
Tania: Yo siento que hay amistades o gente con la que hablaba, y que en la cuarentena no hablé. Y también personas con las que no hablaba antes o no un montón, y ahora hablo, pero creo que es muy desnivelado, no sé si me afectó (GF103, estudiantes, 4.º B, E6).

Hubo quienes se dejaron de hablar con compañeras/os y amistades, quedando aislados/as o sintiéndose solos/as, hasta quienes sintieron que hoy tienen mayor cantidad de amistades o fortalecieron algunas de ellas durante la pandemia. También hubo estudiantes que mutaron sus círculos de sociabilidad, con quienes se hablaban antes de la pandemia dejaron de hacerlo, pero construyeron nuevos vínculos con otras personas.

Como desarrollamos en profundidad en el capítulo 2, varias y varios estudiantes hicieron referencia a sentirse solas/os o aisladas/os durante la cuarentena al no poder compartir tiempo con sus compañeras/os o amistades o al perder contacto con ellas/os, lo que supuso un quiebre en su sociabilidad:

Sandra: En la pandemia estuve muy sola en mi casa, con mi familia, pero me separé de todos mis amigos por una cuestión de que soy muy colgada y a mí la virtualidad no me funcionaba. O sea, mantener las relaciones virtualmente no me funciona. Y nada, me separé mucho de la gente que quería y de mis amigos, y como que cuando volví me pude volver a encontrar con todos y re bien (GF9, estudiante, 5.º año, E2).

E: ¿Vos sentís que la pandemia fortaleció o debilitó las amistades?
Carla: Las debilitó.
E: ¿Y en tu caso personal las debilitó también con las amistades que traías del colegio anterior, por ejemplo?

Carla: Sí, por no poder reunirnos, porque antes, bueno, con una amiga nos reuníamos mucho y bueno, en la pandemia fue todo un lío. No nos podíamos reunir, no podíamos concretar fechas.
E ¿Hoy seguís siendo amiga de esas personas?
Carla: Sí, pero muy lejano todo (E39, estudiante, 6.º año, E3).

Alma: Cuando ya literalmente empecé a sentirme sola, con toda la cuarentena, fue tipo "Che, extraño tener ese grupo". Encima no eran malas minas, ¿entendés? Eran todas re copadas, era tipo... Realmente un grupo muy sano y nada, o sea lo re extrañaba y también era tipo ver todo el tiempo en Instagram y en las redes que tipo ellas se hablaban por Zoom, tenían videollamadas, miraban películas juntos (E18, estudiantes, 4.º año artes, E1).

Los motivos de alejamiento o no contacto con otros pares fueros diferentes: ya sea porque decidieron distanciarse por voluntad propia, les era difícil sostener sus vínculos o no conocían a sus nuevas/os compañeras/os al haberse cambiado de colegio. Esto generó sentimientos diversos: algunos/as disfrutaron estar en soledad, otras/os reconfiguraron sus valencias afectivas acercándose más a sus familiares, y hubo también quienes padecieron su soledad. En el último caso, identificamos desconexiones involuntarias con sus pares que significaron una pérdida de soportes afectivos que no pudieron rebalancear con otros vínculos, lo cual derivó en un profundo malestar subjetivo. En otros casos, como veremos más adelante, no sintieron que sus vínculos hayan sido afectados a pesar de no haber tenido contacto durante la cuarentena y los retomaron sin sobresaltos al volver a la presencialidad. Como nos lo decía un estudiante de la Escuela 4: "*Cuando volvimos al colegio otra vez, volvimos a hablar, y normal*".

En el polo opuesto, hubo estudiantes que consideraron que las amistades se fortalecieron luego de la cuarentena:

E: ¿Vos considerás que la pandemia fortaleció o debilitó las amistades?

> *Ludmila: Para mí que la fortaleció.*
> *E: ¿Por qué?*
> *Ludmila: Y porque estamos más unidos ahora que antes. Porque antes estábamos encerrados, no nos podíamos ver, no podíamos tomar mate. Y ahora no, ahora ya unas ganas de echarlos de mi casa tengo. [Se ríe]. Están todo el día pegados.*
> *E: ¿Y en relación con antes de la pandemia? ¿Sentís que comparando 2019 y ahora, 2022, sentís que fortaleció o debilitó las amistades?*
> *Ludmila: Las fortaleció porque ahí nos estábamos recién conociendo, yo recién entraba en la secundaria, estaba primero, segundo, y ahora estamos más.*
> *E: ¿Tenés amigos de la otra escuela también?*
> *Ludmila: Sí, estuve en tres yo (E37, estudiantes, 5.º año, E3).*

> *E: ¿Y las relaciones entre ustedes se debilitaron, fortalecieron?*
> *Mirna: Yo creo que se fortalecieron. En primer año me hablaba poco, en la pandemia hablamos, y este año nos hicimos re amigos. Yo en pandemia con X nos hablábamos más con videollamada y ahora lo veo todos los días en persona. Este año para mí que se fortaleció más el vínculo, pero porque lo podía ver.*
> *E: ¿A todos les pasó eso que pudieron fortalecer amistades o no?*
> *Camilo: Y depende... Sí, en ese momento que fue tan difícil para todos, ella estuvo conmigo, yo sé que ella es mi amiga. Si yo me hablo con ellos dos, viene la pandemia y uno me deja de hablar, ya sé que no es mi amigo (GF58, estudiantes, 4.º año, E4).*

Es importante recordar que la pandemia irrumpió en los primeros años del nivel secundario de nuestras y nuestros jóvenes, por lo que recién se encontraban conociéndose y en algunos casos no tuvieron la oportunidad de construir o afianzar vínculos. Desde ya, además de sus particularidades personales para relacionarse, identificamos que la situación cambiaba según la escuela. No es casualidad que cuatro de los cinco testimonios recién presentados correspondan a las Escuelas (1, 3 y 4) con mayor rotación de su matrícula y cuyos estudiantes ingresaron casi en su totalidad a la institución en el nivel secundario. En estas escuelas encontramos los discursos más polarizados entre un quiebre de la sociabilidad estudiantil durante la pandemia y un fortalecimiento posterior al poder verse todos los días y compartir el espacio escolar presencialmente.

En cambio, en las escuelas cuyos estudiantes provenían en su mayoría del nivel primario de la misma institución, fue donde predominó la percepción mixturada entre el fortalecimiento de las redes o amistades que tenían previamente y el debilitamiento de aquellas relaciones más lejanas o que todavía no estaban consolidadas:

> *E: ¿Para ustedes la pandemia fortaleció o debilitó las amistades?*
> *Cecilia: Para mí debilitó.*
> *Josefina: Y... No sé. Con mis mejores amigas, la fortaleció, y con los demás no.*
> *Cecilia: Claro.*
> *Blanca: Las dos.*
> *Cecilia: Me acercó a las personas que más cercana tenía y me alejó a las menos cercanas.*
> *Blanca: Para mí debilitó.*
> *E: ¿Y cambió, digamos, el vínculo, o sea, el círculo de amigos que ustedes tenían, o...?*
> *Cecilia: ¿Antes y después? Sí, re.*
> *Blanca: El mío sí. Yo era muy amiga de los chicos, de los varones. Después de la pandemia, no retomé nunca más. El único que sostuve es Rolo porque es mi amigo desde los 2 años. El resto... (GF89, estudiantes, 4.º año, E6).*

> *E: ¿Qué les pasó a los demás con la cuestión de las amistades? ¿Creen que se hicieron más fuertes? ¿Que se debilitaron? ¿Depende cuál?*
> *Merlina: Yo en algunas por ejemplo me distancié de ciertas personas quizás porque, como no tenía la oportunidad de juntarme con esa persona, la amistad como que se fue un poco [realiza un gesto con las manos de separación]... no sé bien la palabra...*
> *Abril: "Deshaciendo".*
> *Merlina: [Continúa] Por suerte hoy en día que uno se puede juntar más, por suerte, quizás que se volvió a fortalecer esa amistad, pero por la pandemia en sí creo que se perdieron algunas amistades.*
> *Vanesa: ¡Es muy variable! Creo que en algunos casos se fortaleció y en otros casos... si ya arrancaste la cuarentena medio flojo con una amistad, que se hablaban cada tanto no sé qué y ya después de*

> *eso no se pudo remontar, pero hay personas que sí, otras que no. A mí en lo personal la cuarentena me dio también la posibilidad de abrir mi grupo de amigos. Siento que tengo más amigos ahora que antes (GF73, estudiantes, 5.º Nat., E5).*

La clave nos la dio una estudiante de la Escuela 6:

> *E: ¿Qué rol tuvieron las amistades, dirían, durante la pandemia? ¿Qué pasó con las amistades?*
> *Azul: Se unieron muchos y se separaron muchas otras. Yo por lo menos no hablé con nadie más que con ella, Luna y Valeria. Éramos nosotras cuatro en llamadas todos los días. Entonces en ese sentido el grupo se super unió, pero después no hablé con nadie más.*
> *Agostina: Sí. Si pudiste formar un grupo en primer año o como una especie de amistad segura en la pandemia muchos intensificaron esas relaciones, tipo llegaron... Después de la pandemia, llegamos todos como muy como cerrados en nuestro mini grupito que hablamos un año entero, ¿entendés? (GF86, estudiantes, 4.º año, Escuela 6).*

Dijimos que la amistad requiere de tiempo para que se pueda forjar y consolidar. La pandemia, al cortar las interacciones escolares cotidianas de forma presencial, inhabilitó la posibilidad de conocer, compartir espacios y forjar vínculos íntimos entre compañeras y compañeros, pero brindó tiempo para "*intensificar*" vínculos ya establecidos, sobre todo en un contexto de adversidad donde la comunicación y el compartir con otras personas de la misma generación se volvió fundamental para poder sobrellevar el día a día.

El dejar de convivir diariamente (con sus bienestares y malestares), estar con las cámaras apagadas o solo verse a través de la computadora redujo notablemente la interacción grupal e individual entre pares. Los contactos rutinarios, ocasionales, anodinos o casuales dejaron de existir. La interacción no emergía circunstancialmente al estar compartiendo un mismo espacio presencialmente, sino que debía ser intencionalmente dirigida/direccionada. En algunos casos eso implicó que las y los jóvenes tuvieran que elegir con quién vincularse uno a uno o en pequeños grupos y que se desvanecieran aquellas interacciones más superficiales o que dependían de compartir un espacio común que en ese momento no existía.

E: N. decías que perdiste muchas amistades. ¿Y eso por qué consideras que fue? ¿Cómo fue?
Blanca: Y porque acá venías todos los días y te cruzabas en los pasillos, y hablabas, y después en la pandemia es como que cada una tiene sus amigos y... Tal vez era más fácil sostener una conversación. Éramos nosotras tres con, no sé, otras de otro curso, nos cruzamos en pasillo, nos empezamos a reír de tal cosa, de tal serie, pero no tener este...
Cecilia: Vínculo.
Blanca: Se pierde el vínculo en persona, entonces tal vez tenés que sostener una conversación por WhatsApp hecha y derecha y tal vez no es tan rígido, entonces... (GF89, estudiantes, 4.º año, E6).

Milagros: Capaz cuando en la presencialidad vos tenés un vínculo y al ver a una persona todos los días, como que ese vínculo capaz ya está hecho y es solamente ver a la persona, y como que se va manteniendo. Creo que lo que pasó fue que en la cuarentena como que sentías esa presión de tener que mantener el vínculo porque no la veías a la persona, o sea que no había otra manera de mantenerlo si no. Entonces como que era como difícil encontrar la manera de mantener un vínculo sin ver a esa persona, porque es raro hablando. Por más que hables todos los días por llamada, es como que yo siento que el vínculo no es igual, entonces para mí eso, o al menos a mí me causa mucha presión, me estresaba porque no sabía cómo mantener algo que no podía ver.
[...] Joaquina: En la pandemia siento que se iba dando eso que vos tenías que mantener un vínculo, pero como era difícil mantenerlo con por ahí diez mismas personas que pertenecían a un grupo, ya tenías que ir como eligiendo, o sea, y ahí siento que se fueron más formando los grupos de si... O sea, juntando entre quienes y quienes se fueron uniendo más. O sea, manteniendo el vínculo así a través de la virtualidad y todo, pero siento que ya en la pandemia era algo más de elección porque por ahí no podías vincularte con diez personas a la vez, o por ahí sí, pero siento que en nuestro caso, por ejemplo, también o sea, hubo vínculos como que fueron separando y en la pandemia siento como que vos elegías con quién relacionarte y con quién formar un grupo.
[...]

> *Elena: Sí, sobre eso como que siento que a veces al venir al colegio todos los días, a estar acostumbrados a estar todos los días con la misma persona, estás como obligado a llevarte bien o como a generar vínculo. Estás todos los días 8 horas con las mismas personas. En cambio, siento como que mantener los vínculos del colegio a mí se me hizo un poco más difícil que mantener otras amistades que yo elegí buscar afuera del colegio, que me parecía algo más natural, más orgánico cómo se daba, tipo seguirme vinculando.*
> *Mateo: Yo además siento que a la hora de ver a los micros no siempre nos podemos referir como a "perder un vínculo es algo malo", sino entender de cómo un factor como la pandemia pudo alterar ese tipo de relaciones (GF11, estudiantes, 4.º, E1).*

Resulta interesante la diferencia que traza Elena respecto de sus vínculos con estudiantes de su colegio y otros que mantenía por afuera. Justamente sintió dificultad en sostener vínculos con aquellas personas que solía ver todos los días; en cambio, las relaciones que había construido por fuera del colegio le parecieron "*más naturales*", interpretamos, porque no necesariamente estaban estructuradas alrededor de la copresencia diaria.

La pandemia se les presentó no solo como una barrera, sino también como un filtro en sus sociabilidades. Joaquina nos anticipa que, al no poder vincularse con mucha gente al mismo tiempo, tuvo que elegir con quiénes vincularse, y eso fue conformando y cerrando grupos de amistad.

Justamente la imposibilidad de compartir un espacio común diariamente, según las y los estudiantes, contribuyó a identificar quiénes eran "*verdaderas/os*" amigas o amigos, ya sea porque se contactaron con ellas/os, ellas/os tenían ganas de interactuar con aquellas/os o porque estuvieron cuando fue necesario:

> *Malvina: Yo creo que las debilitó, pero para bien. Si realmente a tus amigos les interesaba cómo estabas se notó. Porque yo sé que hay gente que ahora los considero alguien conocido y no amigos gracias a la pandemia. Como que digo "Yo a esta persona la re quiero, o sea, la banco una banda, pero no es mi amigo". Porque no estuvo cuando*

lo necesité o cuando me buscó fue porque necesitaba algo, como que necesitaba algo de conveniencia (GF74, estudiantes, 5.º Nat., E5).

Chelo: Verdaderamente como, qué sé yo, un año entero que no me llegaron mensajes nunca, te das cuenta quién realmente era, quién estaba interesado en vos.
Logan: A mí no me pasó eso exactamente, sino que en la pandemia me pasó que yo perdí relación con un montonazo de gente, obviamente que en pandemia no me hablaba con nadie, y el transitar eso me hizo también pensar justamente, o sea, cómo quiero yo llevarme con mis amistades, con quién quiero tener amistades, cómo quiero llevarlas. Me hizo reflexionar un poco en ese sentido. Por eso, en el momento que empezamos a ver la normalidad, la presencialidad me hizo llevar mis amistades de otra manera (GF108, estudiantes, 4.º C, E6).

No toda pérdida o debilitamiento del vínculo fue percibido negativamente. En estos casos que referenciamos recién, observamos un proceso de selección o decantación de las amistades a partir de la calidad del vínculo. Los cambios vinculares que produjo la pandemia no son solo producto del aislamiento, sino que también el paso del tiempo en sí mismo hizo lo suyo. Las y los estudiantes, como vimos con detenimiento en el capítulo 2, mencionan que "*maduraron*" y que el cambio en sus vínculos está también asociado con ese proceso: "*Para mí si cambiamos fue por la edad, la pandemia no*" (Escuela 6). Entienden el proceso de reconfiguración de su sociabilidad como algo propio del crecimiento que tarde o temprano "*iba a pasar*" y que a lo sumo la pandemia "*adelantó*", "*rompió más*" o lo volvió "*muy abrupto*", en el marco también de un proceso reflexivo de autoconocimiento:

Mateo: Yo personalmente creo que, al estar en la etapa de adolescentes, por ejemplo, nosotros pasamos en cuarentena en pleno segundo año y anteriormente tuvimos un año, un solo año secundario en la normalidad, antes de la pandemia, que fue 1.º. Y siento que nada, al tener 12, 13 años, los vínculos a medida que vamos creciendo se van transformando y se van o achicando o agrandando; o sea, estos se van dando en la medida que vos vas pasando la adolescencia, ¿no? Como todo. Siento que en la pandemia no se tuvo tanto en cuenta el

> *hecho de cómo una persona pudo alterar sus vínculos alrededor, sí tal vez mejorarlos, tal vez mejorarlos, tal vez reducir un vínculo que tenia con un amigo antes de la pandemia y dentro de la pandemia cómo se fue yendo. Entonces siento que eso también personalmente, y calculo también que a otra gente más también le habrá pasado, generó como cierta distorsión y confusión el hecho de que, tipo, "Che, ¿qué onda?" (GF11, estudiante, 4.º año, E2).*

> *Sofía: Amistades, eh... Bueno, las que se quedaron fueron las que estuvieron siempre conmigo. O sea, puede ser que las conozco hace poco tiempo, pero sí nos hablábamos y eso... siguen siendo amistades, siguen en la técnica y yo sigo hablando con ellas y nos juntamos y eso. Y otras se fueron alejando porque dejamos de hablar o perdimos la conexión que teníamos antes. Era como que ya no teníamos tantos gustos en común. Fueron cambiando las ideas en la cuarentena, y algunos se fueron para algunos caminos que ellos querían. Y bueno, no teníamos ideas iguales (GF45, estudiante, 5.º año, E3).*

Por último, cabe señalar que la virtualidad, ámbito casi exclusivo de sociabilidad durante la cuarentena, les brindó la posibilidad a algunas y algunos estudiantes, principalmente entre quienes se habían aislado de sus amistades como Patricio y Alma, de encontrar y construir nuevas amistades:

> *Patricio: Sí, aunque tengo que reconocer que yo en la pandemia me hice un montón de amigos nuevos, que jugábamos jueguitos de la computadora, pasábamos todo el día. Encima mis viejos eran estrictos, no salía, dejé fútbol, dejé todo. Entonces estabas 12 horas atrás de la pantalla o más, y estás todo el día ahí. Yo me olvidaba de hablar con mis amigos, y va pasando el tiempo y decís "¿Qué hago? ¿Le hablo?". Vas abriendo amistades, pero vas cerrando otras.*
> *Tania: Sí, ponele nosotras, bueno, hablo por mí, pero, unos días antes de que empiece la cuarentena, habíamos conocido a unos chicos nuevos. Y yo creo que gracias a la cuarentena, como ahí había empezado la amistad, se formó una amistad. Ahora que volvió la presencialidad, ya no hablamos tanto, pero ahí, al no tener con quién juntarse o algo así, se formó mayor vínculo con otras personas (GF103, estudiantes, 4.º B, E6).*

Alma: [Se ríe] Pero no soy muy de tipo entablar relación. Igual en ese año me creé Twitter y me hice ahí como una amiga que hasta hoy en día sigo teniendo relación con ella, nos conocimos ya, es una reina, cómo la amo. Que vive en La Plata, pero bueno, nos conocimos el año pasado. O sea, Miranda yo sí creo que me re ayuda a salvar la situación, ¿entendés? Porque, qué sé yo, yo estaba en un borde donde decía "Bueno, ya no me hablo con más con nadie y nadie más me quiere hablar", entonces nada (E18, estudiante, 4.º Artes, *E1).*

E: ¿Y sienten que la pandemia facilitó u obstaculizó las amistades?
Fiorela: Para mí facilitó porque... o sea... quizás con la pandemia, estabas con el internet [...] como que con la pandemia fue todo internet y como que fue más fácil conectarme ahí.
E: ¡Mirá! ¿Por qué más fácil tener amistades en internet que en la escuela, por ejemplo?
Merlin: Yo pienso que es porque sacás las realidades... que sos menos vergonzoso.
Estudiante: Claro, como que perdés el miedo, pensás lo que decís, todo... (GF57, estudiante, 4.º año, E4).

Podemos decir en algún punto que se fortalecieron o construyeron amistades que originalmente no dependían del encuentro presencial, aunque pudieron en algunos casos trascender lo meramente virtual, como Alma, que llegó a encontrarse cara a cara con su amiga que conoció a través de Twitter y vivía en La Plata. Pero, en el caso de Tania, cuando terminó la cuarentena y volvió a verse con su círculo cotidiano de sociabilidad, se debilitó aquel vínculo que habían construido con los "*chicos nuevos*". Distinto es el caso de las y los estudiantes de la Escuela 4, que sienten que el contacto a través de internet los desinhibe y les permite vincularse de otro modo.

Como nos decía un estudiante de la Escuela 2: "*Todos pasamos por la pandemia, todos pasamos por el cambio, amigos, y todos pasamos por el llevarnos mal y llevarnos bien*". Los cambios fueron diversos y dependieron de la estructura de vínculos previos que habían construido en sus respectivas escuelas, las valencias afectivas que tenían con otras personas, como por ejemplo familiares, el carácter y los gustos de cada quien y las disposiciones tecnológicas para poder estar en contacto. La pandemia, con su consecuente transcurrir del tiempo, llevó a que se *"transformaran las amistades"*, como nos decía una estudiante de la Escuela 1.

Incertidumbre e incomodidad al volver a vincularse en el regreso presencial protocolizado

En el regreso a la presencialidad, las y los estudiantes experimentaron una serie de emociones contrapuestas de bienestar y malestar. Había ganas de volver a ver a sus amistades, compañeras y compañeros de la escuela, pero también cierto temor de compartir nuevamente un espacio público.

> *E: ¿Cómo describirían esa sensación cuando estuvieron todos juntos de nuevo adentro del aula?*
> *Catalina: Uy, fue raro... Fue como... Fue una necesidad... [...]*
> *Natalia: Sí, y miedo también.*
> *Gina: Sí, y miedo.*
> *Natalia: Porque también estaba de esto de "No, si se juntan de a grupos, ahora tenemos más riesgo de que nos contagiemos COVID". Fue como que era el "Uy, no...". Teníamos que seguir en burbujas, pero querías...*
> *[...]*
> *Gina: Pero también lo recordamos como... De hecho, nosotras decimos que lo recordamos como los mejores meses porque... Porque sí, o sea a pesar de que había un miedo y qué sé yo, pero ya volvías a sentir de nuevo esa... Nada, esa etapa ya estábamos como más en amistad todos y estuvo bueno (GF23, Estudiantes, 4.º Medios, E. 1).*

El temor radicaba en dos cuestiones, la primera tenía que ver con la posibilidad de contagiarse de otras personas al compartir un mismo espacio (cuestión abordada desde la perspectiva docente en el capítulo 4). Tengamos en cuenta que, al poco tiempo de haber comenzado la presencialidad con el dispositivo de burbujas, eclosionó el segundo pico de contagios en el AMBA, lo que desencadenó un debate público sobre si debían o no continuar las clases presenciales. La segunda cuestión estaba anclada en el "*miedo a socializar*" nuevamente o presencialmente (aspecto que profundizamos en el capítulo 2). Al comienzo, predominaron sensaciones de "*rareza*", "*confusión*", "*incomodidad*":

> *Manuel: Considero que la vuelta a clases después de la pandemia, personalmente, generó confusión porque creo que, además de hablar de lo académico, que todo como que fue diluyéndose de distinta manera, siento que generó como distintos tipos de vínculos y cambiaron también los vínculos entre personas. Y a la hora de volver, ver que esos vínculos cambiaron o son distintos como era antes, antes de la pandemia, siento que genera ese tipo de confusión y otro tipo de cambio, que es como todo repentino, como que... desde que empezó la pandemia, esos vínculos se fueron desacelerando o generando otros vínculos con otras personas que tal vez no tenía, y la vuelta también eso, como que me chocó personalmente (GF11, estudiante, 4.º año, E2).*

El encuentro presencial en la escuela plasmó o condensó los cambios en la sociabilidad que fuimos describiendo en el apartado anterior, algo que resultó chocante para algunas y algunos estudiantes. El nuevo desafío subjetivo de las y los jóvenes consistió en volver a estar juntos en un espacio físico común de forma presencial. Desde ya que la incertidumbre del momento y el caos de la puesta en marcha del protocolo tampoco ayudaron.

Tanto quienes habían tenido poco contacto con sus compañeras y compañeros como quienes sí habían sostenido el vínculo con sus amistades manifestaron lo difícil que les resultó volver a vincularse con otras personas:

> *Valeria: Sé que es diferente por dónde vas vos, pero, en mi caso, en la pandemia me pude adaptar bastante bien. No se me hizo difícil organizarme. Después ya volver fue como... me pude adaptar también, pero fue complicado unirme a la sociedad, porque como que ya no me escribía tanto con las personas, entonces casi que estuve un año sin hablar con la gente, entonces después volver se me hizo muy difícil. Por ahí, en lo académico, por así decirlo, me pude adaptar*

rápido. Después, en lo social, me costó un poco, y siento que por ahí este año estoy volviendo más a la normalidad, por así decirlo (E84, estudiante, 4.º año B, E6).

Alma: Al principio no quería, al principio tenía mucho miedo. [...]. O sea, literalmente yo decía tipo "Bueno, ¿qué voy a hacer cuando llegue? ¿Dónde voy a ir? ¿Con quién voy a hablar si tengo que hablar con alguien?". [...]. O sea, en ese momento tenía mucho tipo ansiedad social, pero al punto de que o sea, imaginaba tipo, charlas con personas que ni siquiera capaz eran de mi curso, ¿entendés? Pero qué decir para no quedar mal, o cosas así.
[...]
Jazmín: Yo creo que todos pasamos por como esa cosa de... No sé, "volver, cómo será, cómo será la burbuja, a dónde tengo que ir, dónde me tengo que parar, dónde...", cosas, preguntas de qué tengo que hacer. O sea, pasamos todo esto, un año y medio encerrados. Ahora volvemos en burbujas. Qué tengo que hacer, en qué aula voy a estar, con quién voy a estar, en qué burbuja, con qué compañero. ¿Me voy a poder sentar con alguien?
Alma: La incertidumbre.
Jazmín: Sí (E18, estudiantes, 4.º Artes, E1).

Este aspecto, lógicamente, fue mencionado también por estudiantes que se habían cambiado de escuela durante la pandemia y no habían visto en persona a sus compañeras y compañeros. También sucedió en las escuelas (1, 4 y 5) donde se reconfiguraron los cursos a partir de la elección de las orientaciones de la educación secundaria.

Volver a las clases presenciales, en algún punto, lo vivieron "*parecido a la sensación del primer día de clases*", como nos decía Valencio de la Escuela 6. Era un "*volver a empezar*", como mencionaron estudiantes de la Escuela 2, en un escenario con protocolo de burbujas y en un contexto de incertidumbre por la segunda ola de contagios. No es casualidad que el seguimiento realizado por UNICEF (2022) sobre la situación de la niñez y la adolescencia muestre los niveles más altos de angustia (33 %), miedo (25 %) y depresión en mayo de 2021 (18 %) respecto de las seis rondas que realizaron entre abril de 2020 y junio de 2022.

Entre las y los estudiantes, notamos una preocupación respecto de cómo volver a ocupar el espacio escolar, dónde ubicarse y con quién relacionarse. Cómo, sobre qué y con quién conversar se transformó en una cuestión central. Se trata de un acto que puede parecer inicialmente trivial, pero donde se juega para las y los jóvenes el reconocimiento social y, por ende, la ubicación en el espacio social estudiantil.

Me quiero detener brevemente en el acto de conversar dado que es uno de los pilares de la sociabilidad estudiantil que describimos más arriba. Simmel (2002) afirma que la conversación "es el soporte más amplio de toda comunidad humana" (p. 93) y que en la sociabilidad deviene en un arte en cuanto se constituye en un fin en sí mismo. El sociólogo berlinés utiliza el término alemán *sich unterhalten*, que contiene la doble acepción de "conversar" y "entretenerse". Por ejemplo, Rolo, de la Escuela 6, nos manifestaba que estaba sorprendido porque los primeros días no tenía "*un tema de conversación con los cinco que me hablé durante toda la pandemia*". Dubet y Martuccelli (1998) observaron cómo "los alumnos consagran lo esencial de su tiempo libre en el liceo a practicar el arte de la conversación" (p. 334). Asimismo, Weiss (2015), con su equipo de investigación, ha indagado la relevancia que adquiere la conversación en la sociabilidad juvenil dentro del bachillerato mexicano. En sus conversaciones, que pueden parecer triviales o empezar de forma espontánea, las y los jóvenes comparten vivencias propias:

> Estas conversaciones se realizan por el placer de conversar (sociabilidad), pero son también una forma de reflexión que alienta la subjetivación. Al reflexionar sobre las vivencias, éstas se constituyen en experiencias. Conocer y comprender a otros les permite conocerse y comprenderse mejor a sí mismos e ir construyendo sus identificaciones (Weiss, 2015, p. 1269).

Sentir que muchas de las habituales experiencias juveniles no las habían vivenciado por la pandemia y que habían perdido el arte de conversar presencialmente les generó inseguridad sobre cómo interactuar con otros. Cabe destacar que varias y varios estudiantes también mencionaron que, a los pocos días y semanas, recuperaron antiguos vínculos o volvieron a una sociabilidad parecida a la que supieron tener previamente a la pandemia. Nuevamente Rolo de la Escuela 6 nos decía:

> *Rolo: Tipo ya a las dos semanas ya estaba como... ya está. Ya me había vuelto a acostumbrar al curso, pero... Pero el primer día fue como muy shockeante (E91, estudiante, 4.º C, E6).*

Diferentes estudiantes mencionaron que sus vínculos durante la pandemia quedaron más bien "*congelados*" porque, cuando se reencontraron, sintieron como si el tiempo no hubiera pasado:

> *Isaura: Cuando volvimos, nuestra relación fue exactamente la misma.*
> *["¡Claro!", dicen todos]*
> *Sandra: Volver a acomodarnos como si nada hubiera pasado.*
> *Carla: Es más, yo creo que nos fortalecimos mucho.*
> *Sandra: Fue como "No hablamos, pero estamos acá".*
> *Tadeo: Claro, a mí me pasó que con una amiga todos los días hacía videollamadas con ella. Todos los días, todos los santos días hacíamos videollamada y fortaleció mucho la relación, pero sí yo volví [inteligible] o sea, hablábamos, pero muy poquito, pero no es que yo sentí un gran cambio, la verdad, como que no me resultó tan fuerte el cambio. Pero y hasta con otras personas también yo creo que fue cuando volví al colegio y vi la chance de hablar con ellos que antes por ahí no tenía, quizás eso sea parte del crecimiento y de la madurez (GF9, estudiantes, 5.º año, E2).*

> *E: Me decían que se fortalecieron algunas, se olvidaron otras, y...*
> *Azul: Quedaron congeladas otras, no es que se olvidaron.*
> *Agostina: Sí, eso.*
> *Azul: Como que, cuando volvimos, la amistad siguió. Como que se congelaron, literalmente fue eso.*
> *E: Ajá. ¿Pero diría que perdieron amistades que no se retomaron?*
> *Azul: La verdad que no.*

Agostina: Siento que las amistades que tenía que capaz no se fortalecieron no iban a durar tanto.
Azul: Claro.
Agostina: Las que duraron son las que sigo teniendo, así que creo que pasó lo que iba a pasar de igual manera.
E: Eran más pasajeras las otras, digamos (E86, estudiantes, 4.º C, E6).

Las sensaciones de "*rareza*", "*confusión*", "*incomodidad*" del regreso a la presencialidad, además de relacionarse con el tiempo de aislamiento social que sufrimos, estuvo tamizado por el protocolo sanitario de burbujas, el cual es descrito en profundidad en el capítulo 4. Una de las principales quejas del estudiantado tenía que ver con la imposibilidad de acercarse corporalmente a sus compañeros y compañeras, que hacía tiempo no veían, y la dificultosa organización del uso de los espacios, por ejemplo, en el recreo al no poder interactuar con otras burbujas.

El sistema de burbujas fue un intersticio temporal entre la virtualidad absoluta y la presencialidad plena para las y los jóvenes estudiantes y, como veremos a lo largo de este libro, para toda la comunidad educativa. Se trató de una modalidad de escolarización que nunca antes había sido implementada en las instituciones, lo que generaba un alto grado de incertidumbre y también de caos operativo. Por eso, estudiantes de diferentes escuelas (1, 5 y 6) preferían "*volver al Zoom*", modalidad que ya conocían, y a la cual mal que mal se habían acostumbrado, antes que estar en la escuela con su burbuja. De hecho, en los grupos focales, al solicitarles a los y las participantes que ordenasen según su preferencia cuatro imágenes que representaban diferentes momentos de la escolaridad en pandemia y pospandemia, en casi todos, luego de la presencialidad plena, antepusieron la virtualidad antes que el sistema de burbujas.

La distancia que tenían que mantener entre sí, no poder verse el rostro, el frío del invierno con las ventanas abiertas, la jornada presencial reducida o alternada con una parte del curso, entre otras cuestiones, hicieron que la alegría inicial de volver a la escuela mutase en una sensación de incomodidad, hostilidad y aburrimiento. Con el sistema de burbujas, los pilares del dispositivo escolar (el espacio) y de la escolaridad (la sociabilidad estudiantil) permanecían todavía cercenados. Justamente sobre esa cuestión recaerían las principales quejas y demandas del estudiantado en esa época:

E: ¿Cómo se sintieron cuando estaban en burbujas? ¿Les gustaba, no les gustaba?
Malvina: Yo estaba con mis amigas, pero era re aburrido porque estábamos muy distanciadas y ni hablábamos en el aula. Y en el recreo ponele queríamos estar con otros amigos y no podíamos.
Julia: No, yo tenía menos ganas de venir que en pandemia, o sea, justo mis compañeros me habían tocado en la otra burbuja, y además de que era un embole porque nadie hablaba, éramos pocos, era un silencio. Literal venían a trabajar nada más, no era cagarte de risa. Y también venir al colegio, y eso que también dijo Malvina de que no te dejan ver a otro curso, yo estaba rogando para que volvamos al Zoom, o sea, imaginate. No me gustaba venir, era un embole venir temprano. Encima me acuerdo que ese invierno fue terrible porque todas las ventanas abiertas las sufrí un montón.
Jeremías: También, estaban todos mis amigos en la otra burbuja (GF76, estudiantes, 5.º año, E5).

En las escuelas de nuestra investigación, el criterio de agrupamiento que primó fue dividir la lista por orden alfabético, lo que lo volvió azaroso desde la percepción del estudiantado. Eso generó un arduo malestar entre ellas y ellos:

E: ¿Se organizaron las burbujas?
Jorge. Creo que eran 10 o 12.
E: ¿Y cuál fue el criterio?
Jorge: No, no hubo. Fue muy al azar.
Thiago Tadeo: Lo único que se acomodó fue personas que compartían vivienda o lazos sanguíneos, porque habían dos hermanos en el curso, estaban en la misma burbuja por una cuestión lógica. Pero después fue al azar.
Pablo: ¿Y ustedes estaban de acuerdo con la burbuja que les tocó?
Thiago: No, me tocó con la burbuja de los nuevos, que desconocía (GF46, estudiantes, 6.º año, E3).

Frente a la disconformidad del estudiantado y sus familias se pusieron en marcha diferentes mecanismos para gestionar cambios de burbujas. Uno de ellos consistía en que las y los estudiantes lograran afinidad electiva para pasarse de una burbuja a otra recíprocamente. De este modo, en algunos casos se llevaron a cabo transacciones y pases que les permitieron volver a encontrarse con sus amistades dentro de la burbuja[6].

> *E: Y algo comentaron hace un ratito, pero les quería decir el sistema cómo funcionó, el tema de las burbujas, o cómo se sintieron en ese momento.*
> *Marisol: Nosotras la verdad que tuvimos mucha suerte, nos tocó... Tuvimos todo nuestro grupo [...].*
> *Norma: Yo estaba en...*
> *Gina: Ah, no, pero Norma no, es verdad. Estaba en Artes.*
> *Marisol: Bueno, pero las demás sí, nos tocó a todas.*
> *Oriana: Sí, yo me cambié de burbuja.*
> *Marisol: Sí, y después Lila también se cambió a nuestra burbuja (GF34, estudiantes, 4.º Comu., E1).*

> *Bárbara: Pero igual después como que nos dieron a elegir, tipo, si conseguías con alguien cambiarte de burbujas, te cambiabas.*
> *E: Y ahí cambiaste.*
> *Silvia: ¡Y ahí cambié!*
> *Bárbara: Yo también (GF104, estudiantes, 4.º B, E6).*

A quienes les tocó compartir la burbuja con gran parte de sus amistades en general manifestaron un recuerdo más agradable de aquella época; en cambio, aquellos que no tuvieron la misma suerte expresaron malestar por tener que

---

6 El armado de las burbujas fue un tema álgido entre diferentes actores de la comunidad educativa, y en varios casos las familias tuvieron un rol activo. Uno de los planteos fue que las y los estudiantes de un mismo hogar les tocara asistir la misma semana, al cual las escuelas dieron prioridad. Pero también solicitaron cambios por su afinidad con otras familias o por el malestar de su prole, llegando incluso a presentar certificados médicos para fundamentar su solicitud.

interactuar con personas que no conocían, con quienes no tenían relación o no se llevaban bien:

> *E: O sea, la primera parte de las burbujas, que estaban con gente que no eran amigos, ahí la sufrieron, y después...*
> *Santiago: La pasamos más o menos.*
> *Ramiro: O sea, fue...*
> *Santiago: Era mucho más difícil (E19, estudiantes, 4.º Artes, E1).*

El sistema de burbujas implicó una nueva división arbitraria dentro de la clásica "división" (curso) de la escuela secundaria que también contribuyó a la reconfiguración de la sociabilidad estudiantil y, en algunos cursos, dejó huellas tanto a nivel grupal como individual.

> *Rosario: Era re lindo poder volver a estar con todos tus amigos, con los demás, aparte ahí se sumó gente nueva al grupo, pero también fue el momento en el que mi ex se fue con otra persona, entonces...*
> *E: ¿Al cole?*
> *Rosario: Sí. Porque ellos dos iban a la misma burbuja, entonces bueno... (E20, estudiantes, 4.º Artes, E1).*

> *Gonzalo: Y en la burbuja, nuestra burbuja sí, éramos un grupazo.*
> *Ignacio: Sí, se llevaban todos re bien. De hecho, me acuerdo un día nos fuimos, una chica vivía en un barrio cerrado y nos invitó a todos. Buena relación fuerte. Otra cosa que no podía creer era que nosotros teníamos grupo de WhatsApp propio, y en la burbuja 1 no tenían.*
> *E: ¿Nunca habían tenido grupo de WhatsApp?*
> *Ambar: No, nosotros no hablábamos, literal.*
> *Ignacio: Era algo que yo no lo podía creer. Cuando entré, no lo podía creer (GF76, estudiantes, 5.º Soc., E5).*

Por ejemplo, en uno de los cursos de la Escuela 5, observamos que la subdivisión de las exburbujas siguió presente con el grupo completo tanto en la disposición del uso del aula, como en sus interacciones cotidianas. Sin embargo, es necesario señalar que este curso tenía una característica particular: casi la mitad de sus integrantes, a diferencia del otro curso, habían ingresado durante la pandemia. Esto pudo haber contribuido a que, al no conocerse previamente, los primeros contactos al interior de la burbuja hayan marcado con más fuerza su sociabilidad posterior.

Encontramos cierta dualidad contrapuesta en las huellas que dejaron las burbujas en la sociabilidad estudiantil. Si bien lo primero que mencionaron fue la hostilidad, la incomodidad y el malestar que les generó, también comentaron aspectos beneficiosos. Por ejemplo, la obligación de tener que compartir un tiempo y espacio con jóvenes que no conocían o con quienes no solían interactuar les brindó la posibilidad de vincularse e incluso hacerse amigas y amigos de otras y otros estudiantes. Asimismo, el ser grupos más reducidos promovió, en algunos casos, la construcción de nuevos vínculos o el fortalecimiento de otros que se habían debilitado durante la cuarentena. Esto último fue señalado con mayor frecuencia por el estudiantado de la Escuela 6, la cual contaba con los cursos más numerosos.

> *Vicente: Yo creo que era más cómodo para algunas clases. Porque era menos gente, entonces podías hacer más preguntas o por ahí me daba menos vergüenza hacer preguntas porque éramos pocos.*
> *Carola: No nos dieron a elegir los grupos, era como que al azar. Te tocaba con los que te tocaba. Pero me gustó porque socialicé con gente que capaz antes no porque somos muchos y, al ser una burbuja, pudimos hablar más con otros...*
> *E: A vos te tocó burbuja con gente que no era de tu grupo de amigos.*
> *Carola: No, sí, sí. Mitad y mitad. O sea, tenía un par. Creo que éramos cinco, ponele, y los demás que yo no hablaba mucho, entonces... ahí sociabilicé más (GF104, estudiantes, 4.º B, E6).*

> *Agostina: Ponele, la parte de burbujas es la parte en donde... Por ejemplo, como nos dividieron el curso en dos, muchos formaron amistades con su burbuja y por ahí como que eso nos impidió la posibilidad de fortalecer un poco la relación.*
> *Azul: Es verdad.*
> *Agostina: Con otros, o sea...*
> *Azul: Sí, yo por ejemplo quedé separada de las tres, y me hice re amiga de las chicas, Mile, Cala y todas esas. Me hice re amiga y,*

> *cuando me dieron la posibilidad de cambiarme, dije "No". ¿Por qué? Porque había estado toda la pandemia con ellas y había dejado de lado todo eso, entonces dije que no me cambiaba, además de que me convenían los días, ah [Se ríe]. Pero dije que no me cambiaba y me quedé y fortalecí mucho la amistad con ellos, además de que me gustaba mucho más la burbuja. La nuestra fue super unida, generamos una red de amistad, y creo que eso también lo permitió las burbujas, achicar un poco el grupo. Un poco bastante, de 40 a 20 fue bastante. Fue lo que permitió que...*
> *Agostina B: Te obligó a socializar.*
> *Azul: Además de obligar a socializar, estábamos completamente entregados a sociabilizar después de no haber sociabilizado todo ese tiempo. Y las burbujas lo ayudaron porque fue de a poco. O sea, hicieron algo que no se dieron cuenta que ayudó, porque en realidad fue por el COVID y en realidad no, realmente ayudó para que no sea 40 personas de golpe, ¿entendés? Fue como escalado y estuvo bueno.*
> *Agostina B: Igual, cuando vimos las 40 personas juntas, yo no entendía cómo hicimos un año entero para estar todos juntos ahí.*
> *Azul: Ah, sí, no. Al día de hoy lo mantengo (E86, estudiantes, 4.º C, E6).*

La asistencia a la escuela en grupos reducidos, para algunas y algunos estudiantes, resultó una especie de transición, no exenta de caos, entre la escolarización virtual y la presencial que hizo que fuera menos abrumador estar luego todos juntos. También supuso una transición para las y los estudiantes que asistían a escuelas de doble escolaridad. Durante casi todo 2021, asistieron presencialmente solo un turno, y el resto fue virtual. Así nos lo explicaba una estudiante de la escuela 1: "*Lo que a mí sí me sirvió fue los horarios, porque era jornada media y a la tarde podías hacer tus trabajos, tus cosas, y servía mucho para trabajar estudiando y tener tu espacio*".

Si bien las y los docentes nos expresaron lo difícil y agotador que les resultó trabajar con el dispositivo de burbujas, nos encontramos con varias y varios estudiantes que nos dijeron que les resultó más fructífero pedagógicamente para aprender o estudiar, ya sea porque podían escuchar/

entender mejor al o la docente, se animaban a intervenir más en las clases o tenían más tiempo para estudiar.

Revalorización de pasar tiempo presencialmente en la escuela

En el regreso a la presencialidad, no solo se experimentaron temores, sino también sentimientos de felicidad y alegría al volver a estar con sus amistades y compañeros/as en la escuela, incluso si no se conocían:

> *Luana: Y yo escribí "felicidad" porque durante la cuarentena yo también sufrí lo que era, entonces volver a clases, volver a la normalidad, digamos, era volver a estar integrada. Era tener un alivio, estar con mis compañeros, era volver a ver a mis amigas, mi tiempo. También poder estar en clases presenciales no es lo mismo que estar virtualmente. Entendés mucho por tener que desarrollar lo que es socializar y, nada, estaba muy feliz cuando volvimos (GF10, estudiantes, 5.º año, E2).*

> *Alejandra: Estábamos muy... encerrados, y, cuando vine acá, tengo más libertad, estar con mis compañeros.*
> *Merlín: Emoción por volver a ver a mis compañeros y... nada, no estar en casa todos los días (GF57, estudiantes, 4.º Primera, E4).*

> *Porque yo estaba emocionada con volver. Estaba cansada de estar en mi casa. Me gustaba volver al colegio, encontrarme con mis compañeros.* [Los compañeros exclaman "Ahhhh" con risas burlonas]. *¡Los extrañaba, la verdad! Tenía expectativa de volver a clase porque apenas entramos cambiamos los cursos. El primer día sin saber quiénes eran tus compañeros como que me encontré con media burbuja. Tenía solo un amigo mío (GF73, estudiantes, 5.º Nat., E5).*

Al preguntarles a las y los estudiantes si había algún aspecto de la escuela que no valoraban antes de la pandemia y ahora sí, sobresalió el pasar tiempo en la institución y estar en contacto con sus amistades. La clausura del territorio físico escolar resignificó dicho espacio en las subjetividades de las y los jóvenes. El abrazo fue otra de las cuestiones más valoradas y simbolizó el regreso a la presencialidad completa. Ya no era un saludo a la distancia, sino un contacto corporal estrecho con el otro:

> *Marisol: Hay como una unión ahí en los cursos en esos momentos.*
> *Norma: Sí, eso está buenísimo... También igual el contacto con el otro, ¿no? Porque bueno, en pandemia era como...*
> *Gina: Sí, algo tan simple como hablar cara a cara...*
> *Norma: Hablar cara a cara ya era... Es un montón, pero... un abrazo (GF34, estudiantes, 4.º Comu., E1).*

> *Carmen: Eh... Disfrutar disfruto que, bueno, también el contacto de nuevo, porque, por más que me había acostumbrado, es distinto tener conversaciones con gente que en persona, ¿no? Y el contacto de, bueno, me da un abrazo o lo saludo con un beso, que es algo que no se podía hacer antes. Y lo que no me gusta es, eh...capaz tener que ver constantemente o tener que cambiar conversaciones con gente que no quiero, que no me cae bien, que no quiero tener relación, y lo tengo que hacer porque la veo todo el tiempo en el colegio (GF107, estudiante, 4.º año, E6).*

Camila, de la Escuela 5, comparando con la virtualidad, nos decía que en el colegio "*siempre pasa algo y en los recreos es buenísimo; en cambio, en mi casa el recreo era agarrar el celular y quedarme tirada en mi cama, y era re aburrido*". Como lo sintetiza Matías de la Escuela 2: "*La escuela es una máquina de generar anécdotas y cosas graciosas para toda tu vida. Es eso, sí. Cagarte de risa*".

La revalorización de las y los jóvenes de estar en la escuela secundaria pasaba más por la posibilidad de compartir tiempo con sus amistades que por las clases presenciales en sí mismas. Sin embargo, al interior de sus relatos, en sus intentos de diferenciar "*la escuela*" de "*los amigos*", la primera vuelve a aparecer. Más que "*una excusa*", el colegio es la condición de posibilidad para que esas amistades existan. Las anécdotas, los chismes, los chistes y las risas, vértices de cualquier sociabilidad, emergen en las clases presenciales (o en sus intersticios) y son posibles porque existe un objetivo pedagógico, aunque a veces atenten contra este.

E: ¿Cómo fue cuando volviste y estaban todos en la escuela?
Emanuel: Eh, estaba bueno. Yo tipo como que lo extrañaba un poco, o sea, extrañaba ver a la gente, o sea, extrañaba la sensación de colegio, pero... O sea, y verlos a ellos, tipo... a mis amigos.
Tito: Sí, capaz no... O sí, porque a mí por ejemplo se me hacía incómodo capaz hacer trabajos virtuales, me era incómodo. Eh... si bien había cosas que no me gustaban de la virtualidad, eh... había cosas que eran mejores, pero el hacer trabajos, eh... capaz era más fácil estando en persona así, y el reencontrarme con mis amigos también fue una sensación favorable.
[...]
Tomás: Sí, no, las clases y eso no.
Tito: Sí, que el colegio sea una excusa para estar en el día con las personas que quiero.
Tomás: Sí, y eso generando ya, capaz... no sé. Yo ponele, en la virtualidad, porque allá hablamos, le dije, o sea, yo hablé con un par ponele, pero no nos juntábamos. Con ellos se volvieron a ver todos después de la pandemia y después hablar ya sí, o sea, ya volver a clases representó que, más allá de las clases, nos juntemos más. O yo por lo menos me junté (GF33, estudiantes, 4.º Medios, E1).

Varias y varios estudiantes valoraron las clases presenciales para aprender y entender más y mejor los contenidos de las materias (respecto a lo que fue la virtualización forzada) y para hacer los trabajos en grupo. Cabe destacar que este segundo aspecto fue más mencionado entre estudiantes de sectores sociales bajos pertenecientes a las Escuelas 3 y 4. Fueron las y los jóvenes de estas escuelas quienes contaron con menores recursos materiales para sostener la continuidad pedagógica, así como también el contacto con sus amistades y compañeras/os. Asimismo, sabemos por investigaciones antecedentes (Bayón y Saravi, 2022) que, para el estudiantado de escuelas de estratos sociales bajos, la sociabilidad escolar tiene menor centralidad en su biografía y adquieren mayor preponderancia otros vínculos como los barriales. Recordemos que cerca de la mitad del estudiantado de las Escuelas 3 y 4 respondieron que tenían amistades en sus barrios, mientras que ese ámbito no supera el 25 % en el resto de las escuelas. No resulta disonante, entonces, el relato de Tadeo respecto del reencuentro que imaginaba con sus compañeros y compañeras y lo que finalmente sucedió:

> *Tadeo: Y la verdad que yo pensaba por motivos que desentiendo, lo veía mucho más mágico de la vuelta a la presencialidad completa, ¿no? Cuando "Bueno, ya está, los voy a ver a todos, después de dos años calculo que lo vamos a cantar tipo gol de Maradona". Pero no, fue más como "¿Qué hacés, tanto tiempo? Ah, mirá... Ah, bueno, sentate", "Bueno, dale". Por lo menos en mi caso fue como si lo hubiésemos retomado donde lo hubiésemos dejado.*
> *E: ¿Ah, sí?*
> *Tadeo: Claro, fue como si no lo hubiese... Como si no nos hubiese... Uy, qué mal estoy. Como si no nos hubiésemos visto el fin de semana. Así. "¿Qué hacés, tanto tiempo? Sentate, mirá" (E38, estudiante, 6.º año, E3).*

Por último, mencionamos que, en el caso de la Escuela 6, donde varias y varios estudiantes describieron el regreso a la presencialidad como caótico, también reconocieron que el reencuentro fortaleció la convivencia dentro del curso.

> *E: ¿Cómo se sintieron cuando volvieron a encontrarse?*
> *Marcos: Todo bien, fue feliz. O sea, al principio fue raro, de no vernos nunca fue raro, pero me acuerdo que en el momento era felicidad. Era "Che, hace una banda no nos vemos", y empezamos a hablar un montón. Yo creo que desde ahí se fortaleció mucho más el curso. Y los problemas mínimos que habían ya ni se hacían, ya no había esas discusiones.*
> *[...]*
> *E: Sobre la base de lo que está pasando ahora en el 2022, ¿cómo se sienten hoy en la escuela?*
> *Tino: Me dan más ganas de estar.*
> *Jorge: Nada, va mucho mejor con los trabajos prácticos, me da más ganas de estar (E81, estudiantes, 4.º B., E6).*

Tania: A mí me gustó cuando volvimos porque fue cuando nos empezamos a llevar mejor con el curso y justo un tiempito después de que nos volvimos todos, nos juntamos todo nuestro curso en una casa, o sea, como que nos empezamos a unir más. Yo creo que la vuelta fue lo que nos unió más como curso. Y nada, eso me gustó (E82, estudiante, 4.º B, E6).

E: ¿Y qué pasó cuando volvieron todos juntos?
Blanca: Ahí fue lo mejor. Ahí fue lo mejor porque nos reunimos todos. Éramos todos amigos de todos, volvimos como... El grupo era enorme porque nos reunimos todos de nuevo. Yo me acuerdo que los chicos, pibes, eran 80 en su grupo. Nosotros éramos todas las chicas del curso más o menos, y empezamos a... Ya empezamos como la etapa de empezar a salir, entonces empezaban las jodas, salir de noche, entonces salíamos todas juntas, íbamos a cenar todas, y ahí para mí esa época estuvo muy buena porque nos reunimos todos (E89, estudiantes, 4.º C, E6).

El regreso a la presencialidad en los edificios escolares supuso en algún punto cierto reseteo de los vínculos y hábitos de estar en la escuela donde coexisten en tensión sensaciones de alegría e incomodidad. Volver a convivir se transformó en un gran desafío frente a las secuelas que dejó la experiencia de la pandemia, pero también respecto de reconstruir ciertos hábitos y consensos. En este marco, las propuestas de viajes escolares que se llevaron a cabo en cinco de las seis escuelas trabajadas fueron valoradas positivamente por las y los estudiantes como una experiencia en la cual pudieron relacionarse de una forma diferente y marcó un giro en la sociabilidad de los cursos. Los formatos de cada uno de los viajes fueron diferentes según los objetivos y las posibilidades institucionales. Mientras que en la Escuela 1 se hicieron campamentos, en la Escuela 2 consistió en un viaje a Londres; por su parte, la Escuela 5 y 6 volvieron a realizar los retiros espirituales, y estudiantes de 6.º de la Escuela 3 tuvieron la posibilidad de irse de viaje de egresados a la costa con el programa de la provincia de Buenos Aires.

Finalmente, esta revalorización que las y los jóvenes hacen de la escuela secundaria refleja los aspectos que la virtualidad no pudo reemplazar, principalmente el hecho de estar juntos. En un contexto en el cual se cree que los medios digitales brindan la posibilidad de eternizar momentos, procesos y vínculos, la clausura de los edificios escolares y la virtualidad, causadas por la pandemia de COVID-19, generaron sentimientos y reflexiones únicos sobre la escuela y lo que allí sucede. Este momento, que, como vimos, fue tan complejo para las y los estudiantes, permitió que valoraran aspectos de la escuela que, según ellas y ellos, difícilmente hubieran valorado si la pandemia no hubiese tenido lugar en sus trayectos educativos.

Conclusiones

Como pudimos ver a lo largo del capítulo, la sociabilidad estudiantil de las y los jóvenes se reconfiguró al atravesar la pandemia. El cierre de las instituciones educativas implicó un quiebre en la sociabilidad juvenil, ya que gran parte de ella gira en torno a lo escolar, y en este espacio construyen vínculos que a menudo trascienden el ámbito educativo. La suspensión de la rutina presencial fue particularmente relevante para este grupo social, que se apoya en el grupo de pares para buscar autonomía del mundo adulto.

Definimos la sociabilidad estudiantil a través del entrelazamiento indisociable entre la sociabilidad escolar y la sociabilidad juvenil anclada en tres pilares: la escuela como ámbito primordial de encuentro y organización de actividades, la tematización de sus conversaciones en torno a lo escolar, y la identificación como estudiantes de una institución.

Dentro de estos tres pilares, es necesario tener presentes las características institucionales de las escuelas a las que asistían las y los jóvenes. Aquí identificamos que el grado de rotación de la matrícula escolar adquiere relevancia en los vínculos y las formas de sociabilidad que construyen entre sí y también en el clima escolar de los años venideros. No fue lo mismo para quienes venían formando parte de la institución desde el nivel primario que quienes recién ingresaron en el secundario. El hecho de cambiarse de escuela o haber perdido compañeras/os durante la continuidad pedagógica dificultó la construcción de vínculos.

El hecho de que algunas/os estudiantes hayan podido consolidar relaciones o grupos de amistad en los primeros años de la secundaría, o incluso antes, les permitió conservarlos o fortalecerlos durante la pandemia. Para varias/os de ellas/os, las amistades resultaron un pilar importante para sobrellevar los momentos más álgidos de la cuarentena. En otros casos, quienes no contaron con vínculos sólidos previos sintieron que sus amistades se debilitaron, e incluso ciertas/os jóvenes se sintieron en soledad.

La pérdida de la rutina escolar diaria y de la vida cotidiana en las escuelas hizo difícil sostener vínculos con pares a quienes los ligaba la copresencialidad, el estar cerca y poder encontrarse sin un interés específico. Justamente la pérdida de ese espacio languideció otro de los pilares de la sociabilidad estudiantil: la conversación sobre lo que sucedía en o sobre la escuela. Ella, en algún sentido, parafraseando a uno de nuestros estudiantes, dejó de ser *"una máquina de anécdotas"* para compartir. En el espacio escolar virtual o protocolizado, pasaban pocas cosas, o al menos poco atractivas para el mundo juvenil. Por otro lado, la disminución de contacto e interacción entre pares también empobreció la conversación estudiantil.

Este contexto actuó como un filtro en las sociabilidades, llevando a las y los jóvenes a elegir con quién vincularse y, a su vez, a identificar quiénes eran *"verdaderas/os"* amigas/os basándose en su presencia y apoyo en un contexto adverso. No todas las pérdidas de vínculos fueron vistas negativamente; algunas se percibieron como una decantación natural, acelerada por la pandemia, y el propio proceso de crecimiento o maduración adolescente. La virtualidad, sin embargo, también les permitió a algunas/os estudiantes construir nuevas amistades con jóvenes de otros distritos.

También sucedió que, al retornar a la presencialidad, algunos vínculos se deshicieron o no volvieron a ser los mismos, y en otros casos subsistieron a lo que un estudiante denominó "*congelamiento*". En estos casos, al reencontrarse, la relación continuó como si no hubiera pasado nada.

El regreso a la presencialidad, particularmente bajo el protocolo de burbujas, generó una mezcla de emociones, incluyendo alegría por el reencuentro, pero también incertidumbre y temor: al contagio y a socia(bi)lizar. El nuevo desafío subjetivo y colectivo fue volver a estar juntos en el mismo espacio físico. La incertidumbre sobre cómo ocupar el espacio y con quién interactuar se volvió central. Asimismo, las conversaciones, pilar de la sociabilidad estudiantil, se sentían incómodas, como nos transmitía uno de los estudiantes: no sabía de qué hablar con los amigos que había visto de toda la vida.

El sistema de burbujas fue percibido por muchas/os como incómodo y aburrido. A pesar de la hostilidad generalizada percibida en este formato, algunas/os estudiantes mencionaron que las burbujas facilitaron vincularse con personas que antes no trataban y, en cursos numerosos, promovieron la construcción de nuevos vínculos al reducir el tamaño del grupo. Este dispositivo funcionó, en ciertos aspectos, como una transición gradual hacia la presencialidad plena.

Finalmente, el regreso a la presencialidad plena generó una revalorización del tiempo compartido en la escuela con compañeros/as y amistades. Esta cuestión adquirió una fuerte centralidad en la subjetividad de las y los jóvenes en cuanto fortaleció el tercer pilar de la sociabilidad estudiantil: sentirse e identificarse como estudiantes de sus escuelas. Emergió una profunda alegría y alivio por volver a estar juntos, destacándose gestos como el abrazo.

La escuela fue revalorada en cuanto condición de posibilidad para que existan las amistades, a través de interacciones que generan anécdotas, risas y momentos subjetivantes. En un segundo lugar, apareció la valoración por las clases como marco de aprendizaje y trabajo grupal presencial, con mayor relevancia en escuelas de sectores sociales bajos.

En síntesis, el regreso presencial a las escuelas fue ampliamente valorado por el estudiantado. No solo se enalteció el mismo hecho de volver (que no estuvo exento de miedos y conflictos), sino que se revalorizó el estar juntos en el espacio escolar como uno de los aspectos más importantes, y reconocen que antes de la pandemia no tenía esa significación subjetiva para ellos/as.

4

Burbujas explotadas

Equipos directivos y docentes en la vuelta a la presencialidad en la escuela secundaria en el AMBA

Gisela Cánovas Herrera y Cintia Candela Osorio

La coyuntura política entre 2020 y 2021. Un recorrido sobre las tensiones entre jurisdicciones

A principios de noviembre de 2020, el Área Metropolitana de Buenos Aires (AMBA) dejó atrás la etapa de aislamiento obligatorio y pasó a la de distanciamiento social por primera vez desde marzo de ese año. Un mes antes, el Consejo Federal de Educación (CFE, 2020) había aprobado el "marco de análisis y evaluación de riesgo epidemiológico" para el regreso a la presencialidad. Después de siete meses sin clases presenciales, estudiantes de distintos niveles volvieron a las aulas con el principal objetivo pedagógico de revincularse con sus docentes y compañeros/as.

Este regreso estuvo marcado por tensiones políticas, principalmente entre los gobiernos de la Nación y la Ciudad Autónoma de Buenos Aires (CABA). Si bien los primeros meses de pandemia habían mostrado una postura conjunta entre Nación, provincia de Buenos Aires (PBA) y CABA, a medida que avanzaba el aislamiento preventivo obligatorio (ASPO), comenzaron a surgir diferencias. El malestar social por la prolongación de la cuarentena, el regreso a la presencialidad y la disputa sobre la coparticipación entre la PBA y CABA, entre otros factores, ampliaron la brecha en la percepción ciudadana sobre las políticas públicas. En este escenario, la educación y el regreso a las aulas se convirtieron en un tema central, especialmente para el jefe de gobierno porteño.

En este contexto de discursos contrapuestos, el CFE dictó resoluciones que habilitaron un regreso escalonado a la presencialidad. Las resoluciones n.º 386 y 387 establecieron pautas generales para ese retorno, mientras que los gobiernos provinciales definieron protocolos específicos adaptados a sus territorios. En CABA y PBA, la presencialidad se implementó de forma obligatoria, con excepciones para los grupos de riesgo, y se adoptó el modelo de "burbujas" utilizado en Europa. Este esquema agrupaba a estudiantes en aulas cerradas sin contacto directo con otros grupos, ni siquiera durante los recreos. La jornada escolar se redujo a un máximo de 4 horas y se implementaron estrictas medidas sanitarias, como el control de temperatura, la higienización de manos, la ventilación constante, el distanciamiento de dos metros entre personas, la prohibición de compartir materiales y el uso obligatorio de mascarillas. En PBA, se propuso un límite de 15 estudiantes por aula con alternancia semanal, mientras que en CABA cada institución organizó sus propios criterios de agrupamiento y rotación (Matovich y Bucciarelli, 2021).

En abril de 2021, ya comenzado el ciclo lectivo, las tensiones se agudizaron debido a un aumento en los casos positivos de COVID-19. El gobierno nacional emitió un DNU para suspender nuevamente las clases presenciales durante la segunda quincena de abril. Ante esta medida, el jefe de gobierno porteño, Rodríguez Larreta, presentó una demanda ante la Corte Suprema para evitar el cierre de los edificios escolares. Simultáneamente, agrupaciones de familias y estudiantes interpusieron amparos ante la Justicia porteña, lo que permitió que las escuelas de la Ciudad continuaran funcionando en modalidad presencial durante esas dos semanas.

Con este panorama, equipos directivos, docentes y estudiantes retomaron la presencialidad en las aulas en CABA, con excepción de las escuelas secundarias dependientes de las universidades nacionales. Las investigaciones sobre este período en el nivel medio identificaron diversas dificultades en la aplicación de los protocolos, tales como limitaciones edilicias, incumplimiento por parte del estudiantado y desafíos en la reorganización de tiempos, espacios y funciones derivados de la modalidad de burbujas (ENCRESPA, 2022). Además, se observó una sobrecarga laboral en los equipos directivos y docentes, fenómeno acentuado por el rol sanitario y disciplinar adicional que asumió la institución escolar al regresar a la presencialidad (Alucin, 2023).

En este contexto, nos proponemos analizar cómo se implementó el modelo de burbujas en el AMBA, los problemas que surgieron y su impacto en la labor de equipos directivos y docentes. Para ello, centraremos nuestro estudio en seis escuelas secundarias de la región, poniendo el foco en ese breve pero intenso período en el que, en medio de la incertidumbre, equipos directivos, docentes y estudiantes "pusieron en acto"[1] (Ball, 2002) esta política educativa. El objetivo es capturar una "fotografía" de esos meses vertiginosos, un recorte temporal donde se entrecruzan dinámicas institucionales, pedagógicas y sociales, con la intención de identificar emergentes que revelen transformaciones sociales más profundas.

---

1 El concepto de "puesta en acto" o *enactment* supera al de implementación ya que entiende a las políticas como procesos que están sujetos a interpretaciones, que implican luchas y negociaciones.

Instrucciones para armar una burbuja

Ordenar el caos y la incertidumbre

"Un estresazo. Las burbujas fueron un estresazo", dice Bianca, directora de la Escuela 1, mientras toma un café en su oficina. Con esas pocas palabras, resume el sentimiento compartido por miles de equipos directivos y docentes que enfrentaron el enorme desafío de gestionar la vuelta a la presencialidad en 2021. La implementación del esquema de burbujas, concebido como una medida sanitaria, implicó una complejidad organizativa sin precedentes. Cada grupo-clase debía dividirse en dos o más burbujas, con un cronograma rotativo que alternaba su asistencia. Esto exigía coordinar las asignaciones horarias en la institución, un proceso que se tornaba aún más complicado en los casos de los y las docentes dispensados por razones de salud.

A pesar de que las jurisdicciones recomendaron alternancias semanales, muchas escuelas ajustaron estos esquemas a sus propias posibilidades. Los equipos directivos debieron recurrir a un alto grado de planificación, adaptabilidad y creatividad para diseñar soluciones específicas. La imprevisibilidad era constante: los esquemas de clase cambiaban con frecuencia, y en una misma escuela podían coexistir modalidades diversas, como profesores presenciales con estudiantes remotos, estudiantes presenciales con docentes remotos o aulas enteramente virtuales.

Cuadro 1. Resumen de la implementación del modelo de burbujas en seis escuelas secundarias del AMBA[2]

	Escuela 1	Escuela 2	Escuela 3	Escuela 4	Escuela 5	Escuela 6
Gestión	Estatal.	Privada.	Estatal.	Estatal	Privada	Privada
Escolaridad	Doble.	Doble.	Simple.	Simple	Simple	Simple
Cantidad de burbujas por división	Dos.	Dos.	Dos.	Tres	Dos	Dos
Modalidad	Semana presencial cada 15 días.	Bimodalidad sincrónica (presencial y virtual). Turno y contraturno.	Presencialidad todos los días (las burbujas se alternaban medio turno cada una).	Semana presencial cada 21 días.	Bimodalidad asincrónica. Turno y contraturno.	Bimodalidad sincrónica (presencial y virtual). Asistencia día por medio.

Fuente: elaboración propia.

Este contexto caótico amplificó las responsabilidades de los equipos directivos, un patrón que ya había sido identificado en investigaciones previas sobre el trabajo escolar durante la pandemia (Alucin, 2023; Meo y Dabenigno, 2021; Nobile y Tobeña, 2023). En 2020, la crisis sanitaria llevó a que los equipos directivos asumieran un rol predominante

2 En este cuadro se pueden observar tanto las similitudes como las diferencias en la implementación del modelo de burbujas. En primer lugar, cabe destacar que todas las escuelas, tanto de gestión privada como estatal, organizaron dos burbujas por división, con la excepción de la Escuela 4 (estatal y con jornada simple), que optó por tres burbujas. A su vez, se evidencia una distinción entre las escuelas de gestión estatal y privada: mientras que en las primeras la actividad asincrónica y la modalidad sincrónica simultánea fueron inexistentes, en las escuelas privadas fueron mucho más comunes. Si consideramos la descripción previa de las instituciones, podemos hipotetizar que factores como la capacidad edilicia, la conectividad de las escuelas y las características de las comunidades educativas contribuyeron a la implementación de modalidades de enseñanza simultáneas. Así, en la Escuela 6, por ejemplo, el equipo docente debía atender tanto al grupo presencial como al que se encontraba en modalidad virtual. En cambio, en las Escuelas 1 y 4, de gestión estatal, la presencialidad se alternaba cada 15 días en la primera y cada 21 días en la segunda. A lo largo del capítulo, profundizaremos en estos contrastes.

en la toma de decisiones, limitando, en gran medida, las posibilidades de gestión colegiada. En 2021, esta tendencia se mantuvo, mientras que las instituciones intentaban cumplir con los protocolos jurisdiccionales en medio de la incertidumbre y el agotamiento colectivo.

Organizar y sostener la dinámica del regreso a clases demandó, según Bianca (directora, Escuela 1), un altísimo nivel de "*temple y paciencia*". En su relato, destaca que el equipo trabajaba con todo "*impreso milimétricamente*" para minimizar los errores en la ejecución diaria. Sin embargo, la confusión era inevitable. Facundo (preceptor, Escuela 2) describe la situación con franqueza: "*[Siempre] [...] alguno se perdía, se confundía. Los chicos, los profes, nosotros*". Matías (rector, Escuela 6) sintetiza esos meses como un "*caos total*", reconociendo que el proceso estuvo marcado por una mezcla de aciertos y errores inevitables.

El principal factor de imprevisibilidad era la constante activación de protocolos ante cualquier sospecha de COVID-19. Si un estudiante o docente presentaba síntomas compatibles con la enfermedad o se identificaba como contacto estrecho, se completaba una declaración jurada que activaba el aislamiento inmediato de toda la burbuja y de los y las docentes implicados. La situación se complicaba aún más por la necesidad de reorganizar clases y horarios, ajustando constantemente los esquemas de presencialidad y virtualidad para garantizar la continuidad educativa.

Los equipos directivos vivieron en alerta permanente. Mensajes de familias y docentes llegaban a cualquier hora del día, e incluso de la madrugada, detallando síntomas como "*un moco*" o "*un dolor de cabeza*", obligándolos a discernir rápidamente si correspondían a un resfriado común, a una gripe o al COVID-19. Maricel (directora de estudios del ciclo superior, Escuela 6) describe este clima con una mezcla de humor y agotamiento:

> *El 2021 fue fatal. El emergente de los contactos estrechos fue insoportable. Estábamos 24 horas pendientes de los avisos, de las*

familias, de los profesores, por los contactos, por los casos, por lo que fuere... y entonces empezar a hacer... la matemática de cuántos días antes había que aislar, con cuántos cursos había estado... la verdad que fue insoportable. Había días que teníamos 15 docentes aislados por nosotros y de los otros colegios, eso también... El emergente del año pasado fue lapidario, estábamos agotados, porque no podíamos cortar nunca, porque había que activar los protocolos en el momento que fuera. Todo lo que fuimos logrando del encuadre del 2020 implosionó en el 2021 porque los mails llegaban a las 2 de la mañana. Las familias mandaban mails en cualquier momento, que está bien, porque esa era la indicación, pero diciendo... tengo un moco. Bueno, ¿tenés un certificado que diga la procedencia de ese moco? [risas] (E. Directora de estudios de ciclo superior, Maricel, E6).

El desafío de responder a estas situaciones de manera inmediata, con recursos limitados y un desgaste acumulado, dejó a los equipos agotados, tanto física como emocionalmente. A pesar del esfuerzo colectivo, la sensación de caos fue inevitable, marcando el ritmo de un año especialmente complejo para las escuelas.

Las dificultades edilicias impactaron considerablemente en el tiempo y la frecuencia con que los y las estudiantes pudieron asistir a la escuela. Esta situación se agravó en las Escuelas 3 y 4, ambas de gestión estatal, que comparten edificio con otras instituciones educativas y debieron negociar constantemente el uso de los espacios.

La Escuela 3, ubicada en el territorio bonaerense, comparte su edificio con una escuela primaria y dispone únicamente de tres aulas. Bajo condiciones normales, estas limitaciones de espacio implican la división de los grupos: el ciclo superior asiste en el turno mañana, y el ciclo básico, en el turno tarde. Al volver a la presencialidad, y para garantizar que cada burbuja tuviera el espacio necesario, debieron transformar el SUM (un espacio común utilizado para actividades de educación física, música y actos escolares) en tres aulas. Además, una pequeña aula que no contaba con doble circulación de aire tuvo que ser "*sacrificada*" y adaptada para otros usos. Esos 16 m^2 se convirtieron en la preceptoría, la biblioteca y el espacio del Equipo de Orientación Escolar (EOE). Ante la falta de espacio, también aceptaron utilizar un salón prestado por la escuela primaria, que estaba parcialmente inhabilitado debido a un problema en el piso:

> *En un momento tuvimos que habilitar un salón, que en realidad era un salón prestado de la primaria que en ese momento estaba parcialmente inhabilitado porque había un problema con el piso, entonces nosotros tuvimos que poner bancos para que los chicos no pudieran pasar en un sector del salón porque el piso se estaba hundiendo. Entonces tuvimos que habilitar parte de ese salón con un pizarrón sostenido encima de bancos y sillas. O sea, fijate la precariedad. Y tener clases ahí. Es un salón que ahora está arreglado y es donde ahora funciona un aula de primaria. El que está pegado a nuestra dirección. Antes funcionaba ahí la biblioteca de primaria, entonces se ve que había un problema ya de cimientos, de base, no sé, y con el peso de la biblioteca se fue hundiendo. Pero era todo un tire y afloje con el consejo escolar porque era un arreglo que debía hacerse muchísimo tiempo antes, no se aprovechó el tiempo de la pandemia, y después tuvimos que arreglarnos como pudimos (E. Docente de Literatura, Antonella, E3).*

La Escuela 4, ubicada en el territorio porteño, comparte edificio con otra institución que incluye los cuatro niveles educativos y forma parte de la "Profundización de la NES" (también conocida como "Secundaria del Futuro"). Esta participación le permite acceder a recursos adicionales y disponer de aulas en mejores condiciones. En contraste, las aulas de la Escuela 4 son estrechas y alargadas, con bancos y sillas desgastados por el uso. Para cumplir con los protocolos, cada curso se dividió en tres burbujas: cada una asistía a clases durante una semana completa y luego permanecía dos semanas fuera de la escuela.

Por otro lado, durante 2022, la Escuela 1 fue seleccionada para participar en la "Profundización de la NES" y en la implementación del nuevo "Régimen Académico", una actualización de las regulaciones académicas para la escuela secundaria. Los cambios derivados de esta participación coincidieron con los desafíos del regreso a la presencialidad, lo que, según el vicedirector Alejo, generó aún más incertidumbre entre el personal: "*Impacta en el ánimo, porque tenés que estar todo el tiempo cambiando sobre la marcha. Un día te dicen una cosa, al otro te dicen otra*". Sin embargo, la participación en estas políticas permitió que la escuela contara con una conexión a internet estable y mejorara su infraestructura tecnológica, recursos que fueron aprovechados para gestionar el retorno a la presencialidad.

Dar clases en burbujas: una experiencia duplicada

Durante el aislamiento obligatorio de 2020, muchas personas se vieron obligadas a trabajar desde sus hogares, lo que transformó profundamente la separación entre los espacios doméstico y público. En el caso del cuerpo docente, esta situación generó una superposición entre las responsabilidades laborales y las tareas de cuidado y sostenimiento del hogar (Morgade, 2020). Además, sus jornadas se volvieron más flexibles, pero también más intensas, lo que derivó en una sobrecarga de trabajo y demandas excesivas (Meo y Dabenigno, 2021). Aunque algunas escuelas intentaron mantener la estructura horaria presencial a través de encuentros virtuales programados, los tiempos laborales se extendieron hacia los momentos de descanso e incluso los fines de semana (Alucin, 2023; Arroyo *et al.*, 2022; Iglesias *et al.*, 2022).[3]

Esta situación fue particularmente notoria en algunas escuelas de gestión estatal, donde las limitaciones tecnológicas dificultaron la realización de encuentros sincrónicos

---

3 Tanto la Evaluación Nacional del Proceso de Continuidad Pedagógica (Res. 363/20), desarrollada por la Secretaría de Evaluación e Información Educativa del Ministerio de Educación de la Nación, como la Encuesta Nacional "Salud y condiciones de trabajo docente en tiempos de emergencia sanitaria COVID-19", realizada por el gremio docente CTERA (y por SUTEBA en el caso de la provincia de Buenos Aires), revelaron que un altísimo porcentaje de los y las docentes encuestados y encuestadas consideraron que tanto su trabajo como el tiempo que les demandó se incrementaron considerablemente en comparación con la presencialidad.

y el seguimiento del estudiantado. En este contexto, el equipo docente se vio obligado a estar disponible de manera constante, especialmente cuando percibía que los jóvenes seguían trabajando. Esteban, profesor de Historia de la Escuela 3, relata su experiencia:

> *Yo los insté a que me manden mensajes, no importaba la hora. Algunos sí lo cumplieron [Se ríe]. Algunos se lo tomaron al pie de la letra. Me mandaban mensaje el sábado a la noche preguntándome "No entiendo la 4, profe". Y es más fuerte que uno, porque vos tenés el domingo a la mañana, el sábado a la noche, y viste, te llega un mensaje al celular que dice "Fulanito te está respondiendo de tal trabajo", ¿viste? Y "Profe, no entiendo la 1". Si te hacés el sota, digamos, le decís "Bueno, no, pibe, yo a esta hora no trabajo", y el pibe por ahí justo en ese momento viene el padre del laburo o justo tenía el teléfono a disposición, o la compu a disposición y estaba haciendo el trabajo, y, si vos no le das bola, andá a saber cuándo retoma ese trabajo. Entonces era más fuerte que yo y me contactaba. Sí, sí, le respondía enseguida. Nunca me hice el tonto cuando los chicos me necesitaban (E. Docente de Historia, Esteban, E3).*

El aislamiento y las dificultades para realizar encuentros sincrónicos alteraron la enseñanza, dificultando que cada docente pudiera enseñar a todo el curso al mismo tiempo y en el mismo espacio. La simultaneidad, que en la presencialidad permite una economía de esfuerzos, se interrumpió, y las y los docentes tuvieron que priorizar estrategias para mantener el vínculo con sus estudiantes y registrar sus trayectorias. Esto implicó un despliegue de recursos para hacer un seguimiento individualizado, tal como lo indicaban las normativas tanto de la CABA como de la PBA (Arroyo *et al.*, 2022).

El regreso a la presencialidad en 2021 trajo consigo una carga laboral aún mayor, particularmente en las escuelas de gestión privada, donde se implementó la bimodalidad. Esta combinación de clases virtuales y presenciales, sumada al desdoblamiento de los grupos en burbujas y a la atención de estudiantes exceptuados o dispensados, multiplicó los frentes de trabajo y generó una sobrecarga sin precedentes. Edgard, profesor de Química, ejemplifica esta situación al compararla con los ataques suicidas de los pilotos japoneses en la Segunda Guerra Mundial: "*Durante las burbujas me hice kamikaze*", reflexiona, subrayando lo complejo que fue gestionar tantas demandas de manera simultánea.

El aumento del trabajo docente asumió diferentes formas según las características del retorno a la presencialidad definidas por cada institución. En términos generales, cada burbuja funcionaba como un grupo de clase autónomo, lo que implicaba no solo repetir los mismos contenidos, sino también avanzar a ritmos diferentes. Esto exigía un esfuerzo adicional para las y los docentes, quienes debían evitar confusiones y asegurar que no se omitieran ni repitieran contenidos. En las escuelas de gestión estatal, se implementaron distintos esquemas de alternancia: en la Escuela 1, las burbujas asistían una semana presencial y otra virtual, con una frecuencia quincenal de concurrencia; en la Escuela 4, esa alternancia se extendía a un esquema de una semana presencial y dos virtuales, lo que implicaba una presencialidad cada 21 días. En ambos casos, los largos períodos sin contacto directo con las y los estudiantes obligaban al equipo docente a retomar constantemente el material previo antes de avanzar, lo que enlentecía el ritmo de progresión. En cambio, en la Escuela 3, las burbujas se alternaban diariamente en media jornada, lo que permitía mantener una presencialidad cotidiana, aunque acotada. En todas estas modalidades, la falta de interacción directa sostenida dificultaba confirmar si los contenidos habían sido efectivamente comprendidos. Antonella, profesora de la Escuela 3, describe esos meses como parte de un "*experimento o simulacro de acción educativa*".

Por su parte, tanto en la Escuela 1 como en la Escuela 4, se vivió una situación similar. Rocío (Escuela 1), profesora de Letras, dividió meticulosamente su cuaderno en cuatro secciones para llevar un registro preciso de hasta dónde llegaba con cada burbuja y "*no chapucear en confusión todo el tiempo*". Sin embargo, lo que complicó su trabajo fue que los y las estudiantes se cambiaban de burbujas o faltaban, lo que interrumpía la continuidad de los grupos. En la Escuela 4, las y los docentes vivieron esta situación con una sensación de caos que no solo sobrecargaba sus tareas y complicaba la organización, sino que también generaba un clima de conflicto entre el cuerpo docente y con el propio equipo directivo. La combinación de dinámicas virtuales persistentes, la falta de claridad en los turnos de las burbujas, y el exceso de información aumentaron la tensión entre colegas, según describió parte del equipo docente. Manuel, profesor de Geografía, reflexiona: "*El malestar genera conflictos de convivencia. Cuando el cuerpo docente está mal, cualquier cosa prende la mecha*". Lisandro, profesor de Matemática, agrega: "*Hubo un exceso de información; el colegio estaba con burbujas, entonces no sabían cuál tenía que venir y cuál no. Eso generó problemas*".

Por otro lado, algunas escuelas de gestión privada tuvieron más flexibilidad para adaptarse, en parte gracias a sus estructuras laborales. Estas instituciones suelen contar con docentes que tienen una mayor carga horaria dentro de la misma escuela y que permanecen más tiempo en ella, lo que reduce la rotación y favorece la continuidad en los equipos de trabajo. Estas características permitieron a los equipos directivos reasignar roles y tareas de manera más dinámica según las necesidades, de manera que facilitaba así la implementación de la bimodalidad en estas instituciones (Nobile y Tobeña, 2023). Sin embargo, este modelo también intensificó el trabajo docente, debido a que se debieron realizar tareas tanto presenciales como virtuales, lo que aumentó considerablemente la carga laboral.

En la Escuela 5, el esquema de burbujas se organizó en turnos y contraturnos: una semana, una burbuja cursaba por la mañana, y la otra, por la tarde. Al mismo tiempo, se implementó una bimodalidad asincrónica, en la que una burbuja asistía a clases presenciales mientras que la otra trabajaba en Classroom. Esto implicaba que, después de sus clases presenciales, cada docente debía regresar a su casa para corregir los trabajos subidos por los y las estudiantes al campus y preparar nuevas actividades. Franco, profesor de Literatura, recuerda:

> *Tremendo, fue tremendo. Laburar sin el cuerpo. Nosotros teníamos la mitad del curso acá y la otra mitad del curso haciendo cosas en alguna plataforma, acá en el Classroom. Yo tenía cursos desdoblados, volvía a mi casa y tenía que ver los trabajos de allá. Y ponerme a preparar trabajos para allá y contestar preguntas para allá. O sea, mi trabajo temporalmente se desdobló. Una necesidad y una cantidad de volumen de laburo increíble (E. Docente de Literatura, Franco, E5).*

Su colega Pedro describe otro tipo de desdoblamiento que ocurrió en el trabajo docente. A diferencia de lo que sucedía cuando toda la cursada era virtual, al pasar a la modalidad presencial-virtual, el estudiantado no realizaba las actividades que las y los docentes subían al Classroom durante la semana en la que no asistían a la escuela. Cuando Pedro los encontraba nuevamente en el aula la semana siguiente, debía retomar los temas vistos en el espacio virtual. Así, dado que la clase presencial y el trabajo asincrónico son dos formas distintas de abordar los contenidos, se estableció una dinámica en la que cada tema se enseñaba dos veces de forma presencial, una para cada burbuja.

La Escuela 6 implementó una bimodalidad simultánea: una burbuja se sentaba en el aula mientras que la otra se conectaba desde sus hogares. Si la propuesta de la Escuela 5 duplicaba el tiempo de trabajo, esta modalidad requería que cada docente estuviera en dos lugares al mismo tiempo, atendiendo tanto lo que ocurría en el aula como en la virtualidad. Marcela, profesora de Literatura, lo describe como *"dar dos clases al mismo tiempo"*:

> *Era imposible, era como dar dos clases al mismo tiempo. No podía prestarles demasiada atención, y hasta me daba cuenta de que estaban ahí si alguno preguntaba algo, pero era algo muy infrecuente, también. [El sistema de burbujas resultó] bastante complejo. Porque*

de alguna manera era como... tener doble curso. Tenías que repetir... por más que hubiesen estado en la virtualidad, tenías que repetir de nuevo la misma clase, en las dos burbujas. [...] (E. Docente de Literatura, Marcela, E6).

La Escuela 2 combinó elementos de las propuestas de las otras instituciones. Cada curso se dividió en dos burbujas que se alternaban semanalmente entre los turnos. Mientras que una burbuja asistía de manera presencial, la otra lo hacía de manera virtual. A diferencia de la Escuela 6, donde las burbujas presencial y virtual compartían la misma aula, en la Escuela 2 cada burbuja tenía su propio espacio: una sala para la burbuja presencial y otra para la virtual. Esto generaba escenas surrealistas en la Escuela 2, como recuerda Mauricio, quien tuvo que dar dos clases al mismo tiempo en aulas ubicadas en pisos diferentes. En el tercer piso, había una computadora para conectar a la burbuja virtual, mientras que, en el cuarto piso, la otra burbuja estaba presente físicamente. Entre risas, sus compañeros recuerdan cómo lo veían subir y bajar rápidamente las escaleras para mantener la continuidad de ambas clases.

El uso combinado de tecnologías digitales y modalidades híbridas en las escuelas de gestión privada tuvo un efecto desgastante en las y los docentes. En algunos casos, duplicó el tiempo de trabajo, como cuando los profesores debían corregir las tareas que las y los estudiantes subían al Classroom durante las semanas en que no asistían a clase presencial. En otros, el cuerpo docente se vio obligado a estar en dos lugares al mismo tiempo, lo que provocó una confusión de tiempo y espacio que resultó agotadora.

Edgard, el profesor kamikaze, amplía y describe las consecuencias que esta dinámica de trabajo tuvo en su vida personal:

Acá me quemaron la cabeza porque, fuera de los que estaban acá, tenía que estar pendiente de los pibes que estaban en lo virtual. Entonces yo tenía que estar en dos mundos donde el esfuerzo docente... Está todo bien, la parte académica y lo profesional que uno puede ser, pero uno antes es persona. Y llegó un momento que yo llegaba a la casa super enojado. O sea, literalmente llegaba con la adrenalina a full. Mi pareja me decía "Yo necesito que vos te vayas de la casa", o, si no, era pelea segura. Porque ya llegó un momento que era... muy insostenible (E. Docente de Química, Edgard, E2).

Si el período de aislamiento convirtió el hogar en una *institución total* (Goffman, 2001), donde todas las actividades se concentraban puertas adentro, la vuelta a la presencialidad escolar prometía un restablecimiento de los límites entre el espacio de trabajo y el tiempo personal. Sin embargo, la convivencia entre la presencialidad parcial y las formas remotas de trabajo y educación terminó por desarticular la experiencia docente. Los tiempos de trabajo se extendieron, y la exigencia de dar clases a dos burbujas de manera simultánea sometió a los cuerpos a una experiencia agotadora y prácticamente imposible: habitar dos espacios al mismo tiempo. Esta extenuación impactó profundamente en la vida personal de la planta docente, quienes se vieron forzados a desplegar diversas estrategias para sostener esa dinámica laboral durante varios meses.

Aun así, quizás el aspecto al que se debe prestar mayor atención es que, cuando las profesoras y los profesores recuerdan esos meses, no solo se enfocan en el agotamiento y el cansancio que les generó la experiencia, sino que también destacan la falta de sentido de esta modalidad. Debido a las dificultades tecnológicas, la escasa participación del estudiantado y los aislamientos constantes, el esfuerzo invertido en la gestión de las burbujas a menudo parecía en vano. En cierto sentido, el equipo docente se sentía como Phil Connors, el meteorólogo de la película *El día de la marmota*, atrapado en un bucle temporal, repitiendo una y otra vez el mismo día.

La sensación de Antonella de haber sido parte de un *simulacro de acción educativa* resonaba entre las y los docentes de todas las escuelas que visitamos. Excepto en las clases de idiomas, donde ya existía una división por nivel de conocimiento, todos los demás docentes dudaban del éxito de la modalidad para garantizar que el estudiantado realmente aprendiera. Tanto en las instituciones de gestión estatal como en las privadas, las profesoras y los profesores enfrentaban el desafío de retomar continuamente los temas ya abordados, volver a explicarlos desde el principio y, a la vez, intentar avanzar con los contenidos planificados. En las escuelas estatales, esta dinámica podía atribuirse a la baja frecuencia de clases presenciales, ya que las y los estudiantes asistían solo cada 15 o 21 días y no tenían la obligación de realizar tareas en el campus virtual durante las semanas de ausencia. A estas limitaciones se sumaban las dificultades de acceso a dispositivos tecnológicos, el ausentismo y los aislamientos, que fragmentaban aún más los grupos y complicaban el desarrollo del aprendizaje.

En las escuelas de gestión privada, podría esperarse un escenario más favorable gracias a una dinámica laboral más estructurada y un mayor acceso a recursos tecnológicos que permitían mantener un ritmo de trabajo más constante. No obstante, el cuerpo docente enfrentaba los mismos problemas fundamentales: la necesidad de retomar contenidos, recomenzar explicaciones y esforzarse por avanzar en un contexto donde las exigencias de la bimodalidad y la fragmentación del aprendizaje afectaban por igual a estudiantes y profesores.

A pesar de las diferencias en los contextos, la incertidumbre también dominaba la experiencia docente en las escuelas de gestión privada. Aunque la planificación era meticulosa, las alertas por contactos estrechos o diagnósticos positivos de COVID-19 surgían casi a diario, lo cual desbarataba cualquier previsión. Las y los docentes, en muchos casos, se enteraban a último momento, ya sea la noche anterior o el mismo día, de que tendrían que dar sus clases de manera virtual. Esta situación los obligaba a improvisar y replantear rápidamente lo que habían preparado. Mauricio, el profesor que subía y bajaba las escaleras en la Escuela 2, recuerda esta experiencia con frustración:

El año pasado vos planificabas una clase un martes, planificabas una secuencia didáctica de tres clases, un tema, por ejemplo, y pum: burbuja, la clase no es presencial, es virtual. Entonces vos en la noche anterior tenías que pensar todo en Zoom, ¿no? Entonces era cambiar la actividad, el pizarrón... Era todo muy, muy accidentado, muy día a día. Porque, bueno, si había contagio, te llegaba un correo y había que cambiarlo todo (GF. Docente Mauricio, E2).

La apuesta por el uso combinado de tecnologías digitales y modalidades híbridas no solo fue agotadora, sino que tampoco permitió una continuidad escolar favorable al desarrollo pedagógico como se esperaba. Esto se hacía evidente, especialmente cuando un docente debía aislarse y dar clases desde su casa. Se colocaba una pantalla en el aula y el profesor aparecía allí, como una de esas cabezas en frascos de la serie animada *Futurama*[4]. El problema era que el sonido nunca era suficientemente claro, la conexión a internet era inestable, y la pantalla se congelaba, lo que convertía a la clase en un breve monólogo de pocos minutos. En esos casos, cada preceptora o preceptor era quien debía hacer las conexiones necesarias y actuaba como intermediario o intermediaria entre la o el docente y el estudiantado, avisando cuando había dudas o consultas. Raúl, de la Escuela 5, recuerda entre risas cuando un preceptor le envió un mensaje de WhatsApp donde decía: "*Raúl, no le pongas tanta garra porque no se escucha. No te están prestando atención*". Cuando la o el preceptor/a no podía quedarse y el grupo quedaba solo en el aula, las y los docentes observaban desde sus casas cómo el curso "*estaba en cualquiera*", sin prestar atención.

Así, el simulacro del que hablaba Antonella se hace igualmente evidente en las escuelas de gestión privada. El cuerpo docente comparte experiencias similares, donde, aunque la

---

4 *Futurama* es una serie de animación de ciencia ficción creada por Matt Groening, que sigue las peripecias de Fry, un joven que despierta en el futuro, donde los personajes, incluidos presidentes y celebridades, sobreviven como cabezas en frascos. Con un humor irreverente, la serie aborda temas como la tecnología, la sociedad y las relaciones en un mundo futurista.

escolaridad se mantuvo, muchos se vieron frustrados por las condiciones materiales. Son como "Sísifos educativos": no importa cuántas veces empujen la piedra hasta la cima, saben que inevitablemente volverá a caer, y deberán empezar de nuevo[5]. Raúl lo explica con resignación:

> *A mí particularmente me llamaba poderosamente la atención que, ante la evidencia de que todos los días eran un intento que no llegaba a ningún lado, se sostuviera la decisión de que se intentara todos los días. La clase empezaba 40 minutos después de lo que tenía que haber empezado por esta cuestión de que el preceptor tampoco dominaba. Intentaba armar algo con toda la voluntad del mundo, ya habían pasado 40 minutos, para que nos enteráramos que no iba a poder ser posible dar la clase, entonces nos despedíamos. Y eso pasaba el lunes y el jueves, y habíamos hecho lo mismo cuatro veces, y yo decía "¿Por qué los directivos no dicen 'Chau, no se puede'?" (GF. Docente de Economía, Raúl, E5).*

El concepto de "simulacro" se asocia frecuentemente con algo que parece real, pero que en realidad es una imitación. Según Baudrillard (1994), no solo replica la realidad, sino que en ocasiones la sustituye por completo, difuminando la línea entre lo verdadero y lo falso. Sin embargo, desde una perspectiva más práctica, un simulacro se entiende como una representación de una situación real, diseñada para ensayar y prepararse para eventos futuros. Por ejemplo, en un simulacro de incendio o terremoto, se practican los procedimientos necesarios para enfrentar una emergencia real, con el fin de garantizar que las personas estén preparadas y puedan evitar errores que podrían tener consecuencias graves.

---

5 Este mito proviene de la mitología griega, donde Sísifo, rey de Corinto, fue condenado por los dioses a empujar una enorme piedra cuesta arriba, solo para verla rodar hacia abajo cada vez que alcanzaba la cima, lo que lo forzaba a comenzar de nuevo, eternamente. Esta condena simboliza el esfuerzo inútil y repetitivo, donde el trabajo nunca lleva a una culminación satisfactoria.

La etapa de las burbujas puede interpretarse como un simulacro en ambos sentidos. La transición de regreso a la presencialidad requirió un gran esfuerzo de planificación, previsión y manejo de la incertidumbre por parte de directivos y docentes. Como describió una profesora, eran *malabaristas y bomberos*: a pesar de enfrentar numerosos desafíos, debían hacer que las cosas funcionaran de la mejor manera posible. Esta fase permitió retomar la vida escolar y volver a encontrarse con colegas y estudiantes después de más de un año, un aspecto muy valorado por el cuerpo docente. Sin embargo, al no haberse establecido con claridad las prioridades para ese regreso, tanto docentes como directivos se sintieron atrapados en un eterno *Día de la marmota*, en el que cada jornada traía un nuevo incendio por apagar. Aunque el reencuentro fue un valor positivo, la sobrecarga mental y laboral que implicó la reconstrucción del vínculo pedagógico dejó poco espacio para que ese regreso se viviera como una celebración.

Escuelas congeladas

El patova del pasillo

En los primeros meses del regreso a la presencialidad, los estrictos protocolos sanitarios impusieron un conjunto de prácticas que cambiaron radicalmente la dinámica escolar. Las medidas de distanciamiento físico, los controles de temperatura y las limitaciones de circulación por los pasillos no solo reorganizaron las relaciones dentro de las aulas, sino que también transformaron temporalmente el espacio escolar en un territorio de control. Durante ese período, la constante vigilancia sobre las y los estudiantes, sumada al miedo al contagio, intensificó las prácticas disciplinarias, haciendo que la escuela se sintiera como un lugar dominado por el control constante.

Para el cuerpo docente, el regreso a la presencialidad fue una experiencia tan surrealista que muchos lo describieron como estar *"en una película"*. La escuela, que antes se llenaba de risas y conversaciones, se transformó en un escenario extraño y distópico. Los pasillos, ahora llenos de personas con máscaras y escafandras, estaban marcados por la sensación de que la cercanía física era una amenaza. Las estrictas medidas de distanciamiento, que exigían un metro y medio de distancia, no solo afectaron los cuerpos, sino también las relaciones. En los pasillos, las líneas pintadas en el suelo indicaban cómo se debía circular, como un guion que nadie podía alterar. Un docente de la Escuela 5 recuerda cómo se organizaba la circulación: *"En el pasillo había una línea porque se circulaba como los autos. Si ibas para allá, ibas por la derecha; si volvías, ibas por la derecha también"*. Aunque la organización original respondía a medidas sanitarias, pronto se convirtió en un símbolo del control, que transformaba la escuela en un espacio donde la regulación del cuerpo y el movimiento era prioritaria. El alumnado ya no podía compartir útiles ni objetos personales, lo que marcó un cambio profundo en la dinámica del aula.

El regreso a la presencialidad forzó a los equipos docentes a adoptar roles incómodos y alejados de su función habitual, que los convertían en agentes de control sanitario. Como recuerda Franco (Escuela 5): *"... había una cuestión pseudopolicial sanitaria incómoda"*. La necesidad constante de recordarles a las y los adolescentes las medidas de cuidado, como mantener la distancia o usar el barbijo, fue difícil de conciliar con las dinámicas de enseñanza. Los grupos de jóvenes se veían forzados a cumplir con restricciones que no estaban relacionadas con su comportamiento disruptivo, sino con la urgencia de protegerse del virus. *"No pueden. Esta cosa de que se queden en un banco quietos. No es que no se quieran quedar por jodidos. Lo digo en términos psicoanalíticos, o sea, quieren, pero se mueven"*, reflexionaba Franco, señalando la complejidad de imponer restricciones sobre comportamientos propios de los adolescentes.

Sin embargo, el peso de la vigilancia recayó principalmente en preceptores y tutores, quienes asumieron la tarea de hacer cumplir las normas sanitarias. No es casual que este control riguroso haya recaído sobre ellos, ya que su rol, desde sus orígenes, estuvo ligado a la imposición del orden y la vigilancia de la norma. Como señala Niedzwiecki (2010), la función del preceptor surgió históricamente como garante del control escolar, encargado de la conservación y reproducción de ciertos rituales disciplinarios a través de la supervisión y el castigo.

En los últimos años, sin embargo, su figura ha transitado una transformación significativa: del disciplinamiento normativo a un modelo basado en el acompañamiento afectivo, la proximidad y la regulación de los vínculos dentro de la escuela. La vuelta a la presencialidad, con sus estrictas medidas sanitarias, significó en muchos sentidos una "vuelta al origen", en la que tanto preceptores como tutores fueron nuevamente posicionados como agentes de control sobre los cuerpos y los movimientos del estudiantado. Esta tensión entre su rol histórico y las expectativas contemporáneas se evidenció en la percepción de algunos docentes, quienes recordaban entre risas las situaciones absurdas que se generaban en la escuela: "*Yo me acuerdo de estar en un aula y que estuviese algún preceptor parado en el pasillo, mirando a las aulas, y pensaba 'Bueno, contratate un preceptor más, porque no tiene sentido esto. Pobre flaco, miralo'*" (Jeremías, Escuela 2). La imagen del *patova de pasillo,* en la que el preceptor o preceptora asumía el papel de vigilante incansable, refuerza esta idea de la escuela convertida en un espacio más rígido, donde la regulación del cuerpo y del movimiento volvió a cobrar centralidad.

Detrás del barbijo

El barbijo, medida clave para prevenir los contagios de COVID-19, se convirtió en un elemento obligatorio al regreso a las aulas, marcando profundamente la experiencia escolar. Aunque cumplió una función sanitaria indispensable, esta pequeña prenda de tela asumió significados que trascendieron su propósito inicial. Más allá de simbolizar la necesidad de cuidado colectivo, el barbijo se convirtió en una barrera tanto física como comunicativa, que afectaba las dinámicas del aula, las relaciones entre docentes y estudiantes, y las formas de enseñar y aprender.

El rostro, como señala Elias (1990), encarna la naturaleza de la identidad del yo humano. Es una parte del cuerpo que puede adoptar una fisonomía tan individualizada que, durante mucho tiempo, permite a los individuos reconocerse como únicos, como sujetos diferenciados. Le Breton (2010) también resalta la importancia del rostro en las sociedades occidentales, señalando que la identidad recae principalmente sobre él. Según este autor, "el rostro es ese barniz indispensable que hace posible el lazo social a través de la responsabilidad que le otorga al individuo en su relación con el mundo" (p. 202). El rostro, en este sentido, no solo es un vehículo de identidad individual, sino también una clave para la interacción social.

En este marco, el uso del barbijo generó un "extrañamiento" del sujeto, al suspender temporalmente la sensación del rostro. Para Franco (Escuela 5), la experiencia evocaba "*una cuestión medio de ciencia ficción, una cuestión de extrañeza*", como si el aula se hubiera transformado en el escenario de una película distópica. En este sentido, el barbijo se convirtió en un elemento que, además de dificultar la comunicación, afectó la percepción de la identidad. En ocasiones, este "extrañamiento" pudo generar una sensación de liberación al suspender las exigencias de la identidad vinculadas al rostro, permitiendo que el sujeto se despojara de algunas de las tensiones sociales relacionadas con su imagen. Sin embargo, en otras ocasiones, y es lo que aparece marcadamente en las entrevistas realizadas, el uso del barbijo produjo angustia y rechazo. Al ocultar el rostro, tanto docentes como estudiantes experimentaron una sensación de despersonalización y una pérdida de las referencias visuales que ayudan a consolidar la identidad en la certeza de un rostro visible, como advierte Le Breton (2010). Este fenómeno fue percibido como una ruptura en el vínculo social y afectivo, al dificultarse la creación de la cercanía habitual en el aula.

Esa transformación tuvo un impacto directo en el vínculo docente-estudiante. Luciana (Escuela 2) señala cómo la barrera física del barbijo dificultó el reconocimiento mutuo: *"Realmente no me registraban con barbijo. Era como invisible"*. Ser *"invisible"* complicaba la comunicación, algo que Cristina (Escuela 5) describe como espantoso. Para ella, el barbijo y las condiciones sanitarias impuestas impedían la fluidez de los intercambios: *"No se podía conversar. No se escuchaba, ellos no me escuchaban a mí. Parecía un teléfono descompuesto"*. Esta falta de comprensión mutua convertía cada interacción en un esfuerzo agotador, que limitaba las conversaciones a mensajes mínimos y claros, forzando la voz y sacrificando la espontaneidad.

Sandra (Escuela 5), por su parte, resalta el impacto emocional de esta desconexión. La falta de expresiones faciales, eclipsadas por el barbijo y las máscaras, hacía imposible captar las emociones de las y los estudiantes: *"No te veían reír. No podíamos ver quién estaba contento, quién estaba triste. Y es tan importante la voz y la sonrisa... Más allá de los ojos, el gesto es clave"*. La comunicación no verbal, esencial como dinámica didáctica para interpretar el estado de ánimo y crear cercanía, quedó reducida al mínimo, lo cual profundizó la distancia emocional en un contexto ya marcado por incertidumbre y estrés.

Sin embargo, el uso del barbijo también desató tensiones que trascendieron las aulas. En algunos sectores de la sociedad, especialmente entre las y los jóvenes, el barbijo pasó de ser un símbolo de cuidado colectivo a convertirse en un instrumento de control estatal. En septiembre de 2020, durante el aislamiento, se produjo una "quema de barbijos" en el Obelisco, en la que los manifestantes rechazaban la imposición de medidas sanitarias, interpretándolas como una restricción a su libertad (Vázquez, 2023). Para muchos estudiantes, el barbijo representaba esa tensión entre la obligación sanitaria y la autonomía personal. En el contexto escolar, esto se reflejaba en las dificultades que las y los docentes enfrentaban para imponer su uso. Un director recuerda que lograr que el estudiantado usara el barbijo en la escuela se convirtió en una *"batalla campal"* diaria, lo que evidenciaba las resistencias a las normativas impuestas, tanto en la sociedad en general como dentro de las instituciones educativas.

Cuerpos encogidos

El regreso a la presencialidad escolar estuvo marcado por el miedo, una emoción que las y los docentes identificaron como predominante en las primeras semanas. Se manifestaba en los gestos, los silencios y la rigidez de los cuerpos. Como señala Natalia, profesora de Historia de la Escuela 3: *"Al principio volvían con mucho miedo. Se sentaban así, casi que ni miraban al compañero, detrás de los barbijos. De hecho, hay chicos que todavía no terminan de sacarse el barbijo"*. Cristina, de la Escuela 5, lo describe de manera similar:

> *El año pasado [2021] lo que noté fue el silencio, la quietud, la espera. O sea, silencio, silencio, silencio. No hablaban, no interrumpían, no jugaban, no se hacían chistes. Era un congelador el aula. Separados físicamente. No había sonrisas. Bueno, había barbijo, máscara, distancia. Estuvo muy duro (E. Docente de Historia, Cristina, E5).*

Estas imágenes se repiten en los relatos de otros docentes entrevistados: las y los estudiantes regresaron *"tímidos"*, con interacciones mínimas tanto al interior de cada grupo como con sus docentes. La separación física impuesta por los protocolos sanitarios no solo los mantenía distantes, sino que también limitaba las expresiones espontáneas y reforzaba una sensación de aislamiento. Los bancos, antes espacios de intercambio, se convirtieron en fronteras individuales que "ataban" a cada estudiante a su lugar. Como señala Ahmed (2015), la reorganización del espacio y los cuerpos puede restringir la conexión y reforzar dinámicas de control.

Aunque investigaciones previas señalan que el regreso fue percibido por el cuerpo docente como "desganado" por parte del estudiantado, marcado por el desgaste emocional del aislamiento, pero con intención de retomar las dinámicas escolares habituales (Anderete Schwal, 2022), en nuestras entrevistas, quienes ejercen la docencia enfatizaron que, al inicio, el miedo predominó. Este temor, inmediato y palpable, moldeó las interacciones y prácticas escolares en la vuelta a la presencialidad.

Con el tiempo, la tensión inicial fue cediendo. Sin embargo, vale la pena preguntarse qué factores contribuyeron a que el miedo definiera ese regreso. ¿Qué elementos incidieron en su permanencia, aunque de forma más sutil? Y, sobre todo, ¿cómo impactó en la reconfiguración de los vínculos y las prácticas escolares?

Durante los meses más crudos de la pandemia y el aislamiento obligatorio, la juventud se convirtió en un "chivo expiatorio" de la crisis sanitaria (Vommaro, 2021). Los medios de comunicación difundieron relatos como el del joven que regresó de Miami, asistió a un cumpleaños sin respetar el aislamiento, y contagió a su abuelo, quien luego falleció. Estas narrativas, junto con la imagen de jóvenes en fiestas clandestinas o agolpados en centros de veraneo, construyeron una representación de irresponsabilidad juvenil. Se les asignó la culpa de querer socializar y mantener contacto físico, en un contexto donde la letalidad del virus afectaba principalmente a las personas mayores. De esta manera, la gestión de la crisis adoptó una mirada adultocéntrica que ignoraba las necesidades emocionales y sociales de las y los jóvenes (Natanson, 2021).

En este contexto, los cuerpos jóvenes fueron vistos como una amenaza para los cuerpos mayores, cargados con el riesgo del contagio. La descripción de Cristina sobre un aula marcada por el silencio y la separación física resuena con el concepto de "miedo" como emoción corporizada que propone Sara Ahmed (2015). El miedo se manifiesta en gestos, en cuerpos retraídos, reorganizando las relaciones en el aula y estableciendo barreras tanto físicas como sociales. Este miedo operaba a nivel individual, al mismo tiempo que organizaba las relaciones colectivas, definiendo quién era visto como peligroso y quién merecía protección. En este caso, los jóvenes fueron estigmatizados como agentes de contagio, sus cuerpos considerados portadores de un peligro que debía ser contenido.

Este proceso no solo distanció físicamente a las generaciones, sino que también profundizó las tensiones intergeneracionales, lo que dejó a los más jóvenes atrapados entre el deseo de reencontrarse y el estigma de ser percibidos como una amenaza. Si bien el regreso a la escuela estuvo atravesado por emociones diversas –alegría, nerviosismo y expectativa–, en este contexto, el miedo cobró un peso particular. Reabrir las aulas significó también una exposición al riesgo, donde el encuentro con el otro podía percibirse como una amenaza tangible. Un integrante de la burbuja podía ser portador del virus y, peor aún, responsable indirecto de contagios y muertes entre seres queridos. Natalia (Escuela 3) recuerda: *"Muchas familias les habían inculcado a los chicos que, si ellos se contagiaban, se contagiaban los abuelos y los mataban"*.

Desde la perspectiva de Sara Ahmed (2015), el miedo no es solo una emoción abstracta, sino que opera directamente sobre los cuerpos. Este miedo, al separar los cuerpos, los contiene, los encoge, los retira del mundo. El cuerpo docente lo observó al regresar a las aulas, notando cómo los cuerpos de las y los estudiantes se retraían, ocupando menos espacio, manteniendo una postura de alerta perpetua que limitaba su capacidad para interactuar.

Lucas (Escuela 5) describe una escena significativa al regresar a la presencialidad: *"Entraba al aula, decía 'Hola, ¿cómo están?', y la respuesta era el silencio"*. Este silencio no es solo timidez, sino que refleja una dinámica más profunda. Según Ahmed, el miedo actúa sobre los cuerpos de manera desigual: algunos se encogen, otros se expanden. En este caso, los cuerpos jóvenes, marcados por el miedo, se encogen; evitan el contacto, ocupan menos espacio físico y simbólico, y se retraen. En contraste, el cuerpo adulto, el del docente, parece expandirse. Este fenómeno no ocurre por un acto de voluntad, sino porque el miedo reorganiza el espacio social y emocional a su alrededor. Así, se refuerza la figura de autoridad que históricamente ha ocupado el adulto, quien, al mantenerse erguido y activo, se destaca frente al retraimiento de los y las estudiantes.

Esta asimetría se hace evidente en la percepción de Lucas. Mientras que sus estudiantes permanecen en silencio, él se convierte en el único cuerpo audible y en movimiento dentro de un aula que ha perdido su energía habitual. De esta manera, el miedo no solo afecta a los jóvenes, sino que también refuerza la jerarquía establecida, consolidando la figura del docente como centro del aula.

Natalia (Escuela 3) recuerda un episodio que ilustra cómo el miedo transforma las relaciones entre los cuerpos. Un estudiante se bajó de un remís y corrió hacia ella, como si quisiera abrazarla, pero, en medio del trayecto, se detuvo, paralizado por el temor. *"Yo le dije: 'No importa, vení y dame el abrazo'"*, relata Natalia. Este gesto, aunque pequeño, revela una dinámica profunda. El cuerpo joven, inicialmente en expansión, se contrae repentinamente por el miedo. El impulso afectivo de buscar contacto y cercanía es abruptamente detenido. En contraste, el cuerpo adulto de Natalia se expande en esta escena físicamente, al invitar al estudiante a acercarse y, simbólicamente, al ocupar el espacio emocional que el joven no puede habitar. Este gesto de invitación desafía, aunque sea momentáneamente, la lógica del miedo y rompe la distancia impuesta entre los cuerpos.

No obstante, la escena también evidencia la fragilidad de este desafío. El estudiante necesita el permiso explícito de Natalia para completar el movimiento hacia el abrazo, lo que refuerza cómo el miedo reorganiza las relaciones intergeneracionales. En este contexto, el miedo otorga a los adultos el rol de mediadores o guardianes del contacto físico.

Por otro lado, algunos estudiantes optaron por desaparecer del aula, llevando al extremo la dinámica del cuerpo encogido. Matías, rector de la Escuela 6, relata el caso de un alumno que se refugiaba en el baño durante las clases:

> *Tuvimos un pibe que [durante] un mes se escondió en el baño en hora de clases. [Risas]. ¿Me entendés? Cuando terminaba el recreo, se iba al baño. Y se quedaba en el baño. Era muy difícil chequear. Hubo falencias internas, pero... si lo tengo, si no lo tengo... hasta que no... Che, este no viene nunca. Sí viene. No, no viene nunca. Bueno, estaba en el baño. Pero digo... eso no nos pasa habitualmente (E. Rector, Matías, E6).*

Este episodio ilustra cómo, bajo la presión del miedo, algunos estudiantes decidieron encoger sus cuerpos hasta el punto de desaparecer del espacio escolar. Al evadir el contacto directo con sus compañeros y compañeras y con el aula, buscaban no solo esquivar las miradas de sus pares, sino también la mirada adulta que ordena y regula.

La retirada física y emocional de estos estudiantes muestra cómo el miedo, generado por diversas razones, como el temor al contagio, podía transformar el aula en un espacio ajeno. Al sentirse vulnerables, los jóvenes evitaban el contacto y la visibilidad. La rigidez de los controles impuestos durante la vuelta a la presencialidad alteró la manera de habitar el espacio educativo. La libertad de los vínculos cotidianos cedió lugar a una sensación de encogimiento. Los cuerpos jóvenes se retraían, intentando protegerse de este miedo. Sin embargo, los adultos, conscientes de esta dinámica, hicieron esfuerzos por restablecer la cercanía y reconstruir esos lazos.

Comentarios de cierre

El objetivo de este capítulo fue centrar la mirada en el período de regreso a la presencialidad bajo el formato de burbujas, un recorte temporal breve pero profundamente novedoso y desafiante para toda la comunidad educativa. A partir de las entrevistas realizadas a equipos directivos y docentes de las escuelas estudiadas, este análisis permitió detenernos en un momento marcado por la incertidumbre, la adaptación constante y tensiones sin precedentes. Este enfoque nos permitió iluminar cuestiones que, en medio de las urgencias del contexto, pudieron pasar desapercibidas, pero que son clave para comprender las transformaciones que atravesaron las escuelas y quienes las habitan.

Las entrevistas realizadas evidencian el compromiso significativo de los equipos directivos y docentes por garantizar el regreso a la presencialidad en las mejores condiciones posibles. En un contexto de recursos limitados y profundas desigualdades, prevaleció un clima de *"Hay que sacar esto adelante"*, una convicción compartida que movilizó esfuerzos colectivos y permitió superar numerosos obstáculos. Este impulso merece ser reconocido no solo como una respuesta inmediata a las demandas del momento, sino también como una base valiosa para imaginar transformaciones educativas más equitativas y sostenibles.

El modelo de presencialidad en burbujas, sin embargo, dejó una marca profunda en la experiencia docente. La simultaneidad de clases presenciales y remotas desdibujó los límites entre los espacios y tiempos de trabajo, de manera que generaba una carga laboral que muchos describieron como insostenible. Este agotamiento se agravó en un contexto político polarizado, donde las disputas entre niveles de gobierno convirtieron la educación en terreno de confrontación pública. En este escenario, la exposición constante generó una sensación de vulnerabilidad y saturación entre las y los docentes: *"Déjenme descansar en enero, dejen de hablar"*, sintetizó un entrevistado, reflejando la acumulación de tensiones físicas, emocionales y políticas.

Desde otro enfoque, el análisis socioantropológico permitió comprender cómo las emociones reorganizaron el espacio escolar. El miedo, central en los primeros momentos del retorno a la presencialidad, se expresó en los cuerpos encogidos, silenciosos y retraídos de los adolescentes. Estos cuerpos cargaban con el peso de haber sido señalados como "chivo expiatorio" de la pandemia, lo que acentuó su retraimiento y transformó la dinámica en el aula. En este contexto, las asimetrías intergeneracionales se volvieron más visibles: el cuerpo de los adultos se expandió, tornándose más dominante. Sin embargo, los mismos adultos jugaron un rol crucial para interrumpir esa lógica del miedo, creando momentos en los que los adolescentes pudieron moverse, expresarse y reconectarse, aunque fuera de manera momentánea. La escuela, a pesar de las adversidades, recuperó parcialmente su rol como un espacio de encuentro y alivio.

Para cerrar, resulta fundamental destacar una cuestión que subyace en los relatos docentes: la sensación de estar participando en un "simulacro educativo". En su percepción, este término alude a algo que no es real, que no tiene impacto y que, por ende, representa una pérdida de tiempo. Esta sensación expresa un cierto descreimiento en la efectividad de las políticas educativas, marcadas por disputas políticas y necesidades coyunturales, y en las decisiones institucionales que, al depender de estas políticas, reflejaron estas ambigüedades y limitaciones.

No obstante, es importante subrayar que este momento también ofreció una oportunidad para reflexionar sobre la función social de la escuela. Más allá de las limitaciones y el agotamiento, el retorno a las aulas permitió redescubrir el valor de compartir un espacio común, superar miedos iniciales y reconstruir el vínculo social. Las y los docentes no deberían cargar con la responsabilidad de resignificar estas experiencias de manera individual. Por el contrario, es imperativo que las políticas educativas ofrezcan objetivos claros y sentidos compartidos que enmarquen el esfuerzo cotidiano de quienes sostienen, a menudo en condiciones precarias, el entramado educativo.

5

Gobernar la escuela secundaria, habitar el regreso

Desafíos y estrategias de los equipos institucionales en la vuelta a la presencialidad

VERÓNICA SOLEDAD SILVA Y NATALIA GISELLE LEVY

Introducción[1]

> Es en el otro donde también podemos encontrar una salida para pensar "de otro modo"...
>
> Kertész, 2014

La irrupción de la pandemia reconfiguró de manera abrupta nuestra vida cotidiana; este quiebre propició la emergencia de interrogantes sobre el sentido de la existencia con una intensidad inusitada. Analizar cómo fue vivida la experiencia de ese suceso y los avatares de la vuelta a la presencialidad en las escuelas favorece la construcción de un mapeo colectivo acerca de uno de los sucesos más importantes que hemos vivido a nivel global en lo que va del siglo XXI. En este marco, abordar el estudio de las escuelas desde su dimensión institucional posibilita comprender los modos

1 Agradecemos a la Lic. Agostina Giovanardi por la colaboración en la realización de este capítulo.

en que estas organizaciones funcionan como instancias de soporte para los sujetos que las habitan (Martuccelli, 2009) y, a su vez, ofrece claves para reflexionar sobre la construcción de lo común.

En tiempos de incertidumbre como el que vivimos a partir de la pandemia, pero también el que se viene acrecentando de la mano de la profundización de un modelo económico, cultural y social dominado por un capitalismo salvaje, extractivista y deshumanizante (Sadin, 2020; Fisher, 2024), las instituciones tienen un rol central, tal como lo plantea Frigerio (2019); ellas son el *holding del holding*[2], constituyen espacios de sostén mutuo, filiación y reconocimiento. Diversos autores (Frigerio, 2019; Enríquez, 2002; Nicastro, 2018) plantean que las instituciones deben ofrecer un sentido para los sujetos que las habitan, ofrecer objetos que investir (sublimación) e identificaciones (referencias, ofertas identitarias).

La ruptura que implicó la pandemia permitió visibilizar la importancia de las instituciones, en este caso particular: la escuela como ámbito de la vida que construye sentido y acompaña la estructuración de la existencia de estudiantes, docentes y familias. Por eso, pretendemos repensar lo que se llamó "regreso a la presencialidad" apelando a recuperar la materialidad de las instituciones prepandemia, pero también repensando las posibilidades de construcción de la escuela que queremos (Miño Chiappino, 2021).

---

2 El término *holding* traducido como 'sostén' es un concepto desarrollado por el psicoanalista inglés Donald Winnicott, quien teoriza sobre el rol fundamental que ocupan las figuras de cuidado en los primeros años de vida. Sentirse "sostenido" favorece la construcción de la confianza hacia sí mismo y hacia el mundo externo. Graciela Frigerio toma este término para analizar el lugar de las instituciones como sostenes de los sujetos que a su vez ocupan un lugar de sostén para otros, como por ejemplo un docente en relación con sus estudiantes. La autora se pregunta por las condiciones institucionales que favorecen u obstaculizan que los adultos de las instituciones educativas se erijan como figuras de sostén. Cabe destacar que, en la situación particular de la pandemia, la escuela como espacio de sostén se tornó central. Para más información ver Frigerio (2019).

En este capítulo nos preguntamos cuáles fueron los conflictos y las problemáticas más relevantes para los equipos de conducción, orientación escolar y tutores durante el regreso a la presencialidad, por conformarse como actores fundamentales que intervienen en el clima institucional y habilitan formas de habitar la escuela. También nos interesa conocer cuáles fueron las estrategias e intervenciones que desplegaron. Entendemos que, en los modos de posicionarse, realizar el recorte de las problemáticas y enfrentar dichas situaciones, se pueden rastrear y reconstruir las posiciones políticas de directivos y los equipos que conforman y las posibilidades que forjan para el estudiantado, en cuanto destinatarios de la oferta cultural que realiza la escuela.

Nos interesa señalar que tanto los desafíos a los que se enfrentaron, como las prácticas que los equipos de conducción realizaron se inscriben en un escenario signado por una profunda desigualdad y segmentación del sistema educativo (Tiramonti, 2004). Como plantea Suasnábar (2022), la pandemia y las modalidades adoptadas en la educación posterior a ella evidencian las desigualdades del sistema educativo, lo que generó variaciones en la preparación, la rapidez de respuesta y la capacidad de gestión que tuvieron las instituciones educativas en un contexto de emergencia.

La investigación de Nobile y Tabeña (2023) da cuenta de las desiguales condiciones con las que las instituciones enfrentaron la pandemia y el regreso a la presencialidad, destacando principalmente las diferencias según el tipo de gestión escolar, pero también evidenciando variaciones dentro de escuelas del mismo tipo de gestión, lo que sugiere una fragmentación profunda del sistema educativo. De modo que los equipos de conducción tuvieron que operar en medio de la incertidumbre, con recursos muy desiguales y atendiendo a poblaciones extremadamente heterogéneas.

Siguiendo a Sandra Nicastro (2018), entendemos que el trabajo de los equipos de conducción va más allá de una cuestión meramente técnica, ya que su labor cotidiana se enmarca en un contexto donde convergen distintas posiciones y tensiones entre lo prescrito, lo que se hace y lo que se espera. Además de la gestión y resolución de problemas a corto plazo, la tarea de los equipos de conducción implica un gobierno, una política institucional, una mirada a largo plazo que se efectiviza en el quehacer cotidiano. Los interrogantes que guían este trabajo son los siguientes: ¿a qué desafíos se enfrentaron los equipos de conducción, de orientación escolar y los tutores en el regreso a la presencialidad?; ¿qué identificaron como conflictivo o problemático?; ¿qué recortes de las situaciones realizaron?; ¿qué intervenciones se propusieron?

El trabajo de investigación se realizó durante el segundo semestre del año 2022, en seis escuelas secundarias del AMBA de gestión pública y privada, que atienden a diferentes sectores sociales. El corpus empírico se compone de 20 entrevistas en profundidad a miembros de los equipos de conducción, referentes de los equipos de orientación, coordinadores de área, tutores y preceptores. También se analizaron las fichas institucionales y los registros realizados en cada institución, con observaciones de la dinámica escolar (clases, aulas, pasillos, patio, comedor/kiosco/*buffet*, entradas y salidas y alrededores del edificio escolar, sala de profesores, reuniones de profesores, CC y jornadas ESI).

El capítulo se organiza de la siguiente manera: primero, se describen las configuraciones escolares con especial énfasis en la conformación de los equipos de conducción y equipos de apoyo. En segundo lugar, se analizan las problemáticas y los conflictos que los agentes escolares destacan con mayor relevancia. En tercer lugar, se detalla la relación entre la familia y la escuela. Finalmente, se analizan las modalidades de intervención de cada establecimiento educativo.

Las configuraciones escolares: sus características y rasgos centrales

Proponemos interpretar cada escuela como una configuración particular constituida por un tejido de tensiones en equilibrios fluctuantes (Elias, 2008). Desde esta perspectiva nos interesa mirar las relaciones de poder que se configuran entre los distintos grupos, por ejemplo: entre docentes y equipos de conducción; entre estudiantes y docentes; entre tutores y familias; entre otras combinaciones posibles. Asimismo, las organizaciones educativas en las que hemos realizado la investigación traducen e interpretan de diferentes maneras la meta común de educar (Nicastro, 2018). Cada establecimiento escolar lleva adelante esta tarea en función de sus propias particularidades, como su ubicación geográfica, tipo de gestión, estructura de roles y jerarquías, historia institucional, relatos compartidos, ideología y composición de su población estudiantil, entre otros factores.

Una breve descripción de cada escuela

La investigación se realizó en el segundo semestre del año 2022 en seis escuelas secundarias con perfiles diversos entre sí. Tres escuelas de gestión estatal y tres de gestión privada, de jornada simple y completa, con y sin subvención, confesionales y laicas, de sectores bajos, medios y altos. La irrupción de la pandemia –en cuanto episodio crítico– requirió de la puesta en marcha de estrategias e intervenciones por parte de los equipos de conducción en escenarios muy heterogéneos y con recursos disímiles entre sí. En este marco, nos interesa describir particularmente la conformación de los equipos de conducción y los modos en que articularon su labor con lo que denominamos "equipo ampliado": tutores, profesionales de la educación y la salud, coordinadores de área, preceptores, entre otros actores clave.

La Escuela 1: "Somos una escuela de puertas abiertas"

De gestión pública y doble jornada, esta escuela se ubica en el centro de CABA y atiende a sectores sociales medios. El equipo de conducción está conformado por una directora y un vicedirector. En el caso de la directora, su antigüedad en el cargo es de seis años, y la del vicedirector es de un año. Sin embargo, en ambos casos la antigüedad en la institución es de 13 años aproximadamente. El Departamento de Orientación Escolar (en adelante DOE) está conformado por una asesora pedagógica (en adelante AP), quien coordina el espacio y tiene cuatro años de antigüedad en el cargo y diez en la institución, y por una psicopedagoga con dos años de antigüedad.

Se destaca también la presencia de un grupo histórico de docentes con elevada carga horaria que muestra un fuerte compromiso con los proyectos institucionales. Con respecto a la población que asiste a la escuela, el equipo de conducción señala que se trata de "*una comunidad muy presente*" y destaca la labor de la cooperadora y de las familias en el armado de propuestas.

La Escuela 2: "Nos encanta ser un colegio chico"

Se trata de una institución de gestión privada, doble jornada y modalidad bilingüe, ubicada en la zona norte de CABA. Atiende a jóvenes de sectores sociales altos, incluyendo hijos de diplomáticos, empresarios y profesionales del sector privado con alto poder adquisitivo. La propuesta institucional enfatiza el enfoque bilingüe, los convenios para certificaciones internacionales de idiomas (*First, Advanced, Proficiency*, entre otros) y los viajes de estudio, tanto nacionales como internacionales.

El equipo de conducción está compuesto por una directora académica, responsable de los tres niveles educativos; un rector, a cargo del nivel secundario, con dos años en el cargo, pero mayor trayectoria en la institución; un director de estudios; y un secretario, con 18 años de antigüedad en la institución y diez en el puesto. Además, el equipo cuenta con una psicóloga que posee dos años de antigüedad. En el nivel secundario, hay tres preceptores que gestionan la totalidad de los cursos sin una división específica entre ellos, y cada curso cuenta con un tutor asignado.

El rector destaca que una de las fortalezas del colegio es que se trata de un colegio chico donde a los chicos "*se los conoce por su nombre*"; también menciona que, al tratarse de un colegio laico, compiten con algunos colegios de la zona que son confesionales.

La Escuela 3: "[Aspiramos a ser] una escuela inclusiva"

Por su parte, la Escuela 3 es de jornada simple y se ubica en la Zona Norte del Gran Buenos Aires, a la que asisten jóvenes de sectores bajos. La escuela posee orientación en música y nació en primera instancia como E.G.B., compartiendo edificio con la escuela primaria, y, a partir de la sanción de la Ley Nacional de Educación, se fue conformando paulatinamente como escuela secundaria. Recién en el año 2018, egresó la primera camada de estudiantes del nivel secundario. El ciclo orientado funciona a la mañana, y el ciclo básico, a la tarde. El equipo de conducción está conformado por una directora que asumió a mediados del ciclo lectivo 2022 y una secretaria, ambas trabajan doble turno. En el año 2021, se creó el Equipo de Orientación Escolar (en adelante EOE); el equipo se conformó por un profesional pedagógico y otro social. Desde su conformación el equipo sufrió varios cambios vinculados a suplencias y licencias (en 2022 la psicopedagoga a quien entrevistamos ya sabía que no iba a continuar en 2023 debido a que otra persona había ganado el concurso de su cargo). Al momento del trabajo de campo, este equipo estaba trabajando en la reactivación del Consejo Escolar de Convivencia, el cual nunca llegó a funcionar como tal. En 6.º año hay dos estudiantes con proyecto de integración en articulación con la escuela especial, y una estudiante que es especialmente acompañada por el EOE.

La directora, que ejerció el cargo hasta mitad de año, define a la institución como una escuela inclusiva: *"[En esta institución] no se expulsa a los chicos, sobre todo cuando los chicos vienen estando en la escuela, no es que llegan a una edad, o repetiste dos veces y te vas. La escuela te aloja"*. Casi el 10 % de la matrícula está conformada por estudiantes que poseen un dispositivo de integración. La escuela trabaja con una propuesta pedagógica para la inclusión (PPI), lo que implica que asisten distintos agentes externos que funcionan como acompañantes terapéuticos, y maestras de apoyo a la inclusión (MAI) que se encargan de lo pedagógico. La directora considera que el hecho de que sea una escuela pequeña y con poca matrícula constituye una ventaja para la inclusión y la cercanía con el estudiantado y sus problemáticas: *"Trabajamos cuerpo a cuerpo"*.

La Escuela 4: "Es muy difícil el trabajo en equipo"

Se trata de una institución de jornada simple que funciona en el turno tarde ubicada en el corazón de CABA, a la que asisten jóvenes de sectores socioeconómicos bajos. La escuela nació en la década del 60 y se constituyó como una institución con un prestigio que fue decayendo con el transcurso de los años. Comparte edificio con otra institución educativa que funciona en los tres turnos y que cuenta con nivel inicial, primario, secundario y terciario. Coexisten en el edificio simultáneamente ambas instituciones, situación que es motivo de conflictos puesto que se suele plantear que la escuela del turno mañana cuenta con más beneficios en términos de mobiliario, uso del espacio y limpieza, entre otras cuestiones. Entre los relatos institucionales, circula que se trata de una *"escuela de repetidores"*. Muchas/os de las y los estudiantes comenzaron su recorrido en la institución que funciona en turno mañana y luego se cambiaron al turno tarde, muchos estudiantes abandonan los estudios llegando a los últimos años.

Cabe destacar que, al momento de la investigación, el plantel docente estaba conformado por una cantidad de 200 cargos, de los cuales solo 80 tenían situación de titularidad. Una cuestión que emergió como problemática es la alta rotación de docentes y el elevado número de licencias, situación que generó conflictos diversos, por ejemplo, la elevada cantidad de horas libres.

El equipo de conducción está conformado por una rectora y un vicerrector, que dejó el cargo el siguiente año. El vicerrector ingresó al cargo en marzo de 2022 y era la figura con mayor referencia en el turno tarde. El DOE se encuentra integrado por una psicóloga (13 años de antigüedad) que asiste dos veces por semana y una asesora pedagógica que asiste todos los días. Ambas mencionan que la sobrecarga de su rol es muy fuerte debido a que son dos personas para una matrícula muy amplia y que a su vez hay muchas situaciones emocionales particulares que deben atender. Hay un preceptor cada dos cursos del mismo año, todos coinciden en que en la práctica son quienes gestionan el seguimiento académico y personal de los estudiantes, desempeñando un rol muy activo dentro de la institución.

La Escuela 5: "[Intentamos] encontrar un patrón de lectura de las situaciones para poder trabajar"

Se trata de un colegio confesional de jornada extendida cuyos orígenes se remontan a principios del siglo XIX. Si bien no es bilingüe, tiene una oferta curricular en donde los idiomas ocupan un rol central. Se encuentra ubicado en la Zona Norte de la provincia de Buenos Aires y atiende a jóvenes de sectores medios y altos. Su oferta educativa es desde el nivel inicial hasta nivel terciario (ofrece formación docente). La institución cuenta con dos modalidades en el nivel secundario: común y técnica. Cabe resaltar que es la única secundaria técnica de gestión privada en todo el distrito. Cada modalidad posee su propio equipo de conducción. En el caso de la secundaria común, también hay un vicedirector. Cada área disciplinar tiene un coordinador de área. La directora de la secundaria común posee 15 años de antigüedad en el cargo y 30 en la institución.

El equipo de conducción expresa que la identidad del colegio está profundamente marcada por la importancia de "*pensar desde el lugar de los más empobrecidos, los más desfavorecidos, para un mundo más justo, o más fraterno*" (E. Directora, Mariela, E5). Esta impronta se refleja tanto en las campañas solidarias y actividades que organiza la escuela, como en la manera en que se aborda el diseño curricular. Desde una perspectiva crítica, el currículo integra el análisis de las desigualdades sociales y problemáticas actuales, como la migración y la crisis ambiental, entre otras.

El equipo de orientación escolar (EOE) está conformado por seis integrantes que articulan con el vicedirector de la secundaria. Tienen un espacio mensual en el cual se reúnen con docentes y tutores/as donde se dividen y organizan para cubrir los dos turnos de ambas modalidades. Poseen un equipo de convivencia que se creó en 2016 y está integrado por cinco docentes de distintas áreas. Se reúnen una vez por semana y trabajan de forma articulada con los preceptores. Cada preceptor está a cargo de dos cursos, también hay preceptores que son de contraturno para los cursos que vienen a la jornada extendida.

La Escuela 6: "Nuestro proyecto educativo institucional está parado en las bases de la educación popular"

Se trata de una institución de gestión privada a la que asisten jóvenes de sectores socioeconómicos medios. Los directivos mencionan que trabajan con una "*clase media muy diversa*" (E. Rector, Matías, E6), más del 60 % del alumnado cuenta con algún tipo de beca. El colegio es de jornada simple y funciona en el turno mañana. Se trata de un colegio confesional con más de 100 años de antigüedad, ubicado en el corazón de CABA. Si bien no es bilingüe, ofrece talleres gratuitos a contraturno para la preparación de exámenes internacionales. También ofrece actividades de voluntariado, expresión corporal y talleres de deportes.

El equipo de conducción está conformado por el rector (dos años de antigüedad, con amplia antigüedad en la escuela y además egresado del colegio) y dos directoras de estudio, ambas con entre siete y diez años de antigüedad en el cargo y más de 15 años de antigüedad en el colegio en el desempeño de diferentes cargos. Cuenta con la figura de la psicopedagoga (de 23 años de antigüedad), que trabaja para el ciclo orientado, y articula dirección de estudios, rectorado y equipo de tutoría. El colegio también cuenta con una psicopedagoga que trabaja en el ciclo básico. Tutoras/es y preceptoras/es ocupan un lugar central y de articulación para la resolución de problemáticas que presenta el estudiantado. El equipo de conducción manifestó una preocupación por la alta rotación de docentes pospandemia (más del 50 % de la planta docente actual es reciente), cuestión inhabitual previamente al ciclo lectivo 2020. Según los relatos del equipo de conducción, muchos docentes se van a "*la pública*" por factores vinculados con las posibilidades laborales, la menor cantidad de estudiantes, entre otras cuestiones.

Cuadro 2. Características institucionales de las escuelas

Caracterís-ticas/ escuelas	Escuela 1	Escuela 2	Escuela 3	Escuela 4	Escuela 5	Escuela 6
Tipo de gestión	Estatal	Privada (s/sub.)	Estatal	Estatal	Privada (sub. 50 %)	Privada (sub. 80 %)
Tipo de jornada	Completa	Completa	Simple	Simple	Simple	Simple
Jurisdicción	CABA	CABA	PBA	CABA	PBA	CABA
Estudiantes por curso	20	24.5	18.7	24.2	31.1	39.95
Porcentaje de estudiantes que ingresaron en 2020-2022	14 %	7 %	50 %	23 %	19 %	0 %
Comedor	No (se reparten viandas).	Sí (compartido con la primaria).	No. Hay cocina donde preparan refuerzos alimenticios (sándwich y fruta).	No (se reparten viandas).	Sí. Lo utiliza más el nivel primario.	No. Hay un bar para todo el colegio.
Familiares con N. Sup. completo	52 %	84 %	38 %	13 %	70 %	61 %
Sector social	Medio	Alto	Bajo	Bajo	Medio-alto	Medio
Matrícula	240 (2 divisiones por año).	147 (1 división por año).	120 (1 división por año).	800 (6-7 divisiones por año).	2000 (1 división por año de cada modalidad).	799 (4 divisiones por año).
Equipo de conducción	-Directora. -Vicedirector.	-Dir. académica. -Rector. -Dir. de estudios. -Secretario.	-Directora. -Secretaria.	-Rectora. -Vicerrector.	-Director general. -Directora y vicedirector (modalidad común).	-Rector. -Dos directoras de estudio.
Equipo ampliado	-DOE: asesora pedagógica. -Psicope-dagoga.	-Psicóloga.	-EOE: Orientador Educ. -Orientador Social.	-DOE: asesora pedagógica. -Psicóloga.	-EOE: seis integrantes. -Equipo de convivencia (desde 2016) integrado por cinco docentes.	-Dos psicope-dagogas, una para ciclo básico y otra en el ciclo orientado.

Docentes de tutoría	Uno por curso.	Uno por curso.	Uno por curso.	Uno por curso.	Uno por curso.	Uno cada dos cursos, diez en total (cumplen tareas adminis-trativas y pedagógicas).
Preceptores	Uno por cada año, diez en total.	Tres para todos los cursos.	Uno de 5.° y 6.°, uno de 4.°, uno de 1.°, 2.° y 3.°, tres en total.	Uno cada dos cursos.	35 (uno cada dos cursos).	No tiene (se concentra la tarea en la figura del tutor).
Plantel de docentes (aprox.)	120	30	52	200 (solo 80 son titulares)	235	98
Perfil institucional, proyectos o actividades	-Coopera-dora ocupa rol importante. -Peñas, actividades artísticas.	-Bilingüe: exámenes internacio-nales de idioma. -Viajes internacio-nales.	-Proyecto para la Inclusión (PPI). -Programa ATR.	-Jornadas de Vínculos Saludables (ESI). -Proyecto Horas Libres.	-Talleres ESI. -Talleres sobre discursos del odio.	-Talleres de idiomas. -Talleres deportivos. -Talleres de voluntariado.
Espacios de participación juvenil	-Centro de estudiantes (consolidado). -Comisión de género.	Delegados (sin siste-maticidad de reuniones).	Centro de estudiantes (no conformado).	Delegados por curso. Centro de estudiantes (en vías de conforma-ción).	Delegados (realizan asambleas mensuales).	Delegados.

Fuente: elaboración propia a partir de las fichas institucionales.

La figura de la tutoría en las escuelas

Una cuestión que ha sido común a las seis instituciones es la importancia que cobra el trabajo tutorial en las acciones de orientación y seguimiento del estudiantado. La figura de tutoría en las escuelas secundarias[3] cobró impulso en el

[3] A nivel nacional, hay experiencias de apoyo a la escolaridad, como el Proyecto XIII desde la década del 70, aunque es a partir de la obligatoriedad de la educación secundaria prevista en la L.E.N., y resoluciones posteriores del Consejo Federal de Educación (N.° 84/09, N.° 88/09, N.° 93/09), cuando se fue consolidando el dispositivo de orientación y tutoría para mejorar los índices de desempeño en la escuela secundaria y financiar a través del Plan Mejora las iniciativas de las jurisdicciones en relación con los planes específicos de tutoría. A partir del año 2002, la Ciudad Autónoma de Buenos

proceso de ampliación de derechos de inicios del siglo XXI que abarcó la obligatoriedad de la educación secundaria. Para efectivizar este derecho, la tutoría se afianzó como política educativa y estrategia institucional que pretende colaborar con el sostenimiento de la trayectoria y el egreso exitoso del nivel medio, pero que, pensada de modo integral, se propone acompañar a las y los jóvenes a conocer la cultura escolar, promover marcos respetuosos y democráticos de convivencia y ampliar los márgenes de autonomía personal para el aprendizaje y la participación ciudadana.

En CABA se dispuso la creación de cargos para acompañar al ciclo básico de la escolaridad secundaria, y en provincia de Buenos Aires no está previsto el cargo. Dado que nuestra investigación tiene como muestra la población de los dos últimos años de seis escuelas secundarias de CABA y provincia de Buenos Aires, se destacan los esfuerzos institucionales que realizan los equipos de conducción para que cada curso cuente con un referente. La inclusión de las prácticas tutoriales como parte del proyecto institucional y como mecanismo de acompañamiento y abordaje de conflictos presenta en los distintos casos analizados diversos modos de concreción.

Cabe destacar que las y los estudiantes recurren a ellos junto a las y los docentes de preceptoría para tratar las situaciones que acontecen en la escuela. En este sentido, las prácticas tutoriales tienen un rol central en la generación de condiciones que permitan acompañar, sostener y apoyar las trayectorias escolares. Sin embargo, cada institución organiza el trabajo con las y los docentes de tutoría de manera diferente.

Aires promueve el cumplimiento de 13 años de escolaridad, lo que implica la obligatoriedad del nivel secundario. Y ya en el año 2005, a través de la Resolución N.º 560/05/SED, se incluye el cargo de tutoría en la planta orgánico-funcional para cada curso de los dos primeros años de la educación secundaria (Res. 560/ 2005, CA). En la provincia de Buenos Aires, no hay cargos destinados a la tutoría.

En las Escuelas 1, 2, 5 y 6, hemos observado una mayor articulación entre las y los docentes de tutorías y el resto del equipo, ya sea a través del trabajo conjunto con preceptores, el DOE/EOE o los equipos de conducción. En estos casos, la tutoría cumple un rol activo en el acompañamiento de las situaciones que surgen en el aula, consolidándose como un espacio de referencia para el estudiantado.

Por el contrario, en la Escuela 4, se percibe cierto malestar en torno a la tarea de tutoría. Algunos docentes designados como tutores/as no logran posicionarse plenamente como figuras de referencia para las y los estudiantes y, en algunos casos, no se lleva a cabo un trabajo colaborativo con la preceptoría. Como resultado, esta última asume una mayor carga en el seguimiento y acompañamiento de las trayectorias estudiantiles.

En el caso de la Escuela 3, al tratarse de un establecimiento secundario de reciente creación, el rol de las y los docentes de tutoría no tiene aún la misma presencia que en el resto de las instituciones.

Este relevamiento permite evidenciar que quienes han podido consolidar un equipo de acompañamiento a las trayectorias lograron organizar un perfil de trabajo propio de cada institución. Diferente sucede en aquellas escuelas que no lograron fortalecer un equipo para dicho acompañamiento y en las que, en consecuencia, recae toda la presión en uno de los equipos (preceptores en el caso de la Escuela 4) y se debilitan los proyectos convivenciales.

Problemáticas y conflictos con mayor presencia en el regreso a la presencialidad

A continuación, desarrollaremos aquellas situaciones que los equipos institucionales señalaron como más conflictivas en el regreso a la presencialidad.

El estudiantado y el encuadre escolar

Los equipos de conducción, tutores/as, preceptores/as y EOE/DOE destacaron que, luego de la pandemia, surgieron dificultades para el sostenimiento de cuestiones vinculadas a los hábitos, las rutinas y las pautas de trabajo propios del encuadre escolar. Desde el horario, el uniforme en escuelas de gestión privada y las pautas de convivencia hasta temas vinculados con los modos de evaluación, el cumplimiento de los tiempos de entrega, las prácticas de estudio y las modalidades de organización. Todas estas cuestiones aparecen en común en las seis escuelas.

> *Entonces, bueno, ese... ese* impasse *de escolaridad, de rutina, de... de hábitos, eh... se vio modificado y alterado, y este año sabíamos que era un gran desafío porque yo les decía a mis compañeros a principio de año "Pensemos que vamos a tener 1.º, 2.º y 3.º que van a ser como un primer año". Un 3.º año que no... no tuvo... no tuvo... 2.º casi no tuvo presencial y 1.º nada, eh... un 2.º año que no tuvo 7.º, un 1.º año que no tuvo 6.º ni 7.º, entonces digo, eh... y se notaba mucho en el... en el hábito, ¿no? En el... en... "¿Cómo hago? ¿Qué anoto?". Las cosas básicas que un estudiante aún de 7.º grado tiene su... su ritmo y su organización (E. Rectora, Bianca, E1).*

Un directivo de la Escuela 6 plantea la cuestión en términos de desinstitucionalización:

> *[...] desinstitucionalización de los chicos. O sea, yo creo que ese es un problema importante, porque abarca lo convivencial, abarca lo pedagógico, abarca los hábitos y las rutinas [...] no sé si por la falta o no la falta, pero arranca la clase... bueno, eso es muy difícil hasta de sostener, por más de que esté la media falta, o esté... como, bueno, llegué más tarde, llegué más tarde... No digo que tengan que tener vergüenza los pibes, no pasa nada... Al revés, no tengas vergüenza, pero hay una... hay una constancia en la... llegada tarde, en la dificultad para marcar horario, y... que... tampoco está buena [...]. Uno no faltaba a una evaluación, y si faltás a una evaluación, traés el certificado médico o una nota de casa y por ahí el docente te toma igual la evaluación. Hoy faltan y no, no tengo nada (E. Rector, Matías, E6).*

Como señala Dubet (2007), el declive del programa institucional hace que la autoridad ya no esté sostenida en un principio superior. Son los sujetos de forma individual quienes deben construirla a partir de la movilización de ciertas características particulares de su personalidad, estilo o carisma (Dubet, 2007; Martucelli, 2009; Tenti Fanfani, 2004). Las escuelas trabajan sobre individuos a quienes deben transformar en sujetos, y esto implica sostener y maniobrar de forma eficaz la tensión entre lo singular y lo homogéneo. Este trabajo "sobre el alumno", las posibilidades de que vaya aprendiendo su "oficio" y la forma práctica en que asume su rol de ser estudiante (Perrenoud, 2006; Bourdieu, 2007) dependen en gran medida del ejercicio cotidiano que la escuela en cuanto dispositivo ejerce sobre los sujetos y están íntimamente relacionados con el encuadre institucional (su forma de organizar el tiempo y las modalidades específicas de interacción que propone entre los sujetos).

La escolaridad virtual y en burbujas que se impuso entre el 2020 y el 2021 interrumpió la dinámica escolar, sus tiempos y formas de organización. La familia o el entorno directo de las y los estudiantes debieron colaborar en la organización personal y escolar de sus hijos, con la autorregulación que, además, este proceso implicaba. Ya en el 2022 se observan las consecuencias de esta situación, quedando de relieve que la escuela continúa siendo la institución que puede promover estas prácticas pese a las fuertes críticas que ha recibido por esta labor desde fines del siglo XX y principios del siglo XXI (di Napoli, Iglesias, Silva y Levy, 2021).

Los vínculos entre pares

El regreso a la presencialidad implicó el reencuentro con los pares en una situación de copresencia corporal durante largas horas (especialmente en las escuelas de doble jornada), lo que trajo aparejadas diferentes maneras de vivenciar esta situación. En líneas generales, las y los docentes identifican que el primer cuatrimestre de 2022 estuvo signado por una sensación de mayor conflictividad en las relaciones entre pares. Cabe destacar que ese primer año de regreso a la presencialidad plena implicó una reconfiguración de las sociabilidades juveniles[4], sus agrupamientos, sus relaciones de amistad e incluso de noviazgo. Tensiones y conflictos que se desplegaron en la escuela y requirieron de distintos abordajes por parte de las y los adultos de las escuelas. Emergieron especialmente situaciones que ponían de relieve la intolerancia ante esa convivencia o incluso situaciones en las que sobresalía la tendencia al aislamiento y la evitación del contacto con sus pares.

Entre el distanciamiento y las dificultades para ponerse en el lugar del otro

Los equipos directivos, EOE, DOE y tutores/as observan situaciones en las cuales las grupalidades precisan volver a "*acomodarse*" a la convivencia cotidiana (E. Rectora, Bianca E1) o en las que aparece una dificultad para "*ponerse en el lugar del otro*" (E. Rector, Matías, E6).

La tutora de la Escuela 2 afirma: "*De alguna manera son personas que retuvieron un montón sus emociones y no tenían con quién hablar*". Y cuando se dio el retorno a la presencialidad (burbujas y grupo total), "*había algo de profundizar en los vínculos que no se había logrado en la virtualidad [...] una relación virtual que después a nivel más desde lo emocional, de realmente saber cómo estaban, surgió acá en la presencialidad*" (E. Tutora, Luciana, E2).

Hay algunos referentes de los equipos escolares que dan cuenta de lo problemático que resultó para el estudiantado la disposición a tener en cuenta el punto de vista del otro para vincularse mejor, particularmente en las Escuelas 3 y 6. "*Antes veía, ponele hace cuatro años, veía más tolerancia*"

---

4 Este aspecto se desarrolla en detalle en el capítulo 3.

(E. Psicopedagoga, Pamela, E6). También destacaron cierta agresividad en la forma de resolver los conflictos: "*Con la agresividad, con imponerse*" (E. Rectora, Susana, E3). A su vez, la Escuela 3 identifica como problemático el aislamiento entre estudiantes posterior a la pandemia:

> *Aisladísimos entre sí, este... y también ante la pregunta: "Ay, faltó Fulano, ¿tenés idea qué le pasó?". Viste esa cosa de ponerlo en el grupo, por supuesto yo puedo llamar, de hecho lo hacemos, a la familia. Pero era esta cosa de decir "bueno, ¿qué sabés de tu compañero?". Nada. Pero absolutamente nada. Eh... o por ejemplo, no saber cómo se llama el compañero de al lado, los chicos nuevos, que no habían estado antes, compartiendo secundaria, que ingresaron, por ahí se cambiaron de escuela en pandemia... No saber el nombre de sus compañeros. Realmente fue una cosa que costó mucho, fue un trabajo, porque después, bueno... se logró, finalmente. Se hizo la fiesta de egresados, se sacaron la foto, se abrazaron, se pudo trabajar. Pero todo el año, todo ese proceso fue bastante arduo. Y... y ahora también, bastante. Bastante menos, pero también se sigue viendo eso (E. Rectora, Susana, E3).*

El equipo de la Escuela 3 entiende las problemáticas para la convivencia a partir de la dificultad en haber construido un sentido de pertenencia y la gran cantidad de movilidad en el grupo de pares. Recordemos que en esta escuela el 50 % del estudiantado ingresó entre los años 2020 y 2022, por lo cual "*son como estudiantes que van llegando, o sea, algunos entraron al tercero, otros en cuarto, en quinto*" (E. EOE. Rebeca, E3). En esta institución con ideario inclusivo, también se menciona la presencia de liderazgos negativos de un puñado de estudiantes frente a la mayoría con "*problemas de inhibición para comunicarse*". No parece un detalle menor esta observación dentro de una institución pequeña que trabaja con la diversidad, y profundizan su mirada de la situación: "*Hay mucha, mucha falta de esto de expresarse, expresar cuál es la perspectiva. No te digo las emociones, pero sí cuál es la perspectiva. Cuál es el punto de cada uno en el conflicto. Expresar su situación, su intención*" (E. EOE. Eloísa, E3).

El equipo de la Escuela 6 refiere una posición significativamente diferente respecto de la situación de inhibición. Una de las tutoras menciona:

> *Yo lo que intento trabajar mucho con ellos [...] es sobre todo el trato entre ellos y en relación a las palabras. Porque noto que en este año [...] es como un tema de... de la banalización de las palabras. Porque... porque la excusa de ellos es que son amigos, entonces que al otro no le jode. Eh... pero en el medio se dicen cosas horrendas, que, bueno, sabemos que eso sucede, pero noto que hay algo ahí muy... de ellos y de esta época (E. Psicóloga y tutora, Carla, E6).*

Contrariamente al equipo de la Escuela 3, el que pertenece a la Escuela 6 entiende la conflictividad a partir de formas de trato entre pares que, desde una mirada adulta, pueden resultar ofensivas. Asimismo, la posibilidad de que algunos estudiantes se animen a decir lo que sienten pareciera ser una actitud que genera roces. En esta escuela numerosa, donde se promueven desayunos y talleres de convivencia, la figura de la tutoría se presenta como referente y catalizadora de la conflictividad. Allí, el equipo destaca que el estudiantado *"puede decir lo que les molesta"* (E. Dir. de Est. Maricel). A partir de esto, nos preguntamos qué sucede entonces cuando se promueve la palabra y las chicas y los chicos pueden decir no solo lo que les agrada, sino también lo que les molesta. ¿Cómo se expresa el desagrado, el desacuerdo, la propia perspectiva, particularmente en escuelas con tanta matrícula? ¿De qué maneras la escuela puede contener los espacios de diálogo que habilita?

Rispideces entre géneros, rivalidades y enfrentamientos físicos

En relación con esta temática, docentes de tutoría y EOE/DOE han manifestado problemáticas relacionadas con "*peleas*" o situaciones de conflicto entre las y los jóvenes, que se han acentuado en la pospandemia. Las peleas que describen los referentes de tres escuelas de gestión privada (dos de ellas de CABA, y la tercera, de la provincia de Buenos Aires) tienen como protagonistas tanto a mujeres como a varones. Una tutora de la Escuela 2 manifestó que ha observado cierto incremento en las conflictividades entre pares.

> *Muchos, mucho conflicto con las relaciones sexoafectivas, entre ellos [...]. "Me robaste el novio", "Me robaste la novia". Que yo en otro momento, o sea, bueno, sí, pero conflicto a nivel "Me agarro de los pelos", tipo, situaciones de violencia. O sea, a ese nivel (E. Tutora, Luciana, E2).*

En esta misma escuela, el cuerpo de tutoría observa comentarios discriminatorios habilitados por el grupo en relación con las sexualidades disidentes, con los cuerpos no hegemónicos y con las diferencias propias de las personas:

> *Más terrible me parecían los comentarios homofóbicos que están como... No sé, como re naturalizados también. En algunas partes. En algunos momentos, ciertas personas, tampoco "¡Wo!". Pero en otros colegios no me pasa. O sea, si alguien dice eso otro salta, el mismo grupo se autorregula. Y en este pasaba que nadie decía nada y yo decía "¿Qué?" [...] hay algo como medio instaurado de no ser diferente. Una cosa así. Muy particular, porque [...] va más en un "Nosotros somos el adentro y ellos son el afuera", el de afuera es el negro, el gordo, el gay (E. Tutora, Luciana, E2).*

La tutora se muestra preocupada por este tipo de manifestación, a diferencia del equipo de conducción, que no comparte la misma preocupación por este tipo de intercambio entre estudiantes. Cabe destacar que, para el equipo directivo de esta escuela, los conflictos, si bien están presentes, no resultan significativos ni lo suficientemente disruptivos como para generar alertas o intervenciones específicas. La única situación que destacaron estuvo vinculada a una pelea entre dos estudiantes mujeres que implicó una amenaza de ir a los golpes entre las alumnas y ante cuya situación se intervino suspendiendo a esas estudiantes de la posibilidad de realizar un viaje de estudios[5]. El equipo de conducción señaló que, al *"ser un colegio chico"*, pueden detectar de forma rápida situaciones conflictivas e intervenir a tiempo.

Por su parte, en la Escuela 1 y 5, se evidencian situaciones problemáticas que dan cuenta de cierto desencuentro entre varones y mujeres. En el caso de la Escuela 1, las mujeres expresan un sentimiento de sobrecarga de las actividades de la escuela, y señalan la dificultad de trabajar colectivamente con los varones. En ambas escuelas se expresaron conflictos por cuestiones de género que se manifestaron por medio de grafitis y escraches.

En la Escuela 5, se menciona una serie de dificultades entre varones y mujeres, originadas por un escrache en redes sociales dirigido a un compañero, quien fue acusado de acoso hacia un grupo de compañeras. Ante esta situación, un grupo de alumnas planteó el tema en la escuela, lo que llevó a la salida del estudiante involucrado. Este acontecimiento generó una demanda en varios cursos sobre la necesidad de *"concientizar"* acerca de estos temas. La directora de la escuela explica que el proceso comenzó con el *"enojo"* de los estudiantes, seguido de la sensación de que *"la escuela no hace nada, y nos ayudamos entre nosotros"*, hasta llegar a la propuesta de diseñar talleres en los que adolescentes y adultos trabajaron juntos para abordar la problemática. De allí surgieron talleres diseñados en forma conjunta por el estudiantado y docentes de la escuela.

Por su parte, la asesora pedagógica de la Escuela 1 destaca la escritura de grafitis que realizan las y los estudiantes y que son una forma de expresión de quejas o acusaciones. A partir de esta situación, se dispusieron jornadas y talleres de convivencia. Incluso se ha dispuesto la elaboración de un mural colectivo y allí mismo, en el proceso de construcción, se han agregado grafitis. Las referentes del equipo indican

---

5 En el apartado sobre las relaciones entre familia y escuela, detallaremos más este conflicto.

que se ha acentuado una mirada acusatoria de las jóvenes respecto de sus compañeros varones: *"Las pibas piden la cabeza de los pibes"* o *"algunos aducen que hay una posición de un feminismo extremista"* (E. DOE, Celia, E1).

Aquí, la dificultad se lee en términos de la expresión de un colectivo, el de estudiantes feministas, que pueden llegar a dejar en situación de vulnerabilidad a sus compañeros varones. Esta lectura abre una nueva pregunta para el DOE en términos de cómo lograr que las personas y los colectivos se expresen en la escuela sin reproducir cuestiones de violencia que denuncian. Hay investigaciones que analizan los escraches y destacan que la voz de las estudiantes feministas que recurren a ese recurso lo hacen, principalmente, como un "instrumento de cuidado" entre mujeres y no necesariamente un modo de castigo o marginación del compañero (Palumbo y di Napoli, 2019). De cualquier manera, pese al llamado de atención de los grupos de chicas, el mismo equipo también observa que los varones tienen una forma de experimentar la masculinidad con cierta dificultad para *"registrar al otro"* (con relación al vínculo con mujeres) (E. Directivo, Marta, E1).

Otro aspecto que emergió con mayor fuerza en el regreso a la presencialidad fue el vinculado a conflictos por diferencias en cuanto al origen social. La Escuela 1 se caracteriza particularmente por la coexistencia de dos sectores sociales heterogéneos. Un grupo conformado por hijos de profesionales que eligen la escuela por su orientación y por conocer su historia. Y otro grupo de origen social más humilde, que se acercó a la escuela a partir del cambio de modalidad de inscripción, ahora en modalidad *online*. Si bien no hubo hasta el momento grandes episodios críticos sobre este tema, el DOE de la escuela señaló cierto proceso segregativo entre quienes se anotan en la escuela sabiendo de su historia y modalidad y eligiendo la orientación y quienes llegan de modo más azaroso a la escuela a partir de la inscripción *online* o por su doble jornada.

Esta segregación también se evidencia en la Escuela 2. Uno de sus tutores menciona diferencias y conflictos íntimamente relacionados a las posibilidades de acceso a ciertos bienes de consumo por parte del alumnado, como celulares y marcas de prestigio.

> *E: Al principio lo que fue el primer cuatrimestre sí, había muchísimo, muchísimo conflicto. Yo vi muchísimo.*
> *V: Claro. ¿Qué es lo que observaste?*
> *E: Yo para mí creo que era un tema de... O sea, eran pasajeros [...] pero eran como de quién tiene el mejor celular. Así comenzó, ¿sí? Como de quién tiene el mejor celular, porque si tiene mejor cámara para los videos de TikTok. Y después ya se fue a un tema de quién podría a superar a la otra o al otro, sencillamente por su calidad económica. Que eso lo percibí acá (E. docente de Química, Edgard, E2).*

En la Escuela 4, sucedió un episodio particular que involucra violencia física entre pares, y su directivo reconoce que hay otras dificultades que tienen que ver con el funcionamiento organizacional de la escuela previo a la pandemia que dificultan el abordaje colectivo de las situaciones problemáticas. De este modo, el DOE identifica cuestiones de infidencias al estilo de "*Fulanita dijo que...*", "*Le dijo a Fulana que...*" (E. DOE, Mónica, E4) que derivan en conflictos de violencia física entre pares. Esta situación se inicia también mediante perfiles de Instagram que usan las y los estudiantes para contar cosas tanto personales como de terceros. Aquí, a diferencia de las Escuelas 2, 5 y 6, se trata de una institución de gestión estatal con una comunidad a la que asisten jóvenes en situación de alta vulnerabilidad social. La interpretación del DOE, en estos casos, se centra en la necesidad de los chicos y las chicas de presentarse frente a otros u otras de modo defensivo, con cierta "*dureza porque son de población de villa*" (E. DOE, Mónica, E4). El vicerrector de la escuela menciona que una manera legitimada de resolución de conflictos por parte del estudiantado es la violencia física, atribuyendo este tipo de comportamiento con la cercanía que el alumnado tiene con la cultura carcelaria.

> *A la salida, dicen... lo van a venir a buscar para pelearse, con... arma blanca; o sea, como que está esa idea, que no sé si es más... tirando a... una cultura tumbera, por decir de alguna forma, porque evidentemente con machete, y lo que usan... y la forma de dirimir conflictos... eh... y teniendo muchos alumnos con los familiares en situación... de prisión [...] y carcelaria, también tenemos... Eso de alguna manera también estaría influyendo, y... en la conducta de ellos, en la forma de resolver la... la... la... de dirimir conflictos, me parece (E. Vicerrector, Nahuel, E4).*

Vale destacar que, en esta escuela, el DOE plantea sentirse demandado y con pocas posibilidades de atender a todas las situaciones debido al gran número de matrícula sobre el que tienen que intervenir y la desproporción de horas destinadas a los cargos. El vicerrector coincide con esta mirada e incluye en esa complejidad la movilidad, el ausentismo y la alta rotación de los cargos de docentes. Sin embargo, tanto el DOE como el vicerrector rescatan las jornadas de ESI sobre vínculos que realizan los referentes como una estrategia relevante y destacada, dentro de un escenario donde hay poca iniciativa para la intervención.

Los padecimientos subjetivos

La vuelta a la presencialidad trajo desafíos en torno a la sociabilidad en un momento vital en el que el grupo de amistades, el curso y, más ampliamente, la institución cobran un lugar protagónico. El grupo de pares constituye un sostén socioafectivo que impacta en la subjetividad de cada estudiante, cuestión que es analizada en profundidad en el capítulo. Este diálogo entre lo personal y lo grupal constituye un factor fundamental para analizar las problemáticas desde su complejidad. El padecimiento se expresa de distintas maneras y afecta la salud entendida en sentido integral tanto en relación con uno mismo como junto con los otros. Se observan cuestiones ligadas a la depresión y la ansiedad, a problemáticas de consumo de sustancias (drogas, alcohol) y a trastornos de la alimentación. Equipos de orientación, directivos y tutores/as reconocen que estas situaciones se acrecentaron en el regreso a la presencialidad. Un docente de la Escuela 2 lo manifestaba de la siguiente manera:

> *Porque yo no estoy acostumbrado a un curso de repente... Creo que son veintipico, en 3.º, no llegan a 25. Que en un curso de 25 haya cinco o seis personas que tienen cuadros de ansiedad. Paremos la mano porque esto no es normal, no es algo frecuente, no pasa todos los años, y acá nos está pasando que de repente hay un montón de cuestiones que decís "Bueno, pero ¿cómo hacerlo?". Porque esto, que era algo que podía pasar en un curso, un chico, una chica tiene un cuadro de ansiedad [...]. Bueno, ahora es como cada vez más frecuente (GF Docentes, Joaquín, E2).*

El DOE de la Escuela 4 observa "*mucha depresión, mucho desgano, mucha apatía*" (E. DOE, Mónica, E4), y que, pese al creciente número de casos que requieren atención de salud, realizan derivaciones que difícilmente se encauzan a un tratamiento ya que los centros de salud están colapsados y no cuentan con fechas para la atención inmediata. La psicóloga refiere que "*lo que se observa es una situación de muchísima vulnerabilidad y mucha dificultad para la derivación en la asistencia. Nosotros nos encontramos con un escollo importante, porque nuestra población en general no tiene obra social, ni cobertura médica*" (E. DOE, Grisel, E4).

Muy cerquita de esta escuela, en el centro geográfico de la CABA, una referente del equipo de apoyo de la Escuela 6 menciona que el estudiantado se siente "*agobiado, como con muchas exigencias, muchas cosas para resolver*" (E. Psicopedagoga, Pamela, E6). Esta exigencia pedagógica se conjuga con padecimientos subjetivos. Sin embargo, presenta un abanico más amplio de posibilidades de intervención, ya que encontramos referencias a tratamientos psicológicos y psiquiátricos. La referente del equipo expresa:

> *Lo que yo veo actualmente, que me asusta un montón, es muchos chicos que no están solamente en espacios psicológicos, sino también psiquiátricos. Al ser psiquiátrico, ¿qué abarca? Medicación.*

> *Entonces, eso a mí, la verdad, me preocupa muchísimo. Muchos chicos medicados, la medicación psiquiátrica no es un chiste... los chicos salen, toman, son bombitas de tiempo (E. Psicopedagoga, Pamela, E6).*

Más allá de las posibilidades de derivación, lo que observa la referente es que *"hay poco espacio para el diálogo, para el diálogo de los chicos con sus familias, y mucho esta cosa de... 'Voy a la psiquiatra'"* (E. Psicopedagoga, Pamela, E6). Ambas escuelas son del mismo barrio, pero presentan perfiles institucionales bien diferenciados, haciendo conjugar no solo la pertenencia socioeconómica de sus estudiantes, sino también la articulación con las familias. ¿Espera la escuela algo en relación con sus familias? ¿Cómo es esa demanda? (este punto se ampliará más adelante).

Otra institución, la Escuela 1, de un barrio vecino respecto de las anteriores escuelas de la CABA, también observa:

> *Hay un montón de chicos haciendo tratamientos terapéuticos, un montón. Hablé con un pibe de primer año que el pibe dejó de venir. Me dice "Está deprimido, no quiere...". ¿Viste? Bueno, lo cité para el lunes para ver cómo terminamos el año, pero sí, hay un montón de situaciones donde lo emocional impacta en los procesos de enseñanza y de aprendizaje (E. Directivo, Marta, E1).*

Está claro que los procesos no se dan en un vacío ni pueden aislarse las variables. Esta etapa histórica tiene sus consecuencias a partir de la pandemia, pero también se carga de significados cuando se la enlaza con un análisis de la situación familiar, entre otros aspectos que pueden considerarse. La entrevistada interpreta esta situación a la luz del vínculo primario de las y los estudiantes, particularmente con las madres:

> *Está bien que cuando empiezo a ver la historia de los pibes, ¿viste? Generalmente tiene que ver con familias disfuncionales, ¿viste? [...]. Y en esta escuela aparece, pero por ahí no aparece tanto, no diría*

> *que es la mayoría, pero bueno, que se ve esto de madres que por ahí se desvinculan un poco de los hijos, se separan y por ahí arman nuevas familias, entonces no se vinculan, no se comprometen por ahí lo suficiente en algunas cuestiones (E. DOE, Celia, E1).*

La respuesta por los conflictos puntualiza sobre hechos y situaciones problemáticos para abordar:

> *Arrancamos el año con un montón de pibes con ataques de pánico que no aguantaban estar en el aula. Me los bajaban a mí. Hasta que yo también fui diciendo "Bueno, a ver, paren. Yo soy una asesora pedagógica, no soy ni la jefa del psiquiátrico, no sé, veamos qué hacemos", pero sí. Este año como nunca, sobre todo en la primera parte del año. Después me parece que se acomodó. Pero la primera parte del año sí, era cada dos por tres. Ansiedad... (E. Directivo, Marta, E1).*

En el caso de esta escuela, debido a la alta demanda vinculada a estas temáticas, se propuso un proyecto para promover la salud:

> *Fue uno de los propósitos de nuestro proyecto escuela de este año, atender la salud en forma integral de los estudiantes. Hubo taller por ejemplo del Durand que vino en el primer semestre a dar un taller sobre nutrición. Eso lo pedí yo porque eso era también otra cuestión, mucho trastorno de la alimentación, mucho, de primero a quinto (E. Directivo, Marta, E1).*

La Escuela 1 ha optado por distintas estrategias: articular con los servicios de salud, pensar acciones pedagógicas o articular con las familias. Desde una concepción de la escuela como promotora de la salud integral (OMS, 1993; OPS, 2018), las estrategias desplegadas buscan impactar en la prevención de conductas de riesgo y en la posibilidad de desarrollar la salud integral. Por ello, el equipo DOE ha tomado experiencias de padecimiento subjetivo a partir del consumo de sustancias o problemas de alimentación, referenciándolas como puntapié para la gestión de clases o charlas que brinda el hospital en la escuela. En este sentido, en estas charlas hay una identificación de las posibilidades de acción escolar, al mismo tiempo que se reconoce que es imperioso realizar conexiones fuertes con los servicios de salud, de modo de establecer una continuidad entre las instituciones escolares y sanitarias (Kornblit, Mendes Diz, Di Leo y Camarotti, 2007).

Por su parte, en la Escuela 5, de gestión privada y perteneciente a la provincia de Buenos Aires, tutores/as, EOE y directivos también coinciden en el diagnóstico del incremento de situaciones vinculadas a la salud mental del estudiantado. Desde tutoría se mencionan situaciones de mucha angustia por parte del alumnado (especialmente en 2021), como así también la apelación a certificados de salud mental para la obtención de cambios de curso durante el periodo de funcionamiento de las burbujas, hasta fobias, dificultades para permanecer en el aula y problemas de alimentación.

> *Cuando aparece el conflicto, aparece la angustia, el no saber qué hacer con eso. Digo, muchas fobias. Hay gente que se tiene que ir del aula, ¿viste? Porque no aguanta, no aguanta y te empieza... Tenemos un caso muy particular este año de una chica que ya directamente tiene temblores [...] pibes que no pueden estar en aula, o sea... Se empiezan a angustiar, angustiar, angustiar, angustiar. Ansiedad, no lo pueden manejar. "Andá, da una vuelta, mojate la cara", yo qué sé, vuelve. Totalmente genuino (E. Tutor, Federico, E5).*

La cuestión de los padecimientos, si bien no es exclusiva de estas escuelas, parece recrudecer en instituciones de jornada completa, por lo que también se vuelve interesante pensar cómo se vivió la vuelta a la presencialidad en instituciones que tienen una carga horaria extendida. En otro trabajo (di Napoli y Silva, 2023), hemos abordado cómo el aumento de la intensidad de la escolarización en el ciclo 2022 generó cansancio, agobio y otras sensaciones perturbadoras en mayor medida para quienes asistían a escuelas de jornada extendida. El estudiantado pasó de estar en su casa todo el día a una escolaridad intensiva, con una ruptura en relación con el uso de los tiempos y el espacio y con demandas particulares de cada institución.

En todas las escuelas, tanto equipos de conducción y EOE/DOE como tutores/as toman nota de lo que acontece, promoviendo acciones e intervenciones concretas, destacando que estas preocupaciones guardan una estrecha relación con las responsabilidades que atañen a la escuela en términos legales y también éticos.

Es indudable que la experiencia excepcional de la pandemia dejó marcas en las subjetividades de las juventudes. Nos preguntamos por los modos en que estas cuestiones interpelaron a la escuela y promovieron intervenciones de diverso tipo. Cabanas e Illouz (2019) plantean que uno de los ejes centrales sobre los que se asienta el neoliberalismo es la construcción de un *ethos* terapéutico, que coloca la salud emocional y la necesidad de realización personal como el centro del progreso social y de las intervenciones institucionales. Esta *psicologización de la vida cotidiana*[6] resulta un elemento clave para interpelar las formas de abordaje de las problemáticas que el alumnado demanda a la escuela. Es preciso abrir la pregunta respecto de si las intervenciones que realizan las instituciones apuntan a colectivizar los padecimientos humanos o si, por el contrario, predomina una perspectiva médica de corte psicológico individual, cuestión que obtura modalidades colectivas de intervención/atención/cuidado.

---

6 Con "psicologización de la vida cotidiana", nos referimos a que los sujetos cada vez más utilizan explicaciones de la realidad en las que intervienen en mayor medida aspectos vinculados a la dimensión individual de vida, a cualidades psicológicas (depresión, ansiedad, angustia, etc.), y se dejan por fuera aspectos sociales, económicos, históricos, culturales.

Relación familia-escuela

Como hemos mencionado, entre las problemáticas con mayor frecuencia en el regreso a la presencialidad, tutores/as, equipos de conducción y de orientación escolar hacen foco en el estudiantado. Resulta interesante traer a colación que en todas las escuelas las familias aparecen o como actores a los que se les "notifica" alguna situación particular referida a sus hijos e hijas, o como parte de la explicación del problema. Además, la pandemia involucró también una mayor proximidad con las familias, cuestión novedosa para este nivel educativo, lo que implicó también reconfiguraciones en cuanto a las modalidades de comunicación. A continuación, detallaremos con mayor profundidad estos ejes.

Las familias: intercambios de mayor formalidad y distancia

Como se ha mencionado, varias escuelas refirieron a conflictos entre pares vinculados a infidencias o enfrentamientos. La Escuela 6, frente a la existencia de peleas, menciona la dificultad de las familias para reconocer la situación o, directamente, lo que entienden por un desconocimiento de las características de sus hijas e hijos.

Por su parte, la Escuela 5 también hace referencia a las situaciones de peleas y las distintas respuestas de las familias: algunas se preocupan, y otras lo interpretan como una agresión hacia su hijo o hija.

> *Hay una familia que por ahí te dice "Sí, bueno, ¿qué pasa? [...] vamos a hablar", y hay otra familia que dice "No, se la agarran con mi hijo. Eso también hay que trabajar por más que sepamos que él también se las manda" (E. DOE, Raúl, E5).*

Las referentes del DOE de las Escuelas 5 y 6 realizan un análisis de la situación a la luz de su vínculo con las familias o la lectura que cada una de ellas realiza sobre la situación de su hijo o hija. Se destaca entonces algún tipo de expectativa en estas instituciones.

> *Después de citar a las familias, nos volvemos a encontrar y vemos qué resultó de eso (E. DOE, Raúl, E5).*

> *Mucho de esto [en relación con las conductas de los chicos] es de la familia. [...] es como que hay mucha demanda que el colegio te resuelva todo. En todo caso, andá con tu hija, con tu hijo, fijate, revisá (E. Psicopedagoga, Pamela, E6).*

Particularmente, ambas escuelas señaladas son escuelas confesionales, en las que la pertenencia comunitaria y el rol de la familia como institución suelen ser particularmente valorados.

Por otro lado, la Escuela 6 estableció reuniones entre el equipo directivo y las familias como modo de articular pero también de proteger al cuerpo docente, en esta institución se destaca la presencia e intervención del equipo de conducción. Mientras que la Escuela 5 se maneja con cautela y manifiesta temor a que se judicialicen los conflictos; de hecho, destacan que una cuestión preocupante es cierta exacerbación por parte del alumnado de que todo trato es vivenciado como maltrato, considerando que esta actitud del estudiantado podría estar siendo promovida por las familias.

Por otra parte, en esta escuela sus autoridades identifican dos tipos de familias. Aquellas que adhieren al espíritu y la visión confesionales y pedagógicos de la institución y cuyos hijos e hijas asisten desde los primeros años y aquellas que tienen un vínculo más mercantil de usuario o cliente y cuyos hijos e hijas se incorporaron en años de escolaridad más avanzados y provienen de escuelas de más alto poder adquisitivo. Por su parte, en la Escuela 2, se evidencia una fuerte presencia de las familias, pero en este caso aparecen demandas que disputan cierto poder en función de la alta cuota que abonan mes a mes. En este contexto, la intervención de las familias es presentada por los directivos de dos formas: por un lado, se reconocen aquellas familias que toman en consideración los comentarios y las recomendaciones de la escuela y, por otro lado, aquellas que reaccionan de forma negativa ante los llamados de atención que se les realizan (ya sea por temas vinculados con el rendimiento de las y los estudiantes en una determinada materia o por temas de convivencia). En este último caso, se evidencian también situaciones en las cuales los conflictos entre estudiantes escalaron también a conflictos entre las familias, al punto tal de que estas desplazaron a la escuela como institución mediadora y eligieron la judicialización de determinadas situaciones. Ante estos conflictos las tensiones y los desequilibrios de poder involucran maniobras en las que el equipo de conducción tiene que erigirse en una posición firme y como última instancia de apelación de lo conflictivo. A este respecto, el rector relata un episodio que resulta ilustrativo:

> *J: La primera vez... no sé... en... en... en... años, que se aplicó una suspensión con no ingreso al... al... al colegio. Eh... fueron... no fueron... dos varones. Fueron dos niñas. [...] que hicieron amenazas... este... verbales, de... de... de... golpes.... de agresión física... [...]. Este... bueno, en presencia de un profesor. El profesor... "¿Cómo hago?". "Bueno... hacé un informe. Decinos qué es lo que viste, y en función de lo que vos viste, nosotros tomamos una decisión". De todas formas, llamamos a las dos agresoras, a las dos agredidas... bueno, tienen... una hoja, una hoja, una hoja, una hoja... tienen una instancia de descargo. "Relaten, por escrito, qué es lo que ocurrió". Entonces, bueno... empezamos a cruzar información. [...]*
> *V: ¿Cómo... fue eso recibido por las familias?*
> *J: Las consecuencias... las consecuencias fueron estos chicos de quinto año mañana se van de viaje. ¿Todos? No. Estas dos chicas tienen prohibición, pero prohibición de ir al viaje. Fue... imaginate... Un escándalo [...] una familia lo entendió y acompañó... un poco apretando los dientes, pero entendió... y acompañó. Y otra... bueno, sí, un... un tirón de la soga, a ver... hasta dónde el colegio cedía. Y en esta, el colegio no cedió [...] porque es que estas cosas nos ocurren muy rara vez... bueno... lo que es... la conversación, este... la persuasión, este... los llamados de atención y, en los casos necesarios,*

> *los ajustes que hacen falta tienen efecto [...] Así que... digamos... cuestiones así, de disciplina, no es algo que nos preocupe (E. Rector, Jorge, E2).*

Como podemos observar, ante las presiones por parte de una de las familias de que revisaran la intervención, la escuela no cedió al pedido, sino todo lo contrario, rigidizó su postura. Al mismo tiempo, aluden a que la *"baja conflictividad"* que hay en la escuela se debe al funcionamiento de esta como una *"gran familia"* en la que predominan la escucha y la articulación entre preceptores/as y tutores/as. Señalan de esta manera que durante la pandemia las y los estudiantes estaban solos dado que, en muchos casos, sus familias estaban fuera del país, siendo el colegio un lugar que ofrece escucha atenta.

Las familias como parte del problema

En el otro extremo, la Escuela 4 con población altamente vulnerable prácticamente no establece un vínculo con las familias. Las profesionales del DOE observan problemáticas diversas:

> *Vulnerabilidad por situaciones familiares, de historia, situaciones socioeconómicas, ambientales. También que tienen mucha dificultad para resolver los conflictos, justamente por el tema de que la pandemia impidió esa cosa de poder socializar y tener las herramientas necesarias (E. DOE, Anahí, E4).*

El DOE trabaja atendiendo los *"casos problema"* o su derivación al área de salud. A su vez, como se ha mencionado, el equipo se manifiesta en soledad respecto a instituciones públicas de salud mental a quienes reclaman intervención abiertamente, encontrándose en muchas situaciones con obstáculos para concretar un turno debido a la sobredemanda que existe en los hospitales públicos y centros de salud. Tanto la conducción como el DOE consideran que las familias no acompañan la propuesta institucional de la escuela e incluso que portan hábitos y formas de relacionamiento opuestos al encuadre escolar.

La Escuela 3, por su parte, ha señalado que algunos conflictos son la causa del enfrentamiento "*entre familias*" de estudiantes que asisten a la misma escuela. En estos casos las disputas están vinculadas a cuestiones territoriales y amenazas entre adultos que pueden recaer en las y los jóvenes. Frente a estas situaciones, la escuela articuló con otros actores ministeriales, como, por ejemplo, la Dirección de Psicología Comunitaria y Pedagogía Social (DPCyPS), pero no fue posible revertir la situación, y una de las familias terminó cambiando a su hija de la escuela. Así lo comenta la rectora:

> *S: Por ejemplo, una chica... la sacaron de la escuela. La mamá vino, hablamos con ella, tratamos de acompañarla, trabajar... todo lo que podíamos, dentro de la escuela, hacer. No podemos hacer más que eso. Eh... le ofrecimos acompañamiento a la familia inclusive, y la mamá dijo: "No, no... con esa gente no. Me da miedo, me da miedo... La saco, la saco, después vemos... Después, más adelante, por ahí, cuando Fulano ya se vaya, vuelve". Porque además era una familia, esta que refiero, muy arraigada a la escuela; que además hemos acompañado muchísimo [...]. Hemos ido a la casa, hemos articulado con... eh... con otros actores, que también están vinculados a la educación, pero que están por fuera, como equipos distritales, este... acompañamiento psicológico, ¿viste? Mucho... mucha articulación, por situaciones que han vivido, escolares y no escolares [...] mucho cariño, mucha historia, con esa familia, y bueno... Pero la mamá tomó esa decisión por miedo.*
> *P: O sea, ¿había una cuestión de amenazas...?*
> *S: Ella por lo menos sentía eso, no sé si hubo una amenaza concreta [...]. O sea que se sentía amenazada y muy insegura, si su hija seguía viniendo acá (E. Rectora, Susana, E3).*

Cabe destacar que, a diferencia de la Escuela 4, en esta escuela el recorte de situación se realiza a partir de considerar que es posible "*maniobrar*" con base en la intervención con otros actores del sistema educativo como el equipo distrital de la provincia. Si bien el resultado fue finalmente el cambio de escuela por parte de una de las estudiantes, los modos en los que se llega a tomar determinadas decisiones imprimen diferentes experiencias en las y los actores. La relación que esta escuela (con baja matrícula) construye con las familias es en mayor medida de "*mediación*" ante conflictos y también de asistencia. Dada la situación vulnerable de muchos estudiantes, la escuela ocupó un rol central en la pandemia. Así, por ejemplo, distribuyó bolsones con alimentos para aquellas familias que así lo necesitaban.

> *S: Se habían implementado los cuadernillos, desde... desde el Estado. Este... así que en... en los encuentros que teníamos, que era cuando se daban los alimentos, también les dábamos el cuadernillo, y también había un intercambio afectivo, si se quiere. Entonces, eso estaba cubierto. Faltaba, bueno... darnos ese tiempo, y rescatar siempre que el vínculo era lo que teníamos que sostener. [...]. Lo que tenía que estar a flote era el vínculo, más que lo técnico. Entonces, bueno, en ese tiempo, eh... pudimos ir aprendiendo (E. Rectora, Susana, E3).*

Resulta interesante cómo, en este contexto de vulnerabilidad, esta asistencia de alimentos por parte del Estado y la escuela posibilitó, en una situación de precariedad, que las familias pudieran acercarse a la escuela y construir o fortalecer el vínculo a través de ese encuentro presencial.

Las familias: posibles lazos de cooperación

Por su parte, la Escuela 1 presenta rasgos diferenciales en lo respectivo al vínculo con las familias. Si bien ante situaciones conflictivas actúan al igual que las otras escuelas, convocándolas en las situaciones que así lo requieren, se rastrearon otras prácticas en las que las familias son convocadas a participar para la realización de actividades culturales, lúdicas y recreativas. Por ejemplo, una práctica tradicional de esta escuela es "La peña", evento del que forman parte de manera activa las familias y la cooperadora.

Es que es un re evento. Se cortan las calles, cantan los profes, cantan les pibis, vienen las familias. Como es un encuentro... Y de hecho, mientras hubo la virtualidad como modalidad, tuvimos dos encuentros entre profes y familias que a mí me encantaron, salí como "Ah, bueno, qué lindo esto". Fueron producto un poco de un reclamo familiar, de bueno, a ver qué estaba pasando, organizar más. De ahí se empezó a organizar... (E. Docente de Letras, Rocío, E1).

Es interesante observar cómo en esta escuela el lugar de las familias no se da solamente del lado del reclamo o el avance judicial, ni únicamente desde una mirada que las piensa desde la desidia o el abandono, sino que aparece la posibilidad de construir un lugar de mediación y encuentro a partir de compartir actividades que involucran poner en común los distintos saberes y posiciones de los actores institucionales. Consideramos que una cuestión clave que favorece este tipo de intercambio es el fuerte sentido de pertenencia que tienen muchas familias, puesto que una gran parte de la población que asiste corresponde a hijos e hijas de egresados, como asimismo el rol de la cooperadora y también de una porción del cuerpo docente, que tiene un fuerte compromiso con la escuela.

En síntesis, en el rastreo de problemáticas que observan los equipos de las escuelas y los vínculos con las familias, observamos que aparecen distintas posturas e intervenciones desde instancias de convocatoria, diálogo o confrontación con familias, hasta perspectivas como la de la Escuela 4, que consideran que no es posible construir instancias de colaboración.

En líneas generales podemos decir que los equipos que citan y convocan a las familias ante las que llamamos "expresiones del malestar", tanto en los padecimientos subjetivos como grupales, sostienen un vínculo crítico con las familias: los equipos aducen una dificultad en las familias para abordar las situaciones de sus hijos e hijas o, si no, se observan análisis negativos de dichas familias, como expresiones que explican el malestar. Dentro de esta concepción, las familias son percibidas como los agentes que desencadenan el desarrollo de los padecimientos, en detrimento de una mirada relacional que favorecería un abordaje integral (Selvini Palazzoli, 1993) que pudiera preguntarse qué lugar se le da a la familia como articuladora entre lo social y lo institucional cuando el contexto es altamente vulnerable. Y, al mismo tiempo, qué lugar se le da a lo social cuando existen referentes adultos que, independientemente del modo, están presentes en la vida de las y los jóvenes. Y, más interesante aún, qué lugar se le da a la escuela como punto de síntesis y con capacidad de acción entre los diferentes entramados sociales e institucionales de los estudiantes.

Modalidades de intervención de cada organización escolar

En este apartado nos centraremos en el análisis de los modos de intervención que las instituciones proponen ante estas situaciones. Para ello, nos inspiramos en el planteo de Nicastro (2018) en lo respectivo a los principios que orientan las intervenciones[7]. Al analizar las estrategias implementadas por las seis escuelas, se observa un abanico que va desde intervenciones que colectivizan el trabajo hasta propuestas que trazan un itinerario en el que predominan la fragmentación y el recorte individual de situaciones y, por ende, de posibles vías de solución.

Parafraseando a Nicastro (2018), el principio de colectivización del trabajo implica pensar en la importancia de la vinculación de la comunidad educativa como colectivo social. Esta consideración se encuentra muy obstaculizada

7 Si bien Sandra Nicastro (2018) desarrolla estos principios para analizar desde dónde se posicionan los equipos de conducción y supervisores al momento de intervenir, consideramos que podríamos ampliar esta perspectiva al análisis de los demás actores (DOE/EOE, tutores y preceptores), ya que es en diálogo y negociación con ellos donde se tejen las modalidades de intervención cotidiana que generan distintos estilos institucionales.

en la actualidad ya que la sociedad constantemente promueve la individualización o la descolectivización. ¿Qué variables tendremos en cuenta al momento de pensar las intervenciones en las escuelas? ¿Recortes individuales? ¿O pensaremos en clave relacional? Cuando un director o una directora interviene en situaciones concretas, ¿sobre qué principios se basa para actuar? ¿El principio de la colectivización o el de la individualidad? Cabe aclarar que, si bien se propone un agrupamiento de las escuelas en función de sus estrategias, las instituciones comparten rasgos y ninguna presenta de forma exclusiva todos los elementos.

Intervenciones que involucran la colectivización del trabajo: construir una propuesta política a largo plazo

Sabemos que la conflictividad es inherente a las relaciones humanas y que en todas las instituciones escolares se presentan cuestiones emergentes por resolver. Como describimos a lo largo del capítulo, prevalecen cuestiones ligadas a la pospandemia y al agravamiento de los casos de padecimiento subjetivo, como así también (en menor medida) episodios de peleas y violencia física.

Para abordar las diferentes problemáticas que acontecen en las escuelas, las instituciones pueden desplegar estrategias y proyectos tendientes a mejorar la convivencia y los vínculos interpersonales, atendiendo aquí a cuestiones ligadas con estudiantes y docentes.

Una estrategia institucionalizada en las escuelas es la tutoría. Rescatamos este dispositivo ya que en esta investigación nos centramos en el ciclo superior y no está previsto el rol de la tutoría a nivel jurisdiccional, reflejando entonces la iniciativa institucional de las escuelas analizadas para contar con el rol.

Luego, el modo en que las escuelas logran acordar o anticipar proyectos, establecer objetivos y avanzar en la resolución de las problemáticas imprime un modo distintivo en la cultura institucional y en la identidad de la gestión. En tal sentido, recuperamos el equilibrio de fuerzas fluctuantes que cada configuración escolar representa. Vale decir que hay escuelas en las que las tensiones y los desequilibrios de poder están más concentrados en la relación entre el estudiantado y el EOE/DOE/equipos de conducción. Sería el caso de las Escuelas 1, 5 y 6, en las que el estudiantado genera presiones y demandas concretas hacia los adultos de la institución. Estas instituciones (con sus particularidades) presentan el rasgo común de generar instancias de escucha, con cierto grado de institucionalización y al mismo tiempo propuestas concretas de abordaje. Al mismo tiempo, en estas escuelas, el recorte de situaciones se realiza incluyendo a diferentes actores con los que se proponen actividades concretas que implican una negociación y elaboración compartida.

Por ejemplo, la Escuela 6 propone desde instancias de comunicación formal y protocolar, como lo es la entrega del reglamento a inicio de año, hasta talleres de convivencia, pasando por los "desayunos con estudiantes" que organiza el rectorado. La articulación con las familias en estos casos implica una instancia de resolución concreta ante situaciones de conflicto. Una dificultad que hemos observado en esta escuela es la desproporción existente entre la cantidad de estudiantes, tutores/as y psicopedagoga y equipo de conducción. El equipo está conformado por varias psicopedagogas según el nivel. En el caso del nivel secundario, cuenta con dos profesionales (una asignada a 1.º y 2.º año y otra a 3.º, 4.º y 5.º). La cantidad de profesionales cobra especial relevancia en relación con la cantidad de estudiantes que hay por curso (entre 38 y 40 estudiantes), lo que involucra mayores desafíos de seguimiento. Cabe destacar que en esta institución la figura de la tutoría ocupa un lugar central y de articulación para la resolución de problemáticas de los estudiantes, siendo quienes primero intervienen ante los conflictos que se presentan.

Por su parte, la Escuela 1, al intervenir ante situaciones de conflicto, realiza articulaciones constantes entre equipo DOE y tutores/as. Dichas articulaciones implican desde conversaciones informales hasta el diseño de talleres con efectores de salud para charlas frente a necesidades de la comunidad. Cabe destacar que no todas las intervenciones suponen una acción directa ante un conflicto. Es interesante cómo en esta institución ciertas acciones como "el saludo cotidiano" a la entrada y a la salida por parte del directivo son interpretadas como maniobras que permiten generar espacios compartidos para que los diferentes actores, como por ejemplo el centro de estudiantes, puedan decir algo si así lo precisan. En esta escuela también emergen otros actores que se tornan centrales para pensar las intervenciones, como cierto grupo de docentes que son considerados "la columna vertebral del colegio" y emergen como referentes para el estudiantado. También se busca generar canales de comunicación e información en los que se comparten las actividades y propuestas diversas que genera la comunidad: se trata de un *mail* semanal enviado por el equipo de conducción que buscó visibilizar e informar las diversas acciones que se llevan a cabo. Los consejos de convivencia tienen un grado de institucionalización y funcionan como un espacio legítimo para dirimir los conflictos. El mayor obstáculo que se presenta es el de seguir promoviendo canales de participación y expresión, acompañando las demandas que realiza el estudiantado y promoviendo la responsabilización de las acciones que llevan adelante.

La Escuela 5, por su parte, involucra una modalidad de trabajo y de fuerte articulación entre sus diferentes actores. Además, a diferencia del resto de las escuelas, cuenta con un espacio institucional concreto (mensual) en el que las y los actores (tutores/as, equipo de convivencia, preceptores/as, EOE, etc.) se reúnen para poder analizar situaciones. Dicha escuela cuenta con un equipo de convivencia y trabaja de forma articulada con las y los preceptores (una vez a la semana). De esta manera, el equipo de convivencia analiza a qué demandas darles lugar y a cuáles no, y el cuerpo de delegados (en esta escuela no funciona lo que entendemos por "consejos de convivencia") realiza recomendaciones, sugerencias, propuestas, como por ejemplo "acciones reparadoras" (ver una película, analizarla y pensar implicaciones posibles, limpiar el baño si se escribió algún insulto, entre otras posibilidades). Se trata de una escuela de perfil solidario, con una fuerte apuesta institucional al abordaje de situaciones conflictivas, que, sin embargo, se enfrenta a los límites de dichas acciones: "¿Qué hacés cuando el pibe se rehúsa?". Más que un respaldo normativo, la institución organiza sus intervenciones a partir de un encuadre articulado entre el equipo de convivencia y el EOE, procurando el diálogo y los acuerdos.

Vale decir que el equilibrio de fuerzas entre adultos y estudiantes se sostiene a partir de una fuerte presencia institucional que busca pensar en múltiples maneras de respuesta ante situaciones conflictivas o demandas diversas. En este sentido, más que apelar a "buenas" voluntades individuales, el mismo proyecto escolar busca incluir y viabilizar las demandas a partir de criterios compartidos y claras definiciones respecto de cómo y qué realizar ante situaciones particulares. Para ello, la Escuela 5 tiene un equipo de convivencia que aborda lo vincular y atiende las situaciones directamente con las y los estudiantes, conversando con ellos o definiendo posibles sanciones, mientras que los miembros del EOE tienen reuniones con familias, profesionales, tutores/as y preceptores/as. Se trata luego de articular entre dichos equipos de convivencia y de orientación.

Sin embargo, se destaca cómo el estudiantado muchas veces –desde la mirada adulta– interpreta los conflictos y las intervenciones, a pesar de la amplia propuesta formativa y de intervención que promueve. El equipo de conducción plantea que es importante desarmar la cuestión de que "*no todo es maltrato*" (en los vínculos inter e intrageneracionales), tema que se ha exacerbado a partir de la pandemia.

Intervenciones fragmentadas: gestión sin gobierno

En el apartado anterior, se mencionó una serie de escuelas que tienden a colectivizar sus intervenciones. En este apartado, nos centraremos en aquellas que tienen otro modo de resolución a partir de un despliegue de intervenciones fragmentadas según los actores institucionales. Particularmente, y como ejemplo paradigmático, nos centraremos en la Escuela 4, en la que predomina cierto malestar generalizado que, interpretamos, guarda relación con la fuerte fragmentación institucional.

Se evidencian desacuerdos entre el DOE, el equipo directivo y, en distinta medida, el equipo docente, focalizando principalmente en tutores/as y preceptores/as. Estos desacuerdos conllevan un malestar que es explicitado con cierta vehemencia por las y los actores, principalmente por el DOE y los equipos de preceptores, pero también se evidencia en la movilidad de los cargos, en el fuerte ausentismo docente y estudiantil y, por otro lado, en un aspecto que aquí nos interesa particularmente, que es la forma en que cada actor ensaya una resolución de los problemas singulares y de convivencia. En este sentido, encontramos que el DOE presenta quejas en torno a la ausencia de recursos para atender a una matrícula alta y la falta de articulación con el equipo directivo. Una de las tantas evidencias que se presentan es que las reuniones de tutoría[8] y de taller de educadores[9] se desarrollan en el mismo día y horario, por

8 Las reuniones de tutoría son instancias de intercambio entre los tutores de la escuela, su coordinador/a y un referente del DOE, previstas para que se desarrollen con una frecuencia semanal. Se espera que allí se compartan problemáticas y se ideen formas de resolución institucional.

9 El taller de educadores es otra instancia de intercambio docente en la que participan docentes con cargo (con horas extraclase), un referente del DOE y del equipo directivo. Tiene una frecuencia semanal, y su propósito se centra en compartir estrategias didácticas y perspectivas pedagógicas entre pares, circular la información institucional y avanzar en definiciones de forma colegiada.

lo que las reuniones no pueden desarrollarse cabalmente, lo que reduce la posibilidad de generar acuerdos.

En relación con las tutorías, está la posibilidad de que las y los docentes se postulen, pero, de no ser así, la conducción elige a los docentes, centrándose en las horas extraclase que posea cada docente y que puede orientar al proyecto de tutoría. Esto redunda en docentes que evitan cumplir ese rol porque implica más trabajo que el esperable o por los conflictos que presenta la escuela.

Docentes y preceptores/as tienen una relación muy directa con las y los estudiantes y promueven prácticas de organización áulica, pero también atienden a cuestiones de índole personal. Manifiestan que hay decisiones que no son informadas y cuestionan otras. El DOE se centra en problemáticas singulares y lamenta la falta de articulación con el equipo directivo y con los efectores de salud. El equipo directivo promueve algunas prácticas para intervenir en lo social, pero no logra generar y sostener un proyecto educativo que articule los esfuerzos de los distintos actores en función de la convivencia escolar.

Los desequilibrios y las tensiones de poder en esta escuela se generan entre la conducción, los equipos de orientación y las familias y las y los estudiantes. Pero, a su vez, los conflictos también operan al interior de los equipos y posiciones entre directivos, docentes y DOE.

Por su parte, la Escuela 2 (que recibe a estudiantes de alto poder adquisitivo) tiene una dinámica de funcionamiento en la que la figura del rector y del director de estudios en articulación con preceptores operan como ejes centrales de actuación. Una fortaleza que señala el equipo de conducción de esta escuela es la cercanía con el alumnado (*"Nos cuentan todo"*), lo que permite intervenir antes de que el conflicto crezca o explote.

La comunicación es más bien jerárquica, los espacios de participación institucional (consejos de convivencia) no existen o funcionan como una mera formalidad. Las formas de regulación de la convivencia se enmarcan más en un estilo disciplinar en el que los conflictos se *"resuelven"* de forma pragmática ya que se trata de un colegio pequeño que funciona como una *"familia"*. A este respecto se valen de la figura de los y las docentes de tutoría y preceptoría, para *"detectar"* situaciones y *"controlarlas"* a tiempo. Se evidencia cierto malestar en un grupo de docentes que se siente poco reconocido en su tarea en relación con el monto de la cuota que la escuela cobra por estudiante y con el salario que reciben. Esto da cuenta de cierta fragmentación al interior de la institución. Pareciera que la dinámica nosotros/ellos (Elias, 2003) en este caso se daría, por un lado, entre el equipo de conducción y el cuerpo docente. Por otro lado, entre estudiantes y docentes, y, al mismo tiempo, al interior de cada división/curso de estudiantes.

La Escuela 3 (que atiende a sectores socioeconómicos bajos) se encontraba en pleno proceso de consolidación de una comunidad de pertenencia, cuestión que atiende a varios factores. Por un lado, la movilidad en el cargo de las y los profesiones que trabajan en el EOE. Por otro lado, la movilidad del cuerpo docente y del estudiantado, cuestión que también genera dificultades de una mayor articulación en el trabajo entre las y los diferentes actores. Sin embargo, aparecen en esta escuela ciertas posiciones, del equipo de conducción, que parecen favorables a la construcción de un espacio colectivo; por ejemplo, considerar que ser una escuela chica acompaña cierta posibilidad de seguimiento y de cercanía con el estudiantado, el armado de proyectos sobre todo vinculados a la inclusión, que parecerían generar ciertas proyecciones de trabajo compartido.

Conclusiones: traducciones posibles y experiencias plurales

Estamos acostumbrados a nombrar la escuela de manera abstracta y singular. Decimos que la escuela "debe acompañar a las y los estudiantes", que "la escuela ya no es lo que era antes", que "la escuela quedó atrasada", entre miles de frases que se suelen repetir desde el sentido común. A partir de la escritura de este capítulo, nos hemos encontrado con que "la escuela" nombrada en ese plano universal y abstracto se encarna en territorios geográficos diversos, se organiza de maneras particulares y sobre todo es llevada adelante por personas de carne y hueso que, en su tarea cotidiana, construyen condiciones de posibilidad para esas y esos jóvenes que día a día asisten. Las personas adultas que trabajan en las escuelas son ellas mismas condición y sostén para otros y otras. Por ello, resulta clave analizar el trabajo institucional dentro de las tramas en las que esos quehaceres se configuran.

Hemos observado la fundamental importancia que cobran los equipos de conducción y las articulaciones que realizan o no con los demás referentes educativos (DOE/EOE, tutores/as, preceptores/as, docentes y familias). En el mejor de los casos, cuando las conducciones pueden funcionar realmente como "equipo" y realizar un recorte situacional que involucra salir de una perspectiva individual o desimplicada de los conflictos que allí acontecen, las posibilidades de la escuela como ámbito de sostén y también de sentido de las trayectorias escolares se amplían.

¿Qué fue lo que la pandemia nos dejó? Aún seguimos intentando leer sus efectos. Como hemos observado, el regreso a la presencialidad plena representó un desafío enorme para las escuelas, luego de casi dos años de cambios abruptos en el encuadre escolar: desde la suspensión total de la presencialidad hasta la implementación de burbujas y otras estrategias. Volver a compartir un mismo espacio y tiempo generó un sentimiento de extrañamiento sobre lo que implica la convivencia cotidiana con otros y otras, que se tradujo en tensiones entre estudiantes, un aumento en los padecimientos subjetivos y la necesidad de repensar –o, en algunos casos, repetir– las formas de relación con las familias, entre otras problemáticas.

Sería irresponsable no tomar en consideración una cuestión central vinculada a la relación entre escuela y desigualdad social. Indudablemente, las Escuelas 3 y 4, que atienden a sectores socioeconómicos bajos, están atravesadas por las duras realidades que viven sus estudiantes, situaciones de violencia cotidiana y barrial que emergen en las escuelas y se traducen en algunas situaciones de enfrentamientos entre jóvenes. Hemos notado que estas escuelas tienden a propiciar experiencias en las que la relación escuela/estudiante pende de hilos de interdependencia social más lábiles. En el caso de la Escuela 4, tal como ha sido extensamente desarrollado, las intervenciones y la dinámica institucional tienden a la fragmentación, por lo cual se observan vínculos más frágiles entre los actores, en donde predominan situaciones de malestar. Si los adultos por diversas razones no quieren o no pueden estar allí, ¿por qué las y los jóvenes querrían estar?

A diferencia de esto, la Escuela 3 pareciera propiciar –no sin dificultades– un ambiente más organizado que la Escuela 4, aquí la posición de la directora y la secretaria es central puesto que la perspectiva está puesta en pensarse como una escuela "pequeña" que tiene proyectos de inclusión y, ante todo, reconocer que están consolidando su matrícula y que para ello precisan realizar acciones concretas que involucran pensar lo institucional. Una docente de la escuela muy comprometida nos comentaba su preocupación para que se volviese a construir el centro de estudiantes. Recordemos que recién en el año 2018 egresó la primera camada de estudiantes del nivel secundario y que en 2022 asumió la dirección una docente con bastante sentido de pertenencia.

Desde nuestra perspectiva, consideramos que los principales desafíos a los que se enfrentan la Escuela 3 y 4 son los de construir o consolidar un ámbito de pertenencia tanto para jóvenes como para las personas adultas que allí trabajan. Si la escuela no puede favorecer un sentido de pertenencia de los actores que allí concurren, se propicia un vínculo de "baja intensidad" (Kessler, 2002) caracterizado por un "desenganche" de las actividades escolares. Cabe destacar la importancia de que en estas escuelas se pueda favorecer la permanencia en los cargos ya que esta cuestión complejiza enormemente la consolidación de redes de interdependencia. En este sentido, en ambas escuelas hemos notado que las y los jóvenes no logran consolidarse como colectivo en la construcción de demandas hacia la escuela y hacia las personas adultas que allí trabajan. Lo que emerge en mayor medida es un vínculo en el que los conflictos y las situaciones que la escuela resuelve están relacionados en mayor medida con la inhibición por parte del estudiantado, es decir, dificultades en tomar la palabra y elaborar demandas (Escuela 3), o la emergencia de situaciones de violencia física (Escuela 4).

Las escuelas a las que asisten jóvenes de sectores socioeconómicos medios –Escuela 1 y 6– son las que tienen mayor diversidad en cuanto a su matrícula, han sido las escuelas en las que hemos encontrado mayores diferencias en cuanto al origen social del alumnado. Si bien todas entran en el amplio abanico de lo que denominamos "clase media", hay familias con nivel universitario completo y otros que no han terminado el nivel secundario o jóvenes que viven en barrios más céntricos y otros que están en la periferia de ciudad. Hemos notado aquí redes de interdependencia más sólidas, con mayores posibilidades de otorgar sentido a la vida institucional, es notable aquí el protagonismo que ocupan los proyectos institucionales. En el caso de la Escuela 1, la impronta de la cooperadora y las iniciativas constantes de parte de un grupo de docentes y estudiantes canalizan y configuran propuestas de acción e intervención con intenciones claramente colectivas. La Escuela 6, por su parte, con la propuesta del "voluntariado" y salidas solidarias, construye proyectos que trascienden la situación áulica y que generan la posibilidad de que los jóvenes se encuentren ocupando roles y posiciones con mayor capacidad de acción.

La Escuela 5, si bien atiende a sectores altos y medios altos, al ser una escuela confesional, conserva una mirada que vincula la relación escuela y sociedad, la importancia de la cooperación y también el sostenimiento de lazos de solidaridad. Es la escuela en la que hemos observado una mayor capacidad de articulación entre actores y puesta en práctica de proyectos institucionales.

Las Escuelas 1, 5 y 6 tienen en común que son las que más institucionalizados tienen los espacios de participación estudiantil. Creemos que los mayores desafíos a los que se enfrentan están vinculados a los modos en que traducen y dan lugar a las demandas del estudiantado. Frente a un colectivo de estudiantes que puede construir demandas de distinta índole, queda del lado de los adultos las maneras en que abren y escuchan esas demandas y, por ende, los modos posibles de abordarlas y darles lugar.

Finalmente, la Escuela 2 (que atiende a jóvenes de sectores altos) cuenta con una población con fuertes lazos de cohesión, por ejemplo, es una de las escuelas con menor porcentaje de rotación de su matrícula. Entendemos que, en este caso, los lazos se consolidan no tanto por el proyecto institucional que la escuela ofrece, sino porque es un ámbito que favorece el intercambio con personas de la misma clase social. Cierto efecto endogámico de los vínculos que se construyen entre los diferentes estudiantes favorece una dinámica de tensión entre el estudiantado y los tutores/docentes/preceptores. En términos de Elias (2003), la dinámica nosotros/ellos se daría entre los estudiantes –que en muchos casos suponen tener cierto lugar de superioridad social– y los docentes –con escasas posibilidades simbólicas de erigirse como figura de autoridad ante un estudiantado que en muchos casos manifiesta la fuerza de su poder adquisitivo–. El abordaje de los conflictos en la Escuela 2 se sostiene en una perspectiva que tiende a la fragmentación e individualización de las problemáticas. Desde la conducción se prioriza la relación directivo/estudiante, el cuerpo docente queda en un lugar de mayor repliegue. No se observan abordajes integrales en relación con la convivencia; en este sentido, no existen los consejos de convivencia. Sí hay un cuerpo de delegados que funciona al modo de una mera formalidad más que como una posibilidad efectiva de canalizar y resolver situaciones que acontecen en el colegio con participación concreta por parte del estudiantado. Las demandas que elaboran los jóvenes en esta escuela están íntimamente relacionadas con el mundo laboral y empresarial, por ejemplo, un grupo de estudiantes pidió a la escuela tener clases de educación financiera.

Nuestro interrogante al iniciar este escrito estaba vinculado a conocer cómo las escuelas construyen el territorio de lo común, por ende, cuáles son posiciones políticas que lo efectivizan en sus modos de traducción respecto de la tarea de educar. Hemos intentado, a lo largo de este recorrido, describir los diferentes modos en el que las organizaciones escolares trazan itinerarios distintos para sus estudiantes y para los actores que trabajan allí. Notamos que aquellas organizaciones que están orientadas por un proyecto a largo plazo, que pueden analizar sus intervenciones más allá de la inmediatez, tienden a generar condiciones de posibilidad y reconocimiento para sus estudiantes. Nicastro (2018) plantea que adoptar una postura política en la educación implica un proceso continuo de construcción de sentido, en el que se articulan experiencias y situaciones específicas con principios de alcance universal. Además, destaca la importancia de establecer normas y rituales que brinden contención a los distintos actores dentro de un marco de significados y tradiciones compartidos, reconociendo al mismo tiempo el desacuerdo como un elemento inherente al trabajo educativo.

Construir condiciones de posibilidad y reconocimiento para las y los jóvenes estudiantes, constituirse en sostenes de sus trayectorias no resulta una tarea menor en un contexto epocal que invita constantemente a la "violencia desubjetivante" (Frigerio, 2004; Bleichmar, 2008). Enunciado así parece una tarea sencilla. Sin embargo, como hemos intentado desplegar a lo largo de este capítulo, entendemos que, para gestar este tipo de propuestas, son precisas ciertas condiciones de trabajo dadas por los modos en que las organizaciones se concretan en el tiempo, el territorio en el que se enclavan, los objetivos que se proponen, las políticas educativas vigentes, entre otras cuestiones. Pero también en las maneras en las que los actores encarnan y encaran su tarea cotidiana cuando pueden inscribirla en una trama colectiva orientada por un horizonte de posibilidad que cree que un futuro mejor es posible.

Epílogo

La escuela secundaria a un lustro de la pandemia

Pablo Nahuel di Napoli y Andrea Iglesias

Llegamos al final de este recorrido con la participación de más de 200 voces entre docentes, estudiantes e integrantes de equipos directivos de seis escuelas secundarias del Área Metropolitana de Buenos Aires y de 20 investigadoras e investigadores del equipo Jóvenes y Escuela Secundaria[1] del Instituto de Investigaciones en Ciencias de la Educación de la Facultad de Filosofía y Letras de la Universidad de Buenos Aires. Sin duda, la pandemia por COVID-19, declarada por la Organización Mundial de la Salud (OMS) el 11 de marzo de 2020, representó un punto de inflexión para el sistema educativo, reconfigurando no solo las prácticas de enseñanza y aprendizaje, sino también los vínculos pedagógicos, las culturas institucionales y las experiencias subjetivas de cada integrante de la comunidad educativa.

A lo largo de este libro, sobre la base de los hallazgos de nuestra investigación, analizamos algunas de las huellas que dejó la pandemia desde la perspectiva de diferentes actores escolares luego de haber regresado a la presencialidad plena en 2022. Sabemos que su impacto no concluyó

---

1 Dr. Pablo Nahuel di Napoli, Dra. Andrea Iglesias, Dra. Verónica Soledad Silva, Dra. Silvia Tapia, Mgter. Natalia Levy, Mgter. Romina Ponce, Mgter. Gisela Canovas, Lic. Adriana Goglino, Lic. Victoria Galas, Lic. Cintia Candela Osorio, Lic. Andrea Veltri, Lic. Teo Saralegui, Lic. Agustina Giovanardi. Y como estudiantes: Clara Acosta, Josefina Vallejos y Florencia María. También participaron en el trabajo en calidad de estudiantes, hoy graduadas y graduados que ya no están en el equipo, Denise Alterman, Iñaki Bardín, Agustina Moschini y Paula Tomchinsky.

con la declaración formal del fin de la emergencia sanitaria por parte de la OMS el 5 de mayo de 2023, dado que sus efectos continúan permeando la vida cotidiana de nuestras escuelas. El propósito de este epílogo es plantear claves interpretativas transversales fruto del análisis de cada uno de los capítulos del libro que permitan comprender las dificultades, los desafíos y las oportunidades que enfrenta hoy la educación secundaria. En esta reflexión final, nos interesa centrarnos en cuatro claves: los recursos institucionales de las escuelas, las transformaciones subjetivas de las y los estudiantes en cuanto jóvenes, la experiencia del regreso a la presencialidad protocolizada y las estrategias institucionales de los y las agentes educativos para volver a habitar las escuelas.

La experiencia de cursar, dar clases y dirigir una institución en pandemia generó múltiples dificultades, aprendizajes y también interrogantes sobre asuntos que no estaban visibilizados o no eran cuestionados. Cada institución los afrontó y procesó de modo singular según sus propias características, pero también encontramos ciertos aspectos en común asociados al propio nivel medio, la condición juvenil de sus estudiantes y el trabajo docente.

Las instituciones educativas que participaron de nuestra investigación no fueron elegidas al azar, sino con la intencionalidad de heterogeneizar la muestra bajo el supuesto de que sus características marcan las experiencias diversas de quienes las habitan. Claramente los contextos no fueron iguales en todas las escuelas, visibilizándose desigualdades sociales y educativas que existen dentro de nuestro sistema educativo y que anteceden a la pandemia.

Al haber trabajado con escuelas de dos jurisdicciones (Ciudad Autónoma de Buenos Aires y provincia de Buenos Aires), evidenciamos las diferentes condiciones en las que se encontraba cada una cuando irrumpió la pandemia en 2020, las distintas políticas que se llevaron a cabo para afrontar la continuidad pedagógica y la disputa política que existió durante el regreso a la presencialidad protocolizado con "burbujas". Mientras que en la CABA se intentó sostener la presencialidad con múltiples interrupciones e intermitencia desde principios de 2021, en la PBA, con el advenimiento de la segunda ola de contagios, se suspendió hasta luego del receso invernal. Asimismo, las escuelas de doble jornada recién retomaron su horario completo a partir de 2022.

También resultó necesario tener en cuenta el tipo de gestión de las escuelas, las cuales contaban con diferentes experiencias y recursos institucionales. Las tres escuelas privadas (2, 5 y 6)[2] ya poseían plataformas virtuales propias previamente al año 2020, y todos y todas sus estudiantes tenían conexión a internet en sus hogares. En las escuelas con estudiantes de mayor poder adquisitivo (Escuelas 2 y 5), estos contaban, en muchos casos, con dispositivos propios y habitaciones individuales.

Sabemos que la dotación tecnológica tanto de las escuelas como del estudiantado y del cuerpo docente influyó en la modalidad y dinámica de las clases virtuales, así como también del vínculo pedagógico que pudieron construir. Mientras que en las escuelas de sectores socioeconómicos medios y altos (1, 2, 5 y 6), con el correr del tiempo, las clases virtuales sincrónicas se tornaron habituales, en las escuelas de sectores socioeconómicos bajos (3 y 4), fueron esporádicas, y en algunos casos sus estudiantes permanecieron desconectados hasta 2021 o 2022, cuando se reincorporaron presencialmente. Cabe recordar una diferencia entre estas dos últimas escuelas: mientras que en la 3 se repartieron computadoras portátiles y sus estudiantes contaron con un dispositivo individual para realizar sus tareas escolares, en la Escuela 4 no se distribuyeron y solo parte del estudiantado contaba con un dispositivo propio al momento de realizar la investigación. Por otra parte, las escuelas de mayor poder adquisitivo (2 y 5), que tenían conectividad, computadoras

---

2 Recordamos que las escuelas fueron numeradas como parte del proceso de anonimización. En el capítulo 1, se detallan las principales características de cada una en función de los objetivos de nuestra investigación.

y televisores en sus aulas, llegaron a implementar durante 2021 clases bimodales con una burbuja presencial y la otra virtual. Asimismo, si bien las distintas personas que integran el sistema educativo se vieron sobreexigidas en sus roles como estudiantes, docentes o directivos/as, en términos generales, percibimos que quienes formaban parte de escuelas con mejor conectividad manifestaron mayor agotamiento, en consonancia con otras investigaciones previas que veníamos realizando.

El uso de tecnologías digitales, eje de amplios debates y conflictos dentro de las escuelas previamente a la pandemia, se intensificó, transformándose en una herramienta indispensable para la continuidad pedagógica. El celular fue el principal canal de comunicación para asistir a las clases virtuales, realizar las tareas y estar en contacto con y entre estudiantes, docentes y equipo directivo. Esta mediación tecnológica, sumada a la transformación de todo el dispositivo escolar, reconfiguró el vínculo pedagógico. La comunicación muchas veces fue a ciegas y excedió el clásico horario escolar. Las y los docentes experimentaron diversas dificultades para encuadrar la tarea de enseñar y un malestar ante las interferencias que generaban los dispositivos para el desarrollo de sus clases. Por parte de las y los estudiantes, no encender las cámaras en clase fue un comportamiento habitual que no obedece necesariamente a la dotación tecnológica de la que disponían, sino también a cierta resistencia o incomodidad de mostrar(se) públicamente ámbitos de intimidad o privados. Tanto docentes como estudiantes que compartieron clases durante la pandemia manifestaron dificultades para recordarse, no solo por la interacción reducida, sino también por el uso del barbijo que tapaba parte del rostro, fuente principal de identidad e identificación.

En las y los jóvenes, la pandemia dejó una multiplicidad de huellas subjetivas. Una de ellas tuvo que ver con la alteración de la temporalidad escolar y juvenil, lo que fue percibido como una "pausa" y un "salto" entre las vivencias de 2019 y 2022. Fue un periodo de profundo malestar subjetivo para gran parte del estudiantado, por lo que recordarlo les resultaba inicialmente dificultoso y lo describían como un tiempo "olvidado". Ese tiempo "borrado" estuvo acompañado de un sentimiento de pérdida de amistades, de profunda soledad y de experiencias consideradas propias de la adolescencia.

Pero ese tiempo pausado representó un salto que fue catalogado como un periodo de cambios. En muchos casos hubo una reconfiguración de la sociabilidad estudiantil que estuvo atravesada no solo por la personalidad de cada joven, sino también por la maleabilidad de los vínculos en cada una de las escuelas. El grado de rotación de la matrícula estudiantil es uno de los aspectos para tener en cuenta al analizar el clima escolar y las formas de sociabilidad estudiantil que allí se construyen. También la disponibilidad de dispositivos electrónicos y la conectividad son otra arista para pensar la calidad de los vínculos que pudieran construir. A modo de ejemplo, no fue lo mismo tener más de un dispositivo disponible para hablar con sus amistades mientras estaban asistiendo a una clase virtual, así como tampoco fue igual tener conexión ilimitada desde el propio hogar para ver una película sincrónicamente con otras personas a la distancia o solo disponer de datos limitados para conectarse.

La pérdida de la rutina escolar diaria, de la vida cotidiana en las escuelas, hizo difícil sostener vínculos con pares que los ligaban a la copresencialidad, al estar cerca y poder encontrarse sin una intención o direccionalidad específica. El hecho de que algunas y algunos estudiantes hayan podido consolidar vínculos o grupos de amistad en los primeros años de la secundaria les permitió conservarlos o fortalecerlos durante la pandemia. Sin embargo, también se debilitaron los vínculos menos fuertes o que estaban atados a una sociabilidad contextual basada en el encuentro cotidiano en un mismo espacio.

Varias y varios estudiantes vivenciaron este proceso como parte de una "depuración" de las amistades en función de intereses en común, gustos y también acompañamiento: darse cuenta de quién está ahí y quién no en un momento de adversidad. También hablaron de "congelamiento" de ciertos vínculos durante la cuarentena cuando no tuvieron contacto, pero, al regresar a la presencialidad, la relación continuó como si no hubiera sucedido nada.

Para gran parte de las y los jóvenes, las amistades resultaron un pilar importante para sobrellevar los momentos más críticos de la cuarentena. Había una fuerte necesidad de compartir lo que les estaba pasando subjetivamente junto con otros pares, ya sea jugando o haciendo videollamadas. Por eso, quienes sintieron que sus vínculos se debilitaron o perdieron amistades experimentaron una profunda soledad que les trajo mucho malestar.

La soledad, junto con el aburrimiento, fue un sentimiento común que atravesó al alumnado. En algunos casos, la experiencia generó un profundo sufrimiento en estudiantes, que afectó su salud mental; en otros, fue vivida de manera menos traumática, e incluso como una oportunidad de aprendizaje. De uno u otro modo, ese aislamiento y esa soledad les brindaron un tiempo para la reflexividad y para conocerse a sí mismos. El cambio en las formas de pensarse, que percibieron como parte de haber madurado, se dio en el marco de un fuerte proceso de autoconocimiento, no necesariamente intencional, sino inducido por el aburrimiento. Al no poder verse con sus pares (salvo a través de una pantalla), se tuvieron que ver a sí mismos/as. Este proceso fue uno de los pocos aspectos de la pandemia que gran parte del estudiantado destacó como positivo, aunque no exento de malestar subjetivo.

Lo que, por un lado, fue vivido como una pausa o un freno de tiempo de interacción social, por el otro lado, lo experimentaron como un tiempo de transformaciones personales sintetizado en el significante de "crecimiento" o "maduración". Uno de los principales indicadores del paso del tiempo fueron los cambios de sus cuerpos cuando se reencontraron nuevamente en sus escuelas. Habían crecido, eran diferentes, y eso generó una serie de temores anclados en la incertidumbre sobre el reconocimiento de las y los otros y hacia las y los otros.

El regreso a la presencialidad protocolizada fue recibido con alegría, pero también con temores y dificultades para reconectar con el ritmo escolar y los vínculos sociales en un contexto de incertidumbre donde el virus todavía convivía con nosotros y nosotras. El deterioro de la salud mental de las y los jóvenes, el agotamiento del cuerpo docente y las dificultades para gestionar las instituciones en un contexto singular trajeron nuevos desafíos para las escuelas secundarias.

Este periodo de presencialidad cuidada bajo el formato de burbujas fue considerado unánimemente por todas las personas entrevistadas como la peor etapa y la más caótica, a pesar del entusiasmo que les generó volver a encontrarse. Se trató de un nuevo ensayo, esta vez de educación híbrida o bimodal, marcado por adaptaciones constantes y tensiones múltiples.

Los equipos directivos realizaron un extenuante y acelerado trabajo para generar las condiciones institucionales solicitadas desde sus correspondientes inspecciones jurisdiccionales, organizar la planta docente y ponerse en contacto con su estudiantado. La hibridez o bimodalidad implicó que los equipos docentes tuvieran que volver a rediseñar sus planificaciones, luego de un año de virtualidad. Asimismo, la simultaneidad o alternancia de clases presenciales y remotas en diversas escuelas, sumada a la constante "pinchadura de burbujas", generó una carga laboral que muchos y muchas describieron como insostenible. Este agotamiento se agravó en un contexto político polarizado, donde las disputas entre niveles de gobierno convirtieron la educación en terreno de confrontación pública. A su vez, las escuelas contaban con diferentes condiciones para adecuar el protocolo sanitario y el dispositivo de burbujas. Las dificultades edilicias impactaron considerablemente en el tiempo y la frecuencia con que los y las estudiantes pudieron asistir a la escuela.

La combinación entre presencialidad acotada y conexión remota terminó por desarticular la práctica educativa. Las jornadas laborales se prolongaron, mientras que la demanda de atender simultáneamente a dos grupos separados expuso al personal docente a una situación extenuante y casi irrealizable: estar presente en dos lugares a la vez. Este desgaste repercutió profundamente en las vidas personales del cuerpo docente, obligándolos a implementar múltiples prácticas para mantener esta dinámica profesional durante varios meses.

No obstante, tal vez el elemento que merece mayor consideración es que, al rememorar aquellos meses, las y los docentes no solamente se concentran en el agotamiento y la fatiga que les provocó la vivencia, sino que también subrayan la ausencia del propósito pedagógico. A causa de los obstáculos técnicos, la limitada participación estudiantil y los continuos aislamientos, el empeño dedicado al manejo simultáneo de los grupos separados frecuentemente resultaba infructuoso.

En el caso de las y los estudiantes, la alegría inicial por el reencuentro en la escuela se combinó con el temor de la interacción social en un contexto de incertidumbre. En los primeros días, el miedo se expresó en los cuerpos encogidos, silenciosos y retraídos de las y los jóvenes que estaban distanciados dentro de un aula encapsulada. El contacto con los otros y las otras fue objeto de temor, no solo por el contagio, sino también por estar desacostumbrados a interactuar presencialmente. En esos días primaba la extrañeza, la comunicación por mensajes de celular y el silencio en el aula. En este contexto, las asimetrías intergeneracionales se volvieron más visibles: el cuerpo de las personas adultas se expandió, tornándose más dominante. Sin embargo, jugaron un rol crucial para interrumpir esa lógica del miedo, creando momentos en los que las y los jóvenes pudieran moverse, expresarse y reconectarse. La escuela, a pesar de las adversidades, con el tiempo recuperó su rol como un espacio de encuentro. Sin embargo, cuando las y los jóvenes empezaron a "soltarse", las personas adultas debieron asumir un rol de vigilancia para evitar fisuras del protocolo, tarea titánica y antisociológica frente al deseo humano del estudiantado de querer estar cerca cuerpo a cuerpo.

Entre la población estudiantil, junto con la alegría de volver a la escuela presencialmente, se expandió un malestar por cómo se armaron las burbujas y, por ende, por la que les tocó. También les disgustaban todos los procedimientos del protocolo que debían seguir y los constantes llamados de atención que les hacían las personas adultas cuando buscaban interactuar con otros pares. Las burbujas en algunas escuelas también dejaron huella en la sociabilidad posterior de las y los jóvenes. En el caso de uno de los cursos de la Escuela 5, las exburbujas todavía eran visibles en la interacción cotidiana de las observaciones que realizamos en 2022. En otros casos, las y los propios estudiantes nos contaban que, a pesar de estar disconformes con la burbuja que les había tocado, gracias a esa disposición pudieron conocer a otras y otros compañeros con quienes empezaron a forjar una amistad o que se incorporaron a sus grupos de pertenencia. Aquí yace una de las pocas cuestiones que fue considerada como positiva en el contexto de burbujas: el trabajo escolar en grupos pequeños donde podían escuchar y aprender mejor en clase. Esto fue mencionado sobre todo por estudiantes en cuyas escuelas los cursos eran más numerosos.

Volver a compartir un mismo espacio y tiempo generó un sentimiento de extrañamiento sobre lo que implicaba convivir todos juntos, que se tradujo en tensiones entre estudiantes, entre estudiantes y docentes y entre la escuela y las familias. Los equipos de conducción junto con tutores/as y preceptores/as destacaron que, luego de la pandemia, emergieron obstáculos vinculados con los hábitos, las rutinas y las pautas de trabajo propios del encuadre escolar.

Entre las y los estudiantes, surgieron situaciones de intolerancia frente al desafío de convivir en un mismo espacio con el otro o incluso circunstancias en las que había una tendencia al aislamiento y evitación del contacto entre pares. Desde el mismo estudiantado, mencionaron que durante la virtualidad existía muy poca conflictividad porque, cuando no te llevabas bien con alguien, alcanzaba con retirarse y dejar de tener contacto. En cambio, en la presencialidad ya no existía esta posibilidad, algo que también les sucedía a aquellas y aquellos estudiantes que preferían estar en soledad o se sentían más cómodos en sus casas.

Resulta relevante destacar la disparidad de percepciones entre jóvenes y personas adultas respecto de la conflictividad en las escuelas luego de la pandemia. Mientras que el estudiantado percibe menos conflictos entre sí en comparación a la escuela previa a la pandemia, el cuerpo docente y los equipos de conducción notan lo contrario y se sienten sobrepasados por un contexto de mayor conflictividad. Por un lado, es necesario tener en cuenta que nuestras y nuestros estudiantes atribuyen su menor conflictividad a haber madurado durante la pandemia y ya no importarles las confrontaciones típicas de estudiantes de menor edad. Por otra parte, interpretamos que la mirada de las personas adultas de la escuela está impregnada por el agotamiento laboral de volver a encuadrar la tarea y los nuevos padecimientos subjetivos que trajeron las y los estudiantes a las aulas. No se trata de identificar quién tiene razón, sino de intentar comprender por qué existe esta diferencia perceptual. En particular, teniendo en cuenta que, al preguntarles a las y los estudiantes por el vínculo con sus docentes, más de la mitad estuvo de acuerdo en que en 2022 era más conflictivo que antes de la pandemia (superando el 65 % en las Escuelas 2, 3, 4 y 5). Aquí planteamos un interrogante para futuras investigaciones respecto a un fuerte distanciamiento generacional que notamos a lo largo de todo el trabajo de campo tanto en nuestras observaciones como desde la voz de estudiantes y docentes, preceptores/as e integrantes del equipo de conducción.

El retorno a la presencialidad puso sobre el tapete una cuestión que se venía anticipando durante el periodo de aislamiento obligatorio, pero al cual se le había prestado poca atención, en particular desde las políticas sanitarias: los padecimientos subjetivos y trastornos de la salud mental. Las escuelas se encontraron con una suba exponencial de padecimientos juveniles ligados a la depresión y la ansiedad, a problemáticas de consumo de sustancias nocivas y a trastornos de la alimentación.

Estos desafíos fueron asumidos por cada una de las escuelas en función de las herramientas con las que disponían luego de haber atravesado la pandemia. Indudablemente, las Escuelas 3 y 4, con mayoría de estudiantes de sectores socioeconómicos bajos, estaban atravesadas por contextos de vulnerabilidad social, donde disputas barriales a veces florecían en el espacio escolar y decantaban en enfrentamientos entre jóvenes. Hemos notado que estas escuelas tienden a propiciar experiencias en las que la relación escuela-estudiantes pende de hilos de interdependencia social más lábiles.

Los principales desafíos que enfrentan estas dos escuelas son los de construir o consolidar un ámbito de pertenencia tanto para jóvenes como para las personas adultas que allí trabajan. En estas escuelas identificamos la mayor rotación de la planta docente, al mismo tiempo que había muy pocos docentes con una amplia carga horaria dentro de la institución. Por ello, destacamos la importancia de que se favorezca la permanencia y el aumento de la jornada de los cargos para consolidar las redes de interdependencia dentro de la comunidad escolar.

Asimismo, en ambas escuelas hemos notado que los y las jóvenes no logran constituirse como un colectivo para la construcción de demandas hacia la escuela y hacia las personas adultas que allí trabajan. Lo que emerge en mayor medida es un vínculo en el que los conflictos y su resolución por parte de la escuela están relacionados en mayor medida con la inhibición de la voz del estudiantado.

En las escuelas a las que asisten jóvenes de sectores socioeconómicos medios (Escuelas 1 y 6) y medios altos (Escuela 5), identificamos redes de interdependencia más sólidas, las cuales ofrecen mayores posibilidades para dar sentido a la vida institucional. En este contexto, es destacable el protagonismo que adquieren los proyectos institucionales como proyectos artísticos, voluntariados, olimpiadas deportivas, entre otros. Se trata de proyectos que trascienden la situación áulica y que generan la posibilidad de que las y los jóvenes se encuentren ocupando roles y posiciones con mayor capacidad de acción.

Las Escuelas 1 y 5, y en menor medida la 6, son las que tienen más institucionalizados los espacios de participación estudiantil, y los mayores desafíos que enfrentan están vinculados a los modos en que traducen y dan lugar a las demandas del estudiantado. Frente a un colectivo de jóvenes que puede construir demandas de distinta índole, quedan del lado de las personas adultas las maneras en que abren y escuchan esas demandas y, por ende, los modos posibles de abordarlas y darles lugar. De hecho, fue en estas escuelas donde el estudiantado demandó con más energía, incluso en los años posteriores al trabajo de campo, que la escuela atendiera los problemas de salud mental que estaban padeciendo sus compañeras y compañeros. Sobre este punto dejamos planteada otra pregunta respecto de qué intervenciones se pueden realizar hoy desde las escuelas secundarias y si estas apuntan a colectivizar los padecimientos subjetivos o si, por el contrario, predomina una perspectiva fármaco-psicológica de corte individual.

En el caso de la Escuela 2, que recibe a jóvenes de sectores altos, encontramos lazos de cohesión no necesariamente consolidados a través del proyecto institucional de la escuela, sino más bien ligados a la pertenencia de clase.

Cierto efecto endogámico de los vínculos que se construyen entre diferentes estudiantes favorece una dinámica de tensión entre el estudiantado y el cuerpo de tutoría/docente/preceptoría, pertenecientes a un sector social de menos poder adquisitivo. El abordaje de los conflictos en la Escuela 2 se sostiene en una perspectiva que tiende a la fragmentación e individualización de las problemáticas. Desde la conducción se prioriza la relación directivo-estudiante, el cuerpo docente queda en un lugar de mayor repliegue. Es importante destacar que la adversidad que generó la pandemia también ofreció una oportunidad para reflexionar sobre el lugar de la escuela en nuestra sociedad, así como también el dispositivo escolar en su conjunto. Más allá de las limitaciones y el agotamiento, el retorno a las aulas permitió resignificar el valor de compartir un espacio común, cobijar miedos y reconstruir el lazo social. Es crucial que docentes y estudiantes no estén solas y solos para afrontar las huellas que dejó la pandemia al día de hoy. Es imperativo que las políticas educativas ofrezcan objetivos claros y sentidos compartidos que enmarquen el trabajo cotidiano de quienes sostienen, a menudo en condiciones precarias, el entramado educativo.

Hemos intentado, a lo largo de este recorrido, describir los diferentes modos en que las organizaciones escolares trazan itinerarios diferentes para sus estudiantes y para las y los agentes educativos que trabajan allí. Notamos que aquellas organizaciones que están orientadas por un proyecto a largo plazo, que pueden analizar sus intervenciones más allá de la inmediatez, forjan condiciones de posibilidad y reconocimiento para sus estudiantes.

Hoy las y los jóvenes que entrevistamos egresaron de sus escuelas secundarias y están cursando estudios en el nivel superior, trabajando o capacitándose en alguna actividad. El año pasado egresó la cohorte de estudiantes de CABA que iniciaron su educación secundaria en pandemia, y este año lo harán quienes cursan en la PBA. Sus relatos son de suma relevancia para pensar la escuela luego de la pandemia dado que todavía queda por recibir a muchas personas que la vivieron.

Creemos necesario repensar la relación entre temporalidad escolar y biografías juveniles. Hoy muchas y muchos jóvenes dicen no tener tiempo para sí mismas/os. Vale la pena preguntarnos de qué tiempos hablan y qué significado tiene la temporalidad escolar en sus vidas en el marco actual de extensión de la jornada escolar y de cambios en el régimen académico.

Consideramos que, para las personas adultas que trabajan en las escuelas secundarias, constituirse en sostenes de las trayectorias de sus estudiantes resulta una labor desafiante en un contexto epocal de aceleración social e individualismo extremo. Entendemos que, para gestar este tipo de propuestas, son precisas ciertas condiciones de trabajo dadas por los modos en que las organizaciones se concretan en el tiempo, el territorio en el que se enclavan, los objetivos que se proponen, las políticas educativas vigentes, entre otras cuestiones. Pero también en las maneras en las que las y los miembros de la comunidad educativa encarnan su tarea cotidiana cuando pueden trazarla en una trama colectiva orientada por un horizonte de posibilidad que cree, de modo no inocente, que un futuro mejor es posible.

Bibliografía

Ahmed, S. (2015). *La política cultural de las emociones*. UNAM, PUEG.

Alucin, S. (2023). Políticas educativas durante la pandemia en el nivel medio. Una mirada sobre el malestar docente. *Praxis Educativa, 27*(3), 1-19. https://doi.org/10.19137/praxiseducativa-2023-270310.

Amezaga Etxebarria, A., López Carrasco, C., y Sádaba Rodríguez, I. (2022). La conexión como sociabilidad. Mediación de las redes sociales en las soledades juveniles. *Athenea Digital. Revista de Pensamiento e Investigación Social, 22*(3), e3303. https://doi.org/10.5565/rev/athenea.3303.

Anderete Schwal, M. (2022). El confinamiento y la vuelta a clases en Argentina: Relatos de docentes sobre la desigualdad en pandemia. *Texto Livre*, 15, 1-11.

Arroyo, M., Felicioni, S. y Merodo, A. (2022). Alteraciones del trabajo docente en escuelas secundarias del conurbano. Reconfiguración e incertidumbre. En M. Causa, E. di Piero, y P. Santucci (Comps.), *Educación secundaria, desigualdad, pandemia y horizontes pospandemia* (pp. 324-342). Puntoaparte.

Asún, R., Palma, I., Aceituno, R., y Duarte, F. (2021). El impacto emocional de la pandemia en los jóvenes: Sociabilidad, conflictos, y política. *Revista de Sociología, 36*(1), 6-24. https://doi.org/10.5354/0719-529X.2021.64423.

Ball, S. (2002). Textos, discursos y trayectorias de la política: la teoría estratégica. *Revista de la Escuela de Ciencias de la Educación, 2*(2-3), 19-33.

Barros, V. N., Hauché, R. A., Grandis, C. D., y Elgier, A. M. (2020). Aumento del uso de Instagram y su relación con la Soledad Percibida, en contexto de pandemia Covid-19. *Subjetividad y Procesos Cognitivos, 24*(2), 161-177.

Baudrillard, J. (1994). *Simulacra and Simulation*. University of Michigan Press.

Bayón, M. C., y Saraví, G. A. (2022). Espacios de pertenencia juvenil en contextos de desventaja: Tensiones y disputas. *Ultima Década, 30*(59), 43-74. https://doi.org/10.4067/S0718-22362022000200043.

Bleichmar, S. (2008). *Violencia social, violencia escolar*. Noveduc.

Bourdieu, P. (2007). *El sentido práctico*. Siglo XXI.

Cabanas, E. e Illouz, E. (2019). *Happycracia: Cómo la ciencia y la industria de la felicidad controlan nuestras vidas*. Paidós.

Canet-Juric, L., Vernucci, S., Andrés, M. L., Flores-Kanter, P. E., Poó, F., Yerro, M., Del Valle, M., López-Morales, H., y Urquijo, S. (2023). As Time goes by: A Longitudinal Study on the Mental Health of Argentinians during the COVID-19 Pandemic. *Trends in Psychology, 33*, 469-491. https://doi.org/10.1007/s43076-023-00285-9.

Consejo Federal de Educación (2020). *Resolución CFE N.º 370/2020: Marco de análisis y evaluación de riesgo epidemiológico*. En www.argentina.gob.ar/sites/default/files/anexo_res_cfe_370_marco_y_eval_if-2020-68356394-apn-sgcfeme.pdf.

Cruz Roja Argentina (2022). *JUVENTUD en contexto de pandemia* (Observatorio Humanitario). Recuperado de cruzroja.org.ar/observatorio-humanitario/wp-content/uploads/2022/02/INFORME-JUVENTUD-2022-3.pdf.

De Jong Gierveld, J., Van Tilburg, T. y Dykstra, P. A. (2006). Loneliness and Social Isolation. En A. L. Vangelisti y D. Perlman (Eds.), *The Cambridge Handbook of Personal Relationships* (pp. 485-500). Cambridge University Press. https://doi.org/10.1017/CBO9780511606632.027.

DGCyE (octubre, 2020). Gestionar la excepcionalidad. Las políticas de continuidad pedagógica en el contexto del aislamiento social, preventivo y obligatorio.

Informe final. Parte II. Dirección General de Cultura y Educación, Provincia de Buenos Aires. En abc.gob.ar/secretarias/sites/default/files/2023-03/Gestionar%20la%20excepcionalidad.%20INFORME%20II.pdf.

Di Leo, P. (2011). Violencias, sociabilidades y procesos de subjetivación: Un análisis de sus vinculaciones en experiencias de jóvenes en tres ciudades de Argentina. *Persona y Sociedad, 25*(3), 55-78.

Di Leo, P. F., y Camarotti, A. C. (2015). Todo puede, todo el tiempo, cambiar: (In)consistencias, agencias y procesos de individuación. En P. F. di Leo y A. C. Camarotti (Eds.), *Individuación y reconocimiento: Experiencias de jóvenes en la sociedad actual* (pp. 335-364). Teseo.

Di Leo, P. F. y Sustas, S. E. (2023). Experiencias de estudiantes secundarios de la Provincia de Buenos Aires en la pospandemia. *Revista Argentina de Investigación Educativa, III*(6), 65-94.

di Napoli, P. N. (2017). Sociabilidades juveniles en el ámbito escolar. Un análisis de los motivos de acercamiento y distanciamiento entre estudiantes secundarios de Argentina. *Revista Mexicana de Investigación Educativa, XXII*(73), 585-612.

di Napoli, P. N., Goglino, A. M., y Bardin, I. (2022). Extrañar la presencialidad y acostumbrarse a la virtualidad de la escuela secundaria en Argentina. Sentires de jóvenes estudiantes en contexto de pandemia. *Praxis Educativa, 26*(1), 1-25. https://doi.org/10.19137/praxiseducativa-2022-260112.

di Napoli, P. N., Iglesias, A., Silva, V. y Levy, N. (2021). Reflexiones en tiempos de pandemia: la materialidad de la escuela frente a la virtualidad. *Espacios de Crítica y Producción,* 55, 334-348. En revistascientificas.filo.uba.ar/index.php/espacios/article/view/9884.

di Napoli, P. N., y Silva, V. S. (2023). Entre la felicidad y el agobio. Sensaciones y emociones de jóvenes estudiantes al volver presencialmente a sus escuelas secundarias en el AMBA. *Revista Argentina de Investigación Educativa, III*(6), 95-120.

di Napoli, P. N., y Silva, V. S. (2024). Desafíos de habitar las escuelas secundarias en la pospandemia desde la perspectiva de estudiantes y equipos de conducción. En A. Baichman, N. Stoppani, L. Santiago, y M. Gallo (Eds.), *La secundaria en debate: Adolescencias, trayectorias y sentidos de lo escolar* (pp. 21-34). Centro Cultural de la Cooperación Floreal Gorini. En repositorioccc.omeka.net/items/show/616.

Di Piero, E. y Chiappino, J. M. (2020). Pandemia, desigualdad y nivel secundario: Trayectorias de las políticas de virtualización a nivel subnacional durante 2020. *Propuesta Educativa, 2*(54), 42-58.

Dubet, F. (2007). El declive y las mutaciones de la institución. *Revista de Antropología Social, 16*, 39-66.

Dubet, F. y Martuccelli, D. (1998). *En la escuela: Sociología de la experiencia escolar*. Losada.

Elias, N. (1990). Cambios en el equilibrio entre el yo y el nosotros. En *La sociedad de los individuos* (pp. 177-270). Península.

Elias, N. (2003). Ensayo acerca de las relaciones entre establecidos y forasteros. *Revista Española de Investigaciones Sociológicas, 104*(3), 219-251.

Elias, N. (2008). *Sociología fundamental*. Gedisa.

Elias, N. (2009). *Los alemanes*. Nueva Trilce.

ENCRESPA (junio, 2022). Datos destacados de la encuesta a docentes de nivel secundario—Argentina 2021 (5). Subred Educación. En encrespa.web.unq.edu.ar/2022/06/25/informe-n5.

Enríquez, E. (2002). *La institución y las organizaciones en la educación y la formación*. Novedades Educativas.

Erikson, E. H. (2015). *Sociedad y Adolescencia*. Siglo XXI.

Escolano, A. (2000). *Tiempos y espacios para la escuela: Ensayos históricos*. Biblioteca Nueva.

Fereday, J., y Muir-Cochrane, E. (2006). Demonstrating rigor using thematic analysis: A hybrid approach of inductive and deductive coding and theme development. *International Journal of Qualitative Methods, 5*(1), 80-92.

Fernández, L. (1994). *Instituciones Educativas. Dinámicas institucionales en situaciones críticas*. Paidós.

Fisher, M. (2024). *Deseo postcapitalista: Las últimas clases*. Caja Negra.

Fize, M. (2012). *¿Adolescencia en Crisis? Por el Derecho al Reconocimiento Social*. Siglo XXI.

Foucault, M. (1976). *Historia de la sexualidad. La voluntad del saber.* Siglo XXI.

Frigerio, G. (octubre, 2004). *Institución, conceptos y perspectivas*. Seminario de formación en el marco del curso de formación gremial. Asociación Trabajadores del Estado (ATE-CDP).

Frigerio, G. (2019). *El sentido en las instituciones* [Video]. YouTube. En www.youtube.com/watch?v=KKhso1fuuFM.

García Bastán, G. y Paulín, H. L. (2015). Hacerse joven en la ciudad: Dinámicas urbanas y construcción de identidades. En P. di Leo y A. C. Camarotti (Eds.), *Individuación y reconocimiento: Experiencias de jóvenes en la sociedad actual* (pp. 305-334). Teseo.

Goffman, E. (2001). *Internados. Ensayos sobre la situación social de los enfermos mentales.* Amorrortu.

Iglesias, A. y Ponce, R. (2023). Tensiones y traducciones de las reformas educativas. La experiencia docente en la implementación de la Secundaria del Futuro en la Ciudad Autónoma de Buenos Aires. *Propuesta Educativa,* 32(60), 66-80. En propuestaeducativa.flacso.org.ar/wp-content/uploads/2024/10/REVISTA-60-Articulos-pag-66-80.pdf.

Iglesias, A. y Ponce, R. (2024). ¿Y ahora qué? Volver a habitar la escuela secundaria. Desafíos de docentes y equipos directivos en la postpandemia. En P. Santucci, E. Di Piero, y M. Causa (Comps.). *Pandemia y los desafíos del después en una agenda federal de investigaciones sobre nivel secundario* (pp. 219-235). Puntoaparte. En www.memoria.fahce.unlp.edu.ar/libros/pm.6824/pm.6824.pdf.

Iglesias, A., Alterman, D. y Giovanardi, A. (2022). Experiencias docentes en pandemia. Las escuelas secundarias argentinas entre la virtualidad y el desafío del regreso a la presencialidad. *Voces de la Educación*, 217-255. En https://tinyurl.com/3w5ufrru.

Illouz, E. (2007). *Intimidades congeladas: Las emociones en el capitalismo*. Katz Editores.

Kaplan, C. V. (2013). *Culturas estudiantiles: Sociología de los vínculos en la escuela*. Miño y Dávila.

Kaplan, C. V. (2021, febrero). *Emociones y escolarización en tiempos de pandemia* [Diapositiva de PowerPoint].

Kessler, G. (2002). *La experiencia escolar fragmentada: Estudiantes y docentes en la escuela media de Buenos Aires*. IIPE-UNESCO.

Kohan, W. (2020). *Paulo Freire más que nunca: una biografía filosófica*. CLACSO.

Kornblit, A. L., Mendes Diz, A. M., Di Leo, P. F. y Camarotti, A. C. (2007). Entre la teoría y la práctica: Algunas reflexiones en torno al sujeto en el campo de la promoción de la salud. *Revista Argentina de Sociología, 5*(8), 9-25.

Le Breton, D. (2017). *El cuerpo herido: identidades estalladas contemporáneas.* Editorial Topia.

Le Breton, D. (2010). Ocultando el rostro. En *Rostros. Ensayo antropológico* (pp. 183-220). Letra Viva.

López, M. B. y Drivet, L. (2023). Salud mental de niños, niñas y adolescentes argentinos, y pandemia por COVID-19: Factores de riesgo y lecciones aprendidas. *Psicodebate, 23*(1), 64-81. https://doi.org/10.18682/pd.v23i1.7020.

Martuccelli, D. (2007). *Gramáticas del individuo*. Losada.

Martuccelli, D. (2009). La autoridad en las salas de clase: Problemas estructurales y márgenes de acción. *Diversia, 3*(1), 99-128.

Martuccelli, D. (2021). La gestión anti-sociológica y tecno-experta de la pandemia del Covid-19. *Papeles del CEIC. International Journal on Collective Identity Research, 2021*(1), 1-16. https://dx.doi.org/10.1387/pceic.21916.

Matovich, I., y Bucciarelli, M. E. (2021). El regreso a clases 2021: Un análisis de los protocolos provinciales. CIPPEC. En www.cippec.org/textual/el-regreso-a-clases-2021-un-analisis-de-los-protocolos-provinciales.

Mauss, M. (1991). *Sociología y antropología*. Tecnos.

Medan, M. (2023). El lugar propio y la autonomía en jóvenes de barrios populares. *Revista Latinoamericana de Ciencias Sociales, Niñez y Juventud, 21*(2), 1-32. https://doi.org/10.11600/rlcsnj.21.2.901.

Meo, A. I. y Dabenigno, V. (2021). Teletrabajo docente durante el confinamiento por COVID-19 en Argentina. Condiciones materiales y perspectivas sobre la carga de trabajo, la responsabilidad social y la toma de decisiones. *Revista de Sociología de la Educación-RASE,* 14(1), 103-127. https://doi.org/10.7203/RASE.14.1.18221.

Ministerio de Educación Argentina y UNICEF (2021). *Evaluación nacional del proceso de continuidad pedagógica*. En https://tinyurl.com/4kd9d2nc.

Miño Chiappino, J. (2021). Reseña del libro *Educación secundaria, desigualdad, pandemia y horizontes pospandemia. Archivos de Ciencias de la Educación, 15,* 19-20. https://doi.org/10.24215/23468866e099.

Montero López Lena, M., y Sánchez Sosa, J. J. (2001). La soledad como fenómeno psicológico: Un análisis conceptual. *Salud Mental, 24*(1), 19-27.

Morgade, G. (2020). La pandemia y el trabajo de las mujeres en foco: Acerca del "cuidado" como categoría y eje de las políticas. En I. Dussel, P. Ferrante y D. Pulfer (comp.), *Pensar la educación en tiempos de pandemia: Entre la emergencia, el compromiso y la espera* (pp. 62-63). UNIPE.

Natanson, J. (2021, enero). *Qué hacer con los "jóvenes irresponsables"*. Le Monde Diplomatique.

Nicastro, S. (2018). *Trabajar en la escuela. Análisis de prácticas y experiencias de formación*. Homo Sapiens.

Niedzwiecki, D. (2010). *Preceptores, de la reproducción normativa a la construcción artesanal de vínculos* [Tesis de maestría]. FLACSO Argentina.

Nobile, M., y Tobeña, V. (2023). Los desafíos de la gestión directiva en pandemia como claves para pensar la configuración desigual del sistema educativo del nivel secundario en CABA. *Cuadernos de Educación*, 21, 62-74.

Núñez, P. y Litichever, L. (2015). *Radiografías de la experiencia escolar: Ser joven(es) en la escuela*. GEU, Grupo Editor Universitario.

Organización Mundial de la Salud (1993). *The development of dissemination of life skills education: An overview*. Programme on Mental Health.

Organización Panamericana de la Salud (2018). *Promover la salud de la escuela: ¿Cómo promover una escuela promotora de la salud?*

Palumbo, M. y di Napoli, P. N. (2019). #NoEsNo: Gramática de los ciberescraches de las estudiantes secundarias contra la violencia de género (Ciudad Autónoma de Buenos Aires). *Cuadernos de la Facultad de Humanidades y Ciencias Sociales, 54,* 13-41.

Panzitta, M. T., Pees Labory, J., Anger, V. É., Chulibert, M. E., Mayer, M. A. y Kalfaian, L. (2023). Influencia del uso de redes sociales sobre la conformidad con la imagen corporal. *Actualización en Nutrición*, 24(2), 103-110. https://doi.org/10.48061/SAN.2022.24.2.109.

Paulín, H. L. (2013). *Conflictos en la sociabilidad entre jóvenes. Un estudio psicosocial sobre las perspectivas de estudiantes y educadores de escuelas secundarias.* [Tesis doctoral no publicada]. Universidad Nacional de Córdoba.

Paulín, H. L. (2015). «GANARSE EL RESPETO»: Un análisis de los conflictos de la sociabilidad juvenil en la escuela secundaria. *Revista Mexicana de Investigación Educativa, 20*(67), 1105-1130.

Paulín, H. y Tomasini, M. (2014). *Jóvenes y escuela: Relatos sobre una relación compleja*. Editorial Brujas.

Pérez, M., y Quiroga-Garza, A. (2019). Uso compulsivo de sitios de redes sociales, sensación de soledad y comparación social en jóvenes. *Redes. Revista Hispana para el Análisis de Redes Sociales, 30*(1), 68-78. https://doi.org/10.5565/rev/redes.809.

Perrenoud, P. (2006). *El oficio de alumno y el sentido del trabajo escolar*. Editorial Popular.

Pinto Lobo, M. R. (2020). La soledad en España desde el punto de vista sociológico. *Labor Hospitalaria: Organización y Pastoral de la Salud, 326*, 29-37.

Pogliaghi, L., Mata Zúñiga, L. A., y Pérez Islas, J. A. (2015). *La experiencia estudiantil: Situaciones y percepciones de los estudiantes de bachillerato de la UNAM*. Universidad Nacional Autónoma de México, Seminario de Investigación en Juventud.

Puiggrós, A. (2019). *La escuela, plataforma de la patria*. UNIPE/CLACSO.

Reguillo Cruz, R. (2000). *Emergencia de culturas juveniles: Estrategias del desencanto*. Grupo Editorial Norma.

Rodríguez Quiroga, A., Bongiardino, L., Aufenacker, S. I., Borensztein, L., Angelelli, J., Lardies, F., Peña, J. S., Crawley, A., Yosa, C., y Botero, C. (2022). *La mentalización como factor moderador de los efectos de la soledad sobre la ansiedad, depresión y las quejas somáticas durante el confinamiento por el COVID-19. 16.*

Rosa, H. (2016). *Alienación y aceleración: Hacia una teoría crítica de la temporalidad en la modernidad tardía*. Katz.

Sadin, E. (2020). *La era del individuo tirano: El fin de un mundo en común*. Caja Negra.

Sáez, V. e Iglesias, A. (abril, 2020). Educación Mediática y nuevas tecnologías en tiempos de Coronavirus. En Educación de la Mirada. En https://tinyurl.com/47sf3nkf.

Saraví, G. A. (2023). Adolescencia, sociabilidad y pandemia: Implicaciones en el bienestar socioemocional. *Revista Colombiana de Sociología, 46*(1), 93-116. https://doi.org/10.15446/rcs.v46n1.100877.

Saraví, G. A. (2015). *Juventudes fragmentadas: Socialización, clase y cultura en la construcción de la desigualdad*. FLACSO México: CIESAS.

Selvini Palazzoli, M. (Comp.) (1993). *El mago sin magia. Cómo cambiar la situación paradójica del psicólogo en la escuela*. Paidós.

Simmel, G. (2002). *Cuestiones fundamentales de sociología*. Gedisa.

Simmel, G. (2014). *Sociología: Estudios sobre las formas de socialización*. Fondo de Cultura Económica.

Simons, M. y Masschelein, J. (2014). *Defensa de la escuela: Una cuestión pública*. Miño y Dávila.

Southwell, M. (2020). La escuela secundaria frente al desafío de la universalización: Debates y experiencias en Argentina. *Education Policy Analysis Archives*, 28(39), 1-22. https://doi.org/10.14507/epaa.28.4146.

Southwell, M. (2023). La pandemia como conmoción: políticas recientes para el trabajo de enseñar en la provincia de Buenos Aires. En M. E. Martínez, S. Thisted, E. Bartolozzi y D. Cardona (Comps.), *Trabajo docente en pandemia y pospandemia: lecturas desde América Latina* (pp. 89-108). Red Latinoamericana de Estudios sobre el Trabajo Docente. En acortar.link/1rhi7M.

Suasnábar, C. (2022). Prólogo. En M. Causa, E. di Piero, y P. Santucci (Comps.), *Educación secundaria, desigualdad, pandemia y horizontes pospandemia* (pp. 13-22). Puntoaparte. En www.memoria.fahce.unlp.edu.ar/libros/pm.5503/pm.5503.pdf.

Szapu, E., Sulca, E. M. de los Á., y Arévalos, D. H. (2022). El dolor social en tiempos de pandemia. Miedo y soledad de jóvenes estudiantes ante la pérdida de soportes afectivos. *Educación, Política y Sociedad*, *7*(2), 299-325. https://doi.org/10.15366/reps2022.7.2.013.

Tapia, S. A. (2020). Actividad física y distanciamiento social: Experiencias de jóvenes de Buenos Aires (Argentina) durante la pandemia por covid-19. En *Coletânea Do Xiv Encontro Internacional Científico Otium E Congresso Iberoamericano De Estudos Do Lazer, Ócio E Recreação*. Escola de

Educação Física, Fisioterapia e Terapia Ocupacional da Universidade Federal de Minas Gerais.

Tenti Fanfani, E. (2004). Viejas y nuevas formas de autoridad docente. *Revista Todavía, 7.*

Tiramonti, G. (Comp.) (2004). *La trama de la desigualdad educativa: Mutaciones recientes en la escuela media*. Manantial.

Todorov, T. (2008). *La vida en común. Ensayo de antropología general.* Editorial Taurus.

UNICEF (2021). *Estudio sobre los efectos en la salud mental de niñas, niños y adolescentes por COVID-19.*

UNICEF (2022). *Encuesta rápida sobre la situación de la niñez y adolescencia* (Sexta ronda). UNICEF Argentina.

Vaccoti Martins, R. (2021). *"De cante, pero elegante". El despliegue de las masculinidades en la construcción identitaria de Jóvenes en Centros Juveniles.* En P. F. di Leo, A. J. Arias y H. L. Paulín (directores), *Singularidades en común -Juventudes, Instituciones y derechos* (pp. 33-72). Editorial Teseo.

Vasilachis de Gialdino, I. (2006). *Estrategias de investigación cualitativa*. Gedisa.

Vázquez, M. (2023). "Ahora es nuestro tiempo". Activismos juveniles en las nuevas derechas durante la pandemia (Argentina, 2020-2022). *IBEROAMERICANA. América Latina – España – Portugal* (pp. 117-137). https://doi.org/10.18441/IBAM.23.2023.82.117-137.

Vommaro, P. (2021, enero). La juventud como chivo expiatorio. Le Monde Diplomatique.

Vommaro, P. (2022). *Experiencias juveniles en tiempos de pandemia: ¿Cómo habitan la pandemia las juventudes y qué cambió en su vida cotidiana?* Grupo Editor Universitario.

Waserman, M. (2011). *Condenados a explorar Marchas y contramarchas del crecimiento en la adolescencia.* Noveduc.

Weiss, E. (2012). *Jóvenes y bachillerato*. ANUIES: Biblioteca de la Educación Superior.

Weiss, E. (2015). Más allá de la socialización y de la sociabilidad: Jóvenes y bachillerato en México. *Educação e Pesquisa,* 41(spe), 1257-1272. https://doi.org/10.1590/S1517-9702201508144889.

Wieviorka, M. (2009). *El racismo: una introducción*. Gedisa.
Winnicott, D. W. (1957). *El proceso de maduración en el niño. Estudios para una teoría del desarrollo emocional*. Editorial Laia.

Sobre las autoras y los autores

Gisela Cánovas Herrera

Licenciada y profesora en Sociología por la Facultad de Ciencias Sociales (FSOC) de la Universidad de Buenos Aires (UBA). Especialista en Educación por la Universidad de San Andrés (UDESA) y magíster en Políticas Públicas y Gerenciamiento del Desarrollo por la Universidad Nacional de San Martín (UNSAM-GU). Actualmente, cursa el Doctorado en Ciencias Sociales (FSOC-UBA) y se desempeña como becaria doctoral del Consejo Nacional de Investigaciones Científicas y Técnicas (CONICET) en el Instituto de Educación de la Universidad de Hurlingham, donde también es docente regular. Formó parte de equipos de gestión en el ámbito ministerial y universitario. Sus investigaciones abordan el trabajo docente en escuelas secundarias desde una perspectiva que articula educación, trabajo y subjetividad. Integra el equipo desde 2022 desarrollando una línea de trabajo en torno a la sociología de las emociones.
Correo electrónico: giselapcanovas@gmail.com.

Pablo Nahuel di Napoli

Doctor en Ciencias Sociales, licenciado y profesor en Sociología (FSOC, UBA). Realizó dos posdoctorados en México: uno en el Departamento de Investigaciones Educativas (DIE) del Centro de Investigación y de Estudios Avanzados (CINVESTAV) del Instituto Politécnico Nacional (IPN) y otro en el Instituto de Investigaciones sobre la Universidad y la Educación (IISUE) de la Universidad Nacional Autónoma de México (UNAM). Se desempeña como docente de las asignaturas de Sociología de la Educación en la Carrera de

Sociología (FSOC) y en el Departamento de Ciencias de la Educación de la Facultad de Filosofía y Letras (FFyL), ambas de la UBA. También es docente del seminario Educación, Subjetividad e Identidad de la Maestría Virtual de Educación de la Universidad Nacional de Quilmes (UNQ), donde integra la comisión. Actualmente, es investigador adjunto del CONICET con sede de trabajo en el Instituto de Investigaciones en Ciencias de la Educación (IICE, FFyL, UBA), donde dirige el equipo de investigación "Jóvenes y Escuelas Secundarias" junto a Andrea Iglesias. También es coordinador del Programa de Extensión "Juventudes, convivencia, medios y tecnologías digitales en instituciones educativas" (SEUBE, FFyL, UBA), junto a Andrea Iglesias y Virginia Saez. Sus investigaciones se enmarcan en el campo de la sociología de la educación, y su área de estudio gira en torno a las formas de sociabilidad y procesos de estigmatización entre estudiantes, convivencia, conflictividad y violencia en las escuelas, violencia de género, procesos de individuación y vínculos intergeneracionales.
Correo electrónico: pablo.dinapoli@uba.ar.

Victoria Galas

Licenciada y profesora en Sociología (FSOC-UBA), diplomada en Educación Sexual Integral (UNSAM). Actualmente, cursa la Especialización en Intervención Social con Niños, Niñas, Adolescentes y Jóvenes en la Universidad Nacional de La Plata (UNLP). Se desempeña como orientadora social y referente ESI en la provincia de Buenos Aires. Ha trabajado en gestión de programas de formación profesional, docencia en niveles medio y superior, y en proyectos educativos vinculados a la participación democrática y la convivencia escolar. Integra el equipo desde el año 2022.
Correo electrónico: victoriagalas@uba.ar.

Adriana Goglino

Licenciada en Ciencias de la Educación (FFyL, UBA) y maestranda en Psicoanálisis (FPsi-UBA). Jefa de trabajos prácticos regular de las cátedras Teorías Psicológicas de la Subjetividad y docente de la cátedra Psicoanálisis y Educación (FFyL, UBA). Integró diversos equipos de investigación radicados en IICE sobre temáticas afines a la educación y la adolescencia. Fue directora concursada del Departamento de Capacitación y Formación del Instituto Nacional de Tecnología Industrial (INTI). Integra el equipo desde el año 2021.
Correo electrónico: agoglino@uba.ar.

Andrea Iglesias

Doctora en Ciencias Sociales (FSOC, UBA), y posee un Posdoctorado en Ciencias Humanas y Sociales por la Universidad de Buenos Aires (FFyL, UBA). Licenciada en Ciencias de la Educación y licenciada y profesora en Historia (FFyL, UBA). Investigadora asistente del CONICET, con sede en el IICE. Adjunta interina de Didáctica Especial y Residencia en Trabajo Docente (FSOC, UBA), jefa de trabajos prácticos interina de la cátedra de Problemáticas Pedagógicas y Didácticas del Nivel Medio de la Carrera de Ciencias de la Educación (FFyL, UBA), ayudante de primera regular de Didáctica y Prácticas de la Enseñanza de la Historia (FFyL, UBA). Docente de posgrado, formadora en Institutos Superiores de Formación Docente y profesora en Escuela Secundaria. Codirige el equipo de investigación de "Jóvenes y Escuelas Secundarias" junto a Pablo di Napoli desde su conformación en el año 2019 y coordina el programa de extensión "Juventudes, convivencia, medios y tecnologías digitales en instituciones educativas" (SEUBE, FFyL, UBA), junto a Pablo di Napoli y Virginia Saez. Sus investigaciones abordan la formación y el trabajo docente en relación con la inserción laboral de docentes y futuros/as docentes

de escuela secundaria y la intensificación de las tecnologías digitales en el contexto de las aulas del siglo XXI.
Correo electrónico: andreaiglesias.tics@gmail.com.

Natalia Giselle Levy

Docente, licenciada en Ciencias de la Educación y magíster en Educación de Pedagogías Críticas y Problemáticas Socioeducativas (FFyL, UBA). Coordina el espacio de Acompañamiento a las Trayectorias de la Gerencia de Innovación y Contenidos Educativos (GOICE) del Ministerio de Educación de CABA, y es asesora de políticas educativas para la gestión institucional y contenidos de desarrollo curricular. Como investigadora, desarrolló su tesis de maestría en el marco del Equipo de Jóvenes y Escuelas Secundarias, al que se incorporó en el año 2019. Su abordaje actual contribuye al equipo por la mirada institucional de la escuela secundaria y el espacio de acompañamiento a las trayectorias, propiciando aportes que recuperan y ponen en diálogo desarrollos de la sociología de la educación y la didáctica.
Correo electrónico: nataliag.levy@bue.edu.ar.

Florencia Maria

Estudiante de la Licenciatura y el Profesorado de Filosofía (FFyL, UBA) y adscripta de la cátedra Problemáticas Pedagógicas y Didácticas del Nivel Medio de la Carrera de Ciencias de la Educación (FFyL, UBA). Es preceptora y tutora del nivel medio. Integra el equipo desde el 2024.
Correo electrónico: florenciamaria121@gmail.com.

Cintia Candela Osorio

Profesora de Historia (FFyL, UBA) y diplomada en Enseñanza de las Ciencias Sociales y de la Historia (FLACSO). Actualmente cursa la Maestría en Historia Pública y Divulgación de la Historia (UNQ). Se desempeña como profesora

de Historia en nivel secundario y en institutos de formación docente. Es docente de Historia Social General de la Carrera de Ciencias de la Comunicación (FSOC, UBA). Integra el equipo desde el 2023.
Correo electrónico: cintiacandelaosorio@gmail.com.

Verónica Soledad Silva

Licenciada en Psicología por la Universidad Nacional de Córdoba (UNC) y doctora en Ciencias de la Educación (UNLP). Es docente y tutora en el Instituto Superior de Educación Inicial Sara C. de Eccleston en la CABA. También se desempeña como ayudante de primera regular de Psicología y Aprendizaje en la Facultad de Ciencias Exactas y Naturales (FCEN, UBA) y como docente de Psicología Educacional en el Profesorado de Informática de la Universidad Pedagógica Nacional (UNIPE). Como investigadora, ha aportado desde la conformación del equipo en 2019 a la intersección entre psicología y sociología en proyectos sobre respeto, juventudes, convivencia y escuela secundaria.
Correo electrónico: veronica.silva087@gmail.com.

Este libro se terminó de imprimir en octubre de 2025 en Imprenta Dorrego (Dorrego 1102, CABA).

Made in the USA
Monee, IL
11 November 2026

68341124R00157